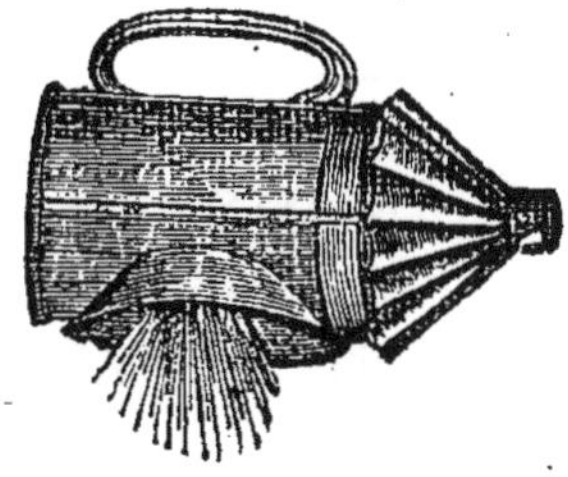

Paris. — AUGUSTE MIE, Imprimeur, rue Joquelet, n° 9.

Procès

DES FUSILS-GISQUET.

PLAINTE EN DIFFAMATION

DE

M.M. Casimir-Périer et Soult,

MINISTRES DU ROI,

CONTRE

M. Armand Marrast,

RÉDACTEUR EN CHEF DE LA TRIBUNE.

PARIS,

AU BUREAU DU JOURNAL LA TRIBUNE,

PASSAGE DES PETITS-PÈRES, N° 8;

ET CHEZ LES MARCHANDS DE NOUVEAUTÉS.

1831.

I.

UN MOT.

Voici, en substance, tout le procès :

Il était à ma connaissance, qu'à l'époque où le ministre de la guerre entama un marché de fusils anglais avec le sieur Gisquet, négociant, la maison de celui-ci était en désarroi.

Ce sieur Gisquet était l'ami, l'associé, le commandité de M. Casimir Perier. La commandite était donc compromise.

L'affaire des fusils terminée, la maison Gisquet reprend du crédit.

Il était à ma connaissance que l'industrie française offrait, à cette époque, de fabriquer des fusils *meilleurs* que les fusils anglais, à 24 francs.

Il était à ma connaissance, que plusieurs négocians français, désirant aussi traiter avec l'Angleterre, offraient *les mêmes fusils*, que le sieur Gisquet, à 26, 28, 30 et 31 fr. 50 cent.

Cependant, l'offre de l'industrie française est repoussée ; la coucurrence des négocians en rapport avec les fabricans de Birmingham, est dédaignée, et l'on traite avec ledit Gisquet, à 34 fr. 90 cent.

Prenez la moyenne des offres faites, c'est 28 francs : comparez avec le marché conclu à 35 fr. — Différence, 7 fr... —Calculez sur 200,000 fusils, QUATORZE CENT MILLE FRANCS!! — Voulez-vous une commission, un profit, un bénéfice ? Prenez quatre cent mille francs, c'est bien large ; reste encore un million. — Qui l'a partagé?... M. Soult a signé le marché ; M. Casimir Perier était la chair et les os de M. Gisquet, qui tombait en défaillance.... J'ai interrogé, en les nommant, MM. Soult et Perier.

C'est là tout mon article. — Est venu le procès. Devant mes juges, la loi m'accordait de faire la *preuve* de cet article.

J'avais donc à prouver deux choses : l'une, toute *matérielle*, c'est-à-dire la différence de plus d'un million entre les divers marchés proposés et le marché conclu ; et sur ce point, où l'on m'a laissé quelque liberté, les témoignages, les lettres, les documens de toutes sortes, ont été tellement clairs, tellement abondans, que, ni les jurés, ni l'auditoire, ni la Cour même, n'ont pu résister à la conviction qui en est sortie. M. Persil a cru devoir prononcer lui-même à cet égard des paroles solennelles que nous avons recuillies et relevées.

Il y a donc eu perte pour l'État, marché onéreux, tripotage.... Voilà un fait incontestable établi par ce procès.

Mais ce n'était là que la moitié de la preuve. — Qui a pris part au tripotage? Qui a pu légitimement être soupçonné par moi? Pourquoi nommer spécialement MM. Soult et Perier?

Quelques crimes toujours précèdent un grand crime.

Pourquoi donc s'en prendre à eux plutôt qu'à d'autres? Qui sont-ils? Qu'ont-ils fait? — Là était une haute question, une question de moralité qui prime tous les procès criminels, et sans laquelle toute instruction est imparfaite et boiteuse. J'avais annoncé que je la développerais : c'était mon droit, c'était ma force.

Un arrêt positif de la Cour a mis les menottes à ma

défense ; j'y ai vu un vrai déni de justice. — Je me suis pourvu en cassation.

Mais la grande Cour à laquelle j'en appelle, c'est l'opinion. C'est à elle que je soumets toutes les pièces du procès (1).

Elle y verra que l'Etat a perdu près de deux millions dans une seule opération.

S'il m'avait été loisible de faire entendre nos témoins, j'aurais pu espérer de prouver la seconde partie de mon arlicle aussi clairement que la première.

Et la France alors aurait vu s'il n'y a pas péril pour le trésor de rester confié à des mains qui, pendant vingt ans, se sont trouvées mêlées, sans doute, à tous les chocs du combat, mais aussi à tous les butins de la victoire.

Elle aurait vu que le danger est plus grand encore d'avoir, à la tête des affaires, un ministre qui a ses affaires de banquier.

Il ne me reste plus maintenant qu'un autre devoir de reconnaissance à remplir.

C'est de remercier publiquement nos défenseurs, et, en particulier, mon digne ami Michel, dont le talent se nourrit et se féconde toujours aux inspirations si puissantes du patriotisme et de la liberté.

Je dois aussi témoigner ma gratitude à mes confrères, qui ont bien voulu s'associer, en quelque sorte, à ma

(1) Cette brochure ne ressemble en rien à ce *factum* que la police fait crier dans les rues, et dans lequel les débats, les témoignages et les défenses sont indignement travestis. Nous avons donné les plaidoyers de nos adversaires *tels qu'ils les ont publiés eux-mêmes*. Quant à eux, ils ont ajusté les feuilles qu'ils avaient d'avance commandées et payées. Ceci n'est pas étonnant, M. Gisquet est préfet de police par *interim*, M. Perier est toujours président du conseil.

condamnation, en ouvrant la souscription pour mon amende.

— Ma conscience m'avait averti que je fesais œuvre de bon citoyen, en appelant l'attention publique sur des opérations scandaleuses.

Des témoignages d'estime si nombreux et si honorables m'ont prouvé que j'avais été compris.

C'est déjà avoir été récompensé.

ARMAND MARRAST.

Paris, le 6 novembre 1831.

PROCÈS

DE

LA TRIBUNE.

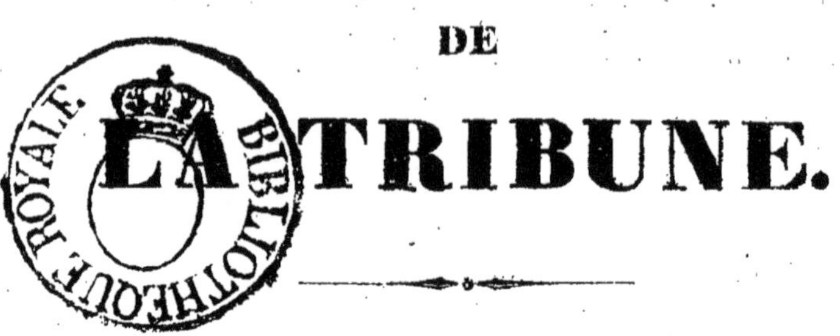

AUDIENCE DU 29 OCTOBRE 1831.

Président : M. Moreau.

Juges : MM. de Berny et Try.

Jurés : MM. Maine-Glatigy, notaire ; Lalande, capitaine ; Rouyer, propriétaire, rue du Temple, n° 117 ; Hersent, marbrier ; Breton-Rousseau, marchand de couleurs ; Durnet, fabricant de Bijoux ; Crouzet, agent de change ; Martin, marchand de cristaux ; Delafrenaye, propriétaire ; Pringuet, marchand de papiers peints ; Desportes, négociant ; Scribe, homme de lettres.

M. Persil, *procureur-général.*

MM\es Laveau et Dupin, *avocats de MM. Perier et Soult.*

MM\es Michel, Moulins et Bethmond, *défenseurs de MM. Armand Marrast, Ferdinand Bascans et Anthony Thouret.*

Trois heures avant l'ouverture de l'audience une foule immense encombre toutes les avenues du Palais-de-Justice et les divers couloirs.

A neuf heures les témoins arrivent, la salle se remplit, un grand nombre d'avocats remplit l'enceinte de la cour. L'on distingue parmi les témoins assignés par MM. Soult et Perier, MM. Lafayette et Guizot.

L'audience annoncée pour neuf heures commence à dix heures et demie ; MM. Casimir Perier et Soult ne sont point présens. On procède à l'appel des jurés qui prêtent serment.

INTERROGATOIRE DES PRÉVENUS.

M. le président à M. A. Marrast : Comment vous nommez-vous ?— R. Armand Marrast.

D. Votre âge ? — R. Trente ans.

D. Votre lieu de naissance ? — R. Saint-Gaudens (Haute-Garonne.)

D. Votre état ? — R. Rédacteur de *la Tribune.*

D. Votre domicile ? — R. Cité-Bergère, n° 12, à Paris.

M. le président à M. Ferdinand Bascans : Comment vous nommez-vous ? — R. Ferdinand Bascans.

D. Votre âge ? — R. Trente ans.

D. Votre lieu de naissance ? — R. Toulouse.

D. Votre état ? — R. Gérant de *la Tribune.*

D. Votre domicile ? — R. Passage des Petits-Pères, n° 8.

M. **le président** à M. Antony Thouret : Comment vous nommez-vous ? — R. Antony Thouret.

D. Votre âge ? — R. Vingt-quatre ans.

D. Votre état ? — R. Gérant de *la Révolution de 1830.*

D. Votre demeure ? — R. Ste-Pélagie. (On rit.)

D. Votre lieu de naissance ? — R. Tarragone. Né de parens français.

M. **le président.** Greffier, donnez lecture de l'acte d'accusation.

Le greffier donne lecture de l'arrêt qui renvoie MM. Marrast, Bascans et Thouret, devant la cour d'assises, pour y être jugés conformément à la loi, pour avoir inséré dans le journal *la Tribune*, et dans le journal *la Révolution*, un article intitulé *Situation grave*, et signé A. M.

Déjà, bien avant les élections, les organes du pouvoir battaient des mains : ils prodiguaient l'injure et la calomnie : c'était l'indice de la victoire. Ils l'ont obtenue.... Qu'ils se réjouissent ! Et nous aussi nous pourrons nous réjouir. Mais nous ne sommes pas de ces âmes stoïques qui envisagent sans douleur les dangers qu'on amasse sur la patrie. — Poussés de toutes parts à la guerre civile, soit qu'elle arrive avant ou après la guerre étrangère, nous ne saurions prévoir sans nous sentir émus à quels abîmes on nous conduit, par quelle pente on nous y entraîne !!

Les électeurs se sont abusés : ils ont cru pouvoir décider du sort du pays : ils ont écouté les conseils intéressés d'un pouvoir ennemi de la révolution de juillet. Ils ont voté en haine de *l'anarchie* : l'anarchie les attend et déjà les travaille ; l'anarchie préparée de longue main par la trahison.

Ils pouvaient, en forçant à une modification ministérielle, donner encore quelque temps d'existence à un gouvernement miné de toute part, tombant de sa propre faiblesse, isolé, sans appui, sans racine, protégé seulement par la peur, et défendu par l'ignorance aveugle. — Ils ne l'ont pas voulu.

Pour qui ont-ils travaillé ?

Qu'on nous permette quelques détails. — Ils seront aussi utiles aux dupes qu'aux traîtres !

La *France Nouvelle*, un des organes du ministère, contenait un petit article ainsi conçu :

« Croirait-on que *le Constitutionnel* raconte très sérieusement la nouvelle suivante :

« Des lettres venant d'Espagne disent que la duchesse de Berry,
« régente du royaume pour Henri V, a nommé un conseil ou
« ministère de la régence, composé de MM. de Blacas, d'Haus-
« sez et de Montbel Ce conseil s'est mis en rapport avec les con-
« grégations et les associations catholiques chargées d'organiser
« la guerre civile dans les départemens du Midi et de l'Ouest.
« Une légion formée au-delà des Pyrennées, d'émigrés, de ver-
« dets, de chouans et d'anciens officiers de la dynastie déchue,

« formera le noyau des armées royales, dont M. de Bourmont
« est déjà le généralissime. »

Le ministère fait le dédaigneux ; mais ce dédain sied mal quand
il est question de choses aussi graves. Eh bien ! nous, nous le dé-
nonçons comme *traître à la patrie*, *et d'accord avec les légitimistes
pour nous ramener Henri V*, s'il refuse de donner à la France des
explications satisfesantes sur les faits précis que nous allons
exposer.

Sait-il, ou ne sait-il pas, qu'une vaste conspiration carliste a
ourdi ses trames, dressé tous ses plans, arrêté tous ses projets ?

Ces projets n'ont-ils pas été annoncés formellement par le dernier numéro du journal que publient à Londres MM. *Achille Jouf-
froy, Dudon, Capelle, etc. ?* On y lit en propres termes : « *De*
« *grands évènemens se préparent* : PERSONNE MIEUX QUE NOUS N'EST EN
« POSITION DE LES CONNAITRE ; *ils seront de nature à apporter un
« changement notable dans la situation actuelle de l'Europe ?* »

Sait il, ou non, que la duchesse de Berry est accompagnée de
M. de Bourmont, qui voyage avec elle sous un faux nom ?
qu'elle a été débarquer à Rotterdam pour dérouter les conjectures, mais qu'elle doit en effet se rendre sur un point de la
France ?

Sait-il, ou non, que trois *convois* d'armes et de munitions sont
arrivés dans la Vendée ? N'y a-t-il pas aussi depuis quelque temps
de nouvelles pièces d'artillerie, indépendamment de celles qui y
y étaient déjà cachées ? Le général Bonnet n'a-t-il pas cru
devoir venir exprès pour demander de nouvelles instructions ?

La duchesse n'a-t-elle pas envoyé déjà *dix-huit cent mille francs,*
et le ministère est-il, ou non, informé qu'elle porte avec elle cinq
millions et plusieurs lettres de crédit ? Sait-il. ou non, si les
ambassadeurs des puissances étrangères en Angleterre n'ont été
pour rien dans le prêt de cet argent ?

Le ministère sait-il, où non, que le projet de débarquement en
France est appuyé par la Russie, l'Autriche, la Prusse, l'Espagne
et Naples ? que le projet carliste est d'essayer de triompher de la
France d'abord, en semant des divisions intestines, en promettant
aux patriotes une large constitution ; et, si cela ne réussit pas, en
fesant éclater un mouvement général dans l'Ouest et dans le Midi ?
Sait-il, ou non, si, dans le cas d'une guerre civile, il n'est pas arrêté entre les puissances que la guerre étrangère s'y joindra immédiatement ? N'est-il pas certain qu'une alliance offensive et défen-
sive a été conclue entre l'Autriche et le Piémont ? que ce dernier
état, en cas d'attaque contre la France, doit fournir 5o,ooo hommes,
et livrer les passages du Simplomb, du Mont-Cenis et du Mont-
Saint-Gothard ? N'y a-t-il pas déjà 8o,ooo hommes sur le Tesin,

avec 150 pièces de canon ? N'y a-t-il pas en tout, dans le Milanais, 170,000 hommes? La Prusse n'a-t-elle pas déjà 300,000 hommes échelonnés depuis le Luxembourg jusqu'à Mayence? *Tous ces chiffre sne sont-ils pas de la plus sévère exactitude?* L'Espagne, enfin, ne doit-elle pas seconder au midi le mouvement de la Prusse et de l'Autriche au nord?

Voilà pour l'extérieur. Venons maintenant à l'intérieur. Le ministère sait-il, ou non, que des réunions carlistes, *extrêmement fréquentes*, ont lieu dans la rue des Saint-Pères et dans la Chaussée-d'Antin? M. Vivien n'a-t il pas été averti, par un des agens chargés de la surveillance politique, que plusieurs chefs de division et de bureaux des ministères de l'intérieur, des finances, des affaires étrangères et de l'instruction publique, fesaient partie de ces associations? Le même agent n'a-t-il pas nommé plusieurs fois M. de Richebourg, commissaire de la Bourse? M Vivien ne l'a-t-il pas dit à M. Casimir Périer? et celui-ci n'a-t-il pas répondu : « M. de Richebourg est un homme qui nous est fort utile... n'en parlons plus? » M. le général Pelet ne se plaignait-il pas ces jours derniers à M. Casimir Périer de l'impudence avec laquelle les carlistes affichaient leurs prétentions, et M. Casimir Périer qui, dernièrement encore, fesait lancer des mandats d'arrêt contre Lennox, Mathé, etc., n'a-t-il pas répondu : « *Que voulez-vous... on ne peut pas mettre la main sur eux.* » Le gouvernement ne sait-il pas qu'un grand nombre des anciens gardes-du-coprs sont organisés, que beaucoup de gendarmes dévoués, et beaucoup de gens, attachés au service de l'ancienne maison, ont reçu des avis indirects *de se tenir prêts, d'avoir de l'espérance, et de s'entendre en cas de besoin?* Ne sait-il pas que dans le sein même de la garde nationale, environ 3,000 hommes sont prêts à faire usage de leurs armes, d'abord en poussant à la guerre civile, et ensuite, s'il le faut, pour proclamer Henri V? Pourquoi n'a-t-on donné aucune suite au projet d'enquête provoqué par certaines compagnies, pour savoir quels étaient ceux qui, dans les derniers troubles, s'étaient livrés à des actes d'une violence brutale, et surtout quels étaient ceux qui les avaient excités? Enfin, la préfecture de police n'a-t-elle pas été frappée un jour d'une assez grande quantité de passe-ports délivrés, par intervalle pourtant, à *des Suisses,* lesquels se rendaient dans la Vendée, où ils devaient, disaient-ils, être employés aux travaux de je ne sais plus quel canal? Le jour qu'on a arrêté la délivrance de ces passe-ports, n'en avait-il pas déjà été délivré jusqu'à trente-cinq?

Le ministère ne sait-il pas que le parti a annoncé presque officiellement à la famille que, dans la Vendée, 70,000 hommes bourgeois, troupes ou paysans, étaient organisés et n'attendaient qu'un signal pour agir? N'a-t-on pas soupçonné que la correspondance avec Holy-Rood pouvait avoir été faite par un courrier du *ministère même des affaires étrangères,* tout dévoué à Polignac? et quand on a eu destitué le père, par suite de ces soupçons, n'est-ce pas son fils qu'on a nommé à sa place ?

Le Midi n'a-t-il pas aussi son organisation comme la Vendée ? Les carlistes n'ont-ils pas l'espoir que les villes de Bordeaux et de Marseille arboreront les premières le drapeau blanc ? ces deux villes ne doivent-elles pas être déclarées *ports libres* en recompense ?

N'a-t-on pas parlé aussi de 80,000 hommes environ répartis sur onze départemens, et qui sont prêts, quand on le voudra, à faire le mouvement ? L'impatience si naturelle à ces *cœurs ardens* n'embarrasse-t-elle pas même un peu le comité de Paris ? et dernièrement encore n'a-t-il pas été obligé d'écrire à Montauban et ailleurs pour recommander la prudence ? Le ministère ignore-t-il que plusieurs régimens ont des corps d'officiers qui, pour la plupart, sont décidés à changer de drapeau ? que les colonels de cinq à six régimens, *nommés par M. de Bourmont,* sont en relation avec lui, et lui ont promis, aux jours *difficiles,* d'écouter sa voix ?

Le ministère sait-il, ou non, que plusieurs officiers supérieurs de l'ex-garde, et que plusieurs chefs des gardes-du-corps ont reçu des ordres positifs de se rendre à des postes désignés dans l'Ouest et le Midi, et que plusieurs sont en marche ?

Voilà des faits précis, nettement exposés, et qui demanderont autre chose qu'une réponse dédaigneuse.

Si le ministère ignorait ces faits, il est incapable ; s'il les savait, et qu'il n'ait pris aucune précaution, il trahit ouvertement.

Et pourtant c'est à lui que les électeurs ont donné la victoire.

Quant à nous, sans pouvoir rassembler précisément des preuves juridiques sur ces faits, nous pouvons affirmer que nous avons à cet égard toute la certitude morale que peuvent donner des témoignages nombreux, des documens positifs, et l'autorité d'hommes d'honneur. S'il faut dire encore un mot, nous le dirons : c'est que nous pourrions apporter ici un témoignage *personnel;* car à nous aussi le parti a fait ses avances.

Nous signalons donc hardiment ces trames avec une conviction qui sort du fond de notre cœur, et une indignation que notre plume se refuse à exprimer. Toutes les âmes honnêtes la comprendront. Le ministère niera peut-être. Le ministère mentira.—Un seul fait encore à l'honneur des électeurs du premier arrondissement.

Une lettre arrivée de Londres annonce que *l'ambassadeur des Etats-Unis a appris de la bouche de lord Grey lui-même* que M. Casimir Perier n'était ministre qu'à la condition d'écraser la révolution en France et de la laisser écraser également en Pologne, en Belgique, en Italie, etc.

Maintenant, électeurs, soyez fiers ! et vous patriotes de juillet, défendez votre œuvre !

Cet article n'exigeait-il pas une réponse? Cependant *le Messager* d'hier s'est tu : *le Moniteur* a gardé le même silence ; et *la France Nouvelle* seule nous adresse aujourd'hui ces parole :

« Un mot, en passant, à la *Tribune*. Elle déclarait hier qu'elle tiendra le ministère pour allié des légitimistes, s'il ne répond aux questions qu'elle lui adresse, et voilà qu'elle lui demande gravement s'il a connaissance du voyage de la duchesse de Berry. Si la *Tribune* prenait la peine de lire les journaux auxquels elle a déclaré la guerre, elle saurait que le ministère a fait annoncer ce voyage dans le *Messager* avant qu'aucun journal en ait dit un mot. »

Le *Messager*, ce soir, reproduit cette réponse, et il ajoute :

« En effet, le gouvernement envoya la nouvelle de ce voyage au *Messager*, journal du soir, afin que tous les journaux du lendemain fussent à même de le répéter. »

Ainsi, voilà tout ce que le ministère trouve à dire sur une dénonciation aussi précise !

Cependant il sait que notre article a produit une impression vive. Il s'en est lui-même occupé. La préfecture de police, nous en sommes certains, s'est émue à la précision de nos chiffres. Cependant nous avons oublié un fait que nous sommes bien aises de citer à M. Vivien. C'est que, dans les bureaux des passeports, il y a quelqu'un qui s'entend parfaitement avec les carlistes. Un garde-du-corps, par exemple, arrive, il sait où il faut s'adresser; il présente un petit carré de papier, sur lequel est placé je ne sais quel paraphe magique. Aussitôt, sans exécuter les formalités d'usage, sans constater l'identité, etc., le passe-port est mis en règle; il ne faut plus que le signer. En le délivrant, quelquefois on sourit au voyageur, on lui souhaite *bon voyage et bon succès*.

Nous avons encore beaucoup d'autres faits à citer, et puisque le ministère nous y force, nous l'interrogerons sur un point plus délicat.

N'est-il pas vrai que, pour les marchés de fusils et de draps, M. Casimir Perier et M. le maréchal Soult ont reçu chacun un pot-de-vin, qui serait de plus d'*un million?*

Ce marché des fusils est vraiment curieux à rappeler de nouveau.

On achète en Angleterre, par l'entremise de Rotschild, 200,000 fusils, au prix moyen de 57 francs, tandis qu'ils coûtent en France 28 fr. (j'enfle ce chiffre). Il y a eu, dit-on, une commission de 7 francs par fusil comptée à l'agent de Rotschild. Comptez bien : 1,400,000 f. Pourrait-on nous dire entre qui le bénéfice a été partagé ?

Pour remplir ce marché, les manufacturiers de Birmingham, Anglais avant tout, ont acheté au gouvernement de leur pays tous les vieux fusils de la Tour de Londres, qu'ils remplacent par des fusils de nouveaux modèles, et ils nous ont expédié ce rebut.

Quant à la fourniture de drap, c'est encore par M. Rotschild que le ministère a traité avec M. Smith, manufacturier à Leeds, pour une fourniture de 100,000 hommes. Je ne parle pas du pot-de-vin.

Mais c'est lorsque les propriétaires de laine en France ne savent comment se défaire de leurs produits, lorsque les ouvriers sont sans ouvrage ; c'est dans de telles circonstances que le gouvernement a envoyé les capitaux français à l'étranger, alors qu'il pouvait, par ses commandes, soutenir l'industrie française. Et les marchands de draps électeurs ont voté de tout cœur pour M. Perier ! ! Passe encore si les négociations de Londres s'étaient réunis pour faire frapper une médaille avec cette inscription : « Aux ministres du » roi-citoyen français, protecteurs de l'industrie anglaise. »

Le ministère nous répondra-t-il enfin ?

Après la lecture de l'arrêt de renvoi, M. le président s'adresse aux prévenus.

M. LE PRÉSIDENT. M. Marrast, M. Bascans et M. Thouvet, vous êtes prévenus d'avoir, en insérant l'article dont on vient de vous donner lecture, porté atteinte à l'honneur et à la considération de M. le maréchal Soult et de M. Casimir Perier. Vous allez entendre les charges qui s'élèvent contre vous.

M. LE PRÉSIDENT. M. Marrast, vous reconnaissez-vous l'auteur de l'article intitulé *Situation grave*? — R. Oui, M. le président.

D. Aviez-vous, en insérant cet article, la preuve que MM. Soult et Perier avaient reçu un million pour le marché de fusils? — R. J'ai déjà répondu à cet égard devant M. le juge d'instruction. (Ici l'audience est suspendue pendant quelques minutes. Plusieurs avocats demandent à entrer. M. le président ordonne de faire évacuer les corridors.)

M. LE PRÉSIDENT. M. Marrast, vous avez, dans votre article, avancé un fait positif ; je vous demande de nouveau si vous avez la preuve de ce fait? — R. Je n'ai à répondre ici que ce que j'ai déjà répondu devant M. le juge d'instruction : c'est que je n'ai point avancé un fait positif. Il ne peut pas y avoir le moindre doute à cet égard, puisque la phrase incriminée est précédée de cette autre phrase: « Puisque MM. les minis- « tres nous y forcent, nous allons les interroger, etc. » C'était une explication, et pas autre chose qu'une explication que je demandais dans l'intérêt du pays.

M. LE PRÉSIDENT. Ce n'est donc pas un fait que vous avez avancé, c'est une explication que vous avez demandée? — R. Pas autre chose.

M. LE PRÉSIDENT. Dans votre interrogatoire devant M. le juge d'instruction, n'avez-vous pas dit qu'en interrogeant les ministres vous vouliez les forcer à s'expliquer sur *le marché des fusils?* Persistez-vous dans votre réponse? — Oui, M. le président. J'ai pensé qu'après avoir interrogé les ministres sur des faits graves, et n'en ayant point reçu de réponse, je pouvais profiter de tous les documens que je vais entre les mains, et qui seront répétés dans le cours des débats, pour attaquer les ministres, non-seulement sous le rapport de trahison, comme l'article le porte, mais sur un point plus délicat encore.

D. Vous prétendez donc n'avoir pas affirmé un fait? — R. Oui, monsieur le président.

D. Avez-vous la preuve des inculpations que vous avez élevées contre M. le maréchal Soult et M. Casimir Perier? — R. Les débats donneront la preuve de tout ce que j'ai avancé.

M. PERSIL se lève. (Agitation dans l'auditoire. Tous les regards se portent sur M. Bascans et sur M. Persil, qui paraît embarrassé). J'ai une question à adresser à M. Marrast. Il vient de déclarer que lorsqu'il a fait son article, il n'avoit pas de preuves; cependant je lis dans le numéro du lendemain....... « La preuve absente, reste le témoi- « gnage d'hommes honorables, des lettres affirmatives venues de Lon- « dres, etc. »

Je demanderai à M. Marrast, s'il avait ces témoignages et ces preuves lors de la publication dr l'article, c'est-à-dire des lettres de Londres qui rendissent probables les faits qu'il avance. — R. Je vous ferai remarquer que je suis conséquent avec moi-même; je fesais précéder l'article incriminé de cette phrase : « La preuve absente, reste le témoignage d'hommes honorables, etc. » J'ai déclaré que je n'avais ni la preuve judiciaire, ni la preuve légale; mais j'ai dit en même temps, qu'à défaut de ces preuves, j'avais des témoignages et des lettres, et ces témoignages et ces lettres je les produirai dans le cours des débats.

M. PERSIL. Ces lettres et ces témoignages auraient dû déjà être produits; ils ne l'ont pas été : je demande qu'ils soient soumis à MM. les jurés. — R. Si ces lettres m'avaient été adressées personnellement, je n'aurais pas hésité à les communiquer; mais il n'en est rien : ces lettres ne m'ont pas été directement adressées; elles m'ont été seulement communiquées; et, je le répète, elles seront produites dans les débats. Je n'ai eu que des communications de confiance, plus tard nous nous expliquerons sur ces communications.

M. LE PRÉSIDENT. Ainsi ces lettres ne sont point entre vos mains. — R. Non. J'ai eu d'autres documens encore; je dirai plus tard comment je les ai eus; tout sera reproduit dans les débats.

M. BERNY, conseiller. Mais ces lettres sont-elles authentiques?

M. MARRAST. Oui, monsieur; elles seront produites quand il en sera temps; quant à la date il m'est impossible de la préciser. Les bruits qui circulaient, et que j'ai publiés, partaient des lieux les plus élevés. Moi, assourdi de tout ce que l'on disait relativement à ces marchés de fusils, j'ai dû faire mon devoir de journaliste en me rendant l'écho de toutes ces accusations.

M. PERSIL. Je ferai observer à M. Marrast que ces pièces doivent en effet être produites dans les débats, et c'est dans ce moment que nous sommes dans les débats : si vous avez des pièces, il faut les produire, car les débats sont commencés.

Mª MICHEL, avec dignité. Vous voulez donc nous opposer une fin de non-recevoir, et nous empêcher de produire les pièces non signifiées. (Marques d'impatience parmi MM. de la cour.)

M. MARRAST. J'ai eu l'honneur de vous dire que les pièces ne sont pas dans mes mains; je les aurais déjà produites, si je les eusse euet plus tôt; mais il m'est arrivé de Londres une lettre ce matin même, je n'ai donc pas pu la produire.

M. le président. C'est actuellement que vous devez produire les pièces.

Me Michel. Vous élevez une question de droit.

M. Persil. Il y a un fait ; il faut l'établir.

M. Marrast. C'est une simple question de droit.

M. Persil. Il y a une question qui est celle-ci : avez-vous des pièces, oui ou non ?

M. Marrast. Je n'ai rien à répondre dans ce moment.

M. Persil. Ces pièces sont-elles dans vos mains ? La lettre que vous avez reçu de Londres, par exemple ?

Me Michel. M. le président, je vous demande la permission de faire une observation. Je ne vois pas le but de toutes ces questions. Voudrait-on prendre des conclusions tendant à ce qu'aucune de nos pièces ne fût examinée, par cela seul que la production n'en a pas été faite ? Qu'on le déclare ! (M. Persil. Non !)

Me Michel. Dans ce cas, nous n'avons qu'une seule chose à faire, à prouver ce que nous avons avoué. La loi ne demande pas que l'on emploie tel ou tel genre de preuve, et ne fixe pas telle ou telle marche à suivre. La loi veut que l'on prouve, et ne veut pas autre chose.

Voici ce qui s'est passé. J'ai entendu, moi, journaliste, une multitude de personnes honorables me dire de tous côtés : Un vol a été commis ; il y a déprédation, il y a concussion !... Les personnes qui m'ont donné ces renseignemens les répéteront ici ; les lettres que je cite, je les produirai ; les témoignages que j'invoque seront complets. Eh bien ! que me demandez-vous maintenant ? Que je vous produise les pièces ? Mais je vous ai déclaré que je n'en étais pas propriétaire ; je vous offre de vous faire connaître la vérité, toute la vérité : que voulez-vous que je vous dise de plus ? Maintenant vous venez me demander des témoignages ; vous voulez que nous établissions une délibération ? Eh ! messieurs, il n'y en a pas, vous devez bien le savoir... (murmures approbateurs et prolongés dans l'auditoire.) Mais nous vous disons : Parmi les personnes qui sont ici, il en est qui sont porteurs de pièces que nous produirons, mais que nous n'avons pas pu nous approprier ; quand il en sera temps, nous nous en servirons, et alors nous argumenterons, non-seulement sur les pièces écrites, mais encore sur les témoignages oraux. C'est ainsi que nous entendons le procès

M. Persil. Le défenseur se méprend sur la nature de notre demande : nous ne prétendons pas dire que l'accusé n'a pas le droit de se servir de toutes ces pièces. Ce n'est pas une fin de non-recevoir que nous opposons : nous demandons seulement si, au moment où l'article a été écrit, l'auteur avait ou non des pièces ? Il a répondu non : je lui demande s'il les a maintenant ou s'il ne les a pas ? C'est un fait sur lequel je veux que messieurs les jurés soient instruits.

Me Michel. Nous vous avions déjà dit....

M. Persil, s'agitant et frappant du poing sur son bureau : Ce n'est point à l'avocat à répondre.

Me Michel. Je vous demande pardon, monsieur l'avocat-général.

M. Persil. Je vous demande de nouveau si vous avez ou non des pièces ?

M. Marrast. Et oui, nous en avons ! Et si absolument il le faut, je vais vous produire la lettre de Londres. C'est une pièce au prix auquel M. Gisquet livrait les fusils de fabrique anglaise au ministère.

Me MICHEL. Cette lettre est importante.

M. PERSIL, s'impatientant et frappant de nouveau sur son bureau. Je fais observer à M. l'avocat qu'il n'a pas la parole.

Me MICHEL. C'est à M. le président seul à me faire des observations et à nul autre.

M. LE PRÉSIDENT. Me Michel, vous n'avez pas la parole.

Me MICHEL. Je vous la demande, M. le président, et je prie nos adversaires de vouloir bien me dire s'ils veulent ou non procurer les procès-verbaux d'expertise concernant la qualité des fusils reçus.

M. DUPIN. Je ne les ai pas dans ce moment, je les ai eus cependant ce matin.

Me MICHEL. Je suis fâché que vous ne les ayez pas maintenant.

M. BASCANS. Il y a dans cette enceinte des Anglais. Je prie M. le président de faire traduire la lettre que nous avons reçue ce matin de Londres (1).

M. LE PRÉSIDENT. On en fera la traduction.

M. LE PRÉSIDENT à *M. F. Bascans.* Vous savez qu'il a été inséré dans *la Tribune* un article intitulé : *Situation grave;* vous en avez sans doute approuvé l'insertion? — R. Oui, monsieur le président.

D. Vous aviez sans doute la preuve des faits qui y sont avancés avant d'en approuver l'insertion? —R. Je m'en rapportai complètement à cet égard à M. Marrast, qui pouvait se dispenser de le signer, et qui cependant l'a signé par excès de délicatesse.

D. Avez-vous demandé à M. Marrast s'il avait la preuve de ce qu'il avançait? —R. Je vous ai dit que non. Si j'étais obligé de faire à chaque rédacteur des demandes de cette nature, je n'en finirais jamais.

D. Vous y êtes cependant obligé? —R. Je vous demande pardon, M. le président; nous ne nous amusons jamais à lire tout un journal avant de le signer; il en est ainsi dans tous les journaux; la *signature* du gérant est une affaire *de pure convenance légale;* nous nous connaissons tous et nous avons confiance les uns dans les autres.

M. PERSIL. Je vous demande si M. Marrast vous a dit, avant l'insertion de l'article s'il avait la preuve de ce qu'il avançait. —R. J'ai déj. répondu à votre question. Non-seulement je n'avais pas demandé à Me Marrast s'il avait ou non des preuves, mais, comme vous, je n'ai vu l'article que le lendemain.

M. LE PRÉSIDENT. Vous pensiez cependant que M. Marrast avait la preuve du fait qu'il avançait? —R. J'ai déjà répondu deux fois, et je dois vous faire observer que je n'ai pas à m'occuper de preuves de fait, attendu qu'il n'y a pas de fait dans l'article.

D. C'est pourtant ce que vous avez dit devant le juge d'instruction. —R. J'ai dit devant M. le juge d'instruction que j'en avais la conviction, comme je l'ai toujours dans pareil cas.

---

(1) Cette lettre est de M. William Beckwitz, inspecteur préposé par M. Gisque lui-même à l'examen de ces fusils. — A l'audience, M. Michel donnera, s'il est nécessaire, des explications au sujet de cette lettre. (*Note du Rédacteur.*)

D. Vous avez dit en propres termes : *Je laisse la responsabilité de cet article à M. Marrast, n'ayant pas personnellement de preuves.* — R. J'ai dit que je n'avais pas d'autres preuves qu'une preuve morale ; vous savez aussi bien que moi, M. le prés.dent, qu'il n'en existe pas d'autres.

M. le président, à M. Antony Thouret. Reconnaissez-vous avoir inséré dans *la Révolution* l'article intitulé *Situation grave?* — R. Oui, M. le président.

D. En connaissez-vous toute la gravité? — R. Je ne me rappelle pas si j'ai bien ou mal lu l'article ; mais, ce dont je me souviens bien, c'est que j'en ai approuvé les principes et que j'en accepte toute la responsabilité. J'étais fort malade alors : on m'apporta l'article, et je m'empressai de l'insérer.

M. le président. Cette réponse n'est pas conforme à celle que vous avez fa te devant le juge d'instruction ; vous avez répondu : j'ai publié l'article parce que j'en approuvais le contenu.

D. De cette réponse, il résulte que vous connaissiez l'article, et que c'est parce que vous le connaissiez que vous l'avez inséré. — R. On ne peut rien interpréter de semblable : j'ai voulu dire, je le répète, que j'approuvais et que j'approuve encore les motifs sur lesquels se fondait M. Marrast, dont le patriotisme est connu; j'étais persuadé que lorsque M. Marrast publiait des faits, il en était bien sûr. Ensuite, ce n'est pas moi, c'est mon médecin qui a répondu à M. le juge d'instruction. J'ai fait signer pour moi ; le docteur Gervais était ici, et il répétera tout ce qu'il a dit, et, je l'espère, d'une manière satisfesante pour vous. Je vous répète que je ne décline en aucune manière la responsabilité de l'article.

M. le président. Vous devez cependant vous rappeler la réponse qu'à faite M. le docteur Gervais, il vous en a été donné lecture, — R. Sans doute, et je suis bien loin de contester à ce sujet. M. Gerva.s a dit ce que j'aurais dit ; j'approuve sa réponse tout entière ; la seule chose qui m'étonne, c'est votre question.

M. le président. Faites entrer le premier témoin.

M. Etienne Arrago, directeur du Vaudeville, est introduit et prête serment.

M. le président. Dites ce que vous savez sur les faits relatifs à l'affaire.

M. Arrago. A l'époque où les journaux s'occupaient des marchés de fusils, faits par le gouvernement avec M. Gisquet, M. Ganneron, membre alors de l'Association nationale pour l'expulsion de la branche aînée des Bourbons, venait quelquefois chez moi. Nous étions tous deux secrétaires du comité central de cette association. Il était naturel que dans nos réunions nos conversations portassent sur les affaires politiques, nous parlâmes des fournitures de fusils. Après que je lui eus rapporté quelques circonstances, M. Ganneron me dit : *J'ai des détails bien p us circonstanciés et bien plus graves sur cette affaire.* Je le priai de me donner des explications. « J'avais, dit-il, offert au gouvernement, plusieurs milliers de fusils prussiens à un prix moindre que les fusils anglais qu'on a acceptés. » — Comme j'avais vu les fusils anglais dans les bureaux du *National*, et que je les avais trouvés tellement détestables, que je n'aurais pas osé m'en servir au tir, j'interrogeai M. Ganneron sur la qualité des fusils prussiens ; je lui demandai si les bayonnettes étaient fortement attachées au canon? Il me répondit que oui : aux fusils anglais les bayonnettes se détachaient très facilement : de plus, les fusils anglais n'avaient pas de capucines, les fusils prussiens en avaient. Le calibre des fusils prussiens n'était pas le calibre français, mais il en était de même des fusils anglais.

Comme, dans son opinion, les *fusils Gisquet* étaient moins bons que les siens, je lui demandai s'il pouvait me donner la raison qui avait fait accepter les fusils Gisquet plutôt que les siens, malgré la différence de prix et de qualité.

« *Dam*, me répondit-il, *c'est qu'on savait qu'avec moi il n'y avait pas de* « TOUR DE BATON *à faire.* »

M. LE PRÉSIDENT. Savez-vous si M. Ganneron vous a dit cela avant ou après le marché passé avec M. Gisquet?

M. ARRAGO. Je ne sais pas bien, mais, autant que je puis me rappeler, c'est postérieurement.

M. LE PRÉSIDENT. Pensez-vous qu'il soit à sa connaissance qu'il y ait eu *un tour de bâton*, ou bien n'était-ce qu'une simple présomption?

M. ARRAGO. Je ne puis que répéter ce qu'il m'a dit. Ce que vous me dites est bien moins intéressant que ce que je vais vous dire. Je vous ai rapporté ses paroles.

M. MARRAST. Je prierai M. Arrago de dire s'il n'a pas eu connaissance de bruits qui circulaient et qui avaient une grande consistance dans le public.

M. LE PRÉSIDENT. Vous ne pouvez pas adresser de questions au témoin : quand vous voulez parler, je vous prie de demander la parole, d'ailleurs je ne puis interroger les témoins sur des bruits.

M. MARRAST. Je demande la parole. Je ferai observer que ma position de journaliste n'est pas celle d'un juge d'instruction qui ne recherche que des preuves positives : il me suffit que les faits s'appuient sur le témoignage de personnes honorables que je connaisse bien. Il sera donc nécessaire d'interroger les témoins sur les bruits généraux venus à leur connaissance, et qu'il était, je le répète, de mon devoir de journaliste de signaler.

Il m'importe de prouver que je n'ai parlé que de faits que je tenais d'hommes honorables; c'est pourquoi je prie M. Arrago de s'expliquer sur les bruits qui seraient venus à sa connaissance, par des conversations.

M. ARRAGO. Comme je n'en ai pas une connaissance personnelle, je ne pense pas que cela soit nécessaire.

M. MARRAST. Je pense que c'est indispensable, comme je viens de l'expliquer.

M. LE PRÉSIDENT. Je vous répète que j'ai demandé au témoin ce qu'il savait personnellement relativement au marché des fusils. Il a dit ensuite que ce qu'il pourrait ajouter ne serait que le résultat de conversations particulières qu'il avait entendues, ou de ce qu'il avait lu dans les journaux. Nous n'avons point à l'interroger là-dessus. M. Arrago, vous pouvez aller vous asseoir.

M. MICHEL (avec énergie), Je vous demande pardon, monsieur le président, je pense que le témoin...

M. LE PRÉSIDENT. Prenez-vous des conclusions?

M. MICHEL. Je les prendrai quand j'aurai développé ma pensée.

Nos preuves ne reposent sur autre chose que des ouï-dire. Il s'agit de savoir si un marché scandaleux, extrêmement nuisible à l'état, a eu lieu. Il est évident que ce marché scandaleux n'a jamais existé matériellement ; mais la loi nous autorise à administrer la preuve de ce fait. Messieurs, la preuve résulte pour les jurés de tout et de rien. La loi ne leur indique pas comment ils devront former leur conviction ; elle se formera comme la nôtre, lorsqu'ils entendront une multitude de personnes honorables déposer sur tel ou tel fait ; je ne pense pas que la cour veuille nous priver de l'avantage qui peut résulter pour nous de ces dépositions.

M. Persil. Les accusés et leurs défenseurs ne se sont pas bien rendu compte de leur position et du procès qu'ils ont à soutenir. Il s'agit d'un délit de diffamation, du fait qui porte atteinte à l'honneur d'un citoyen. S'il s'agissait d'un citoyen ordinaire, on n'admettrait pas la preuve de la vérité du fait ; mais il y a exception à l'égard des fonctionnaires publics ; la loi a autorisé la preuve des faits diffamatoires. Cette preuve ne peut s'administrer que par des faits et non par des bruits rapportés, car sans cela, on commettrait une nouvelle diffamation en prétendant prouver la vérité du fait diffamatoire. Un témoin qui voudrait déposer, j'ai entendu dire telle chose, se rendrait lui même coupable de diffamation pour avoir répété des choses dont il n'avait pas la preuve en mains.

Voilà les vrais principes. (Exclamations au banc des avocats et dans l'auditoire.) En sorte que si la justice admettait la preuve du fait diffamatoire par ouï-dire, on ne ferait qu'ajouter une diffamation à la diffamation, on violerait la loi qui veut que les faits diffamatoires soient prouvés par des faits, et la dignité de la justice serait compromise. Dix, douze personnes, qui voudraient en diffamer un autre, n'auraient qu'à avoir parmi elles un journaliste qui ferait insérer la diffamation dans les journaux, et quand il serait poursuivi, il appellerait ses amis ou complices pour informer le fait diffamatoire, Ils ne pourraient que répéter, j'ai entendu dire. Mais la loi n'admet que les preuves matérielles. Si quelqu'un déclarait qu'il a entendu dire que M. un tel est un voleur, et qu'il ne présentât à la cour aucune preuve pour motiver une enquête, la cour ne l'autoriserait pas : par la même raison, je ne pense pas qu'on doive interroger les témoins sur de simples ouï-dire.

Au surplus, je m'en rapporte à la sagesse de la cour et à ce qu'elle pourra pertinemment décider.

Me Michel. Cette difficulté qu'on élève annonce le système qu'on voudra soutenir plus tard. M. le procureur-général a dit que nos cliens et nous, nous ne comprenions pas notre position, que d'après la loi de 1819, quand la diffamation atteignait un simple particulier, on n'était pas recevable à administrer la preuve des faits reprochés. Cependant il y a une preuve légale qui est admissible (M. Persil fait un signe négatif), le jugement, par exemple. Si, après avoir dit qu'un individu était un voleur, je me présentais avec le jugement de police correctionnelle qui le condamne, je serais certainement renvoyé de la plainte. C'est un hommage rendu à l'honneur des magistrats.

Au reste, cela n'importe pas à la décision de la question dont il s'agit : mais voilà pour la diffamation envers de simples particuliers.

Quant à l'homme public, la loi permet de faire la preuve des faits articulés. Et ici la loi ne dit pas comment cette preuve doit être administrée ; elle ne fait aucune sorte de distinction ; et quand la loi ne distingue pas, le magistrat ne peut pas distinguer. Le savant jurisconsulte à qui je réponds le suit ; cependant il dit : Vous ne pouvez apporter que des preuves matérielles ; en cela il ajoute à la loi.

La loi fait plus, elle nous place dans le droit commun, en nous renvoyant devant le jury. Vous savez, messieurs les jurés, ce que porte l'art. 342 du Code d'instruction criminelle, qui détermine la manière dont vous devez former votre conviction. Je vous demande s'il parle de preuves matérielles; c'est cet article que vous allez lire dans la salle de vos délibérations. Cet article repousse le système du ministère public, car il dit positivement que vous n'êtes pas obligés de consulter telle ou telle pièce, la déposition de tel témoin ou de tel autre, tel ou tel nombre de témoins ; vous devez décider dans votre conscience, d'après tous les élémens qui ont été versés dans le sein de la cour. N'est-ce pas ainsi que se forme la conviction des jurés ?

La loi de 1819, en attribuant au jury les délits de la presse, n'a pas tracé de mode spécial de faire la preuve ; tout ce qu'elle a dit c'est que je serais admis à faire cette preuve devant vous. La loi repousse le système plaidé devant vous. On doit interroger les témoins sur tout ce qui se rattache de près ou de loin aux faits que je dois plaider. Dans cette enceinte, on vous a dit que dix personnes pourraient s'entendre pour diffamer quelqu'un. Mais, messieurs, c'est calomnier l'humanité. Vous ne trouverez nulle part dix hommes qui puissent s'entendre pour commettre une semblable infamie. D'ailleurs, si cela pouvait se rencontrer, le ministère public repousserait ces témoins du sanctuaire de la justice, et vous, messieurs les jurés, vous les flétririez par un verdict infamant de condamnation. Mais il est inutile d'insister là-dessus, car c'est impossible : s'il se trouvait de faux témoins, ils se révéleraient eux-mêmes. Mais quand vous appelez des députés, des hommes honorables et honorés ; quand vingt députés viennent déposer sous l'impression de bruits de déprédation dont l'Angleterre elle-même a retenti, vous jugerez dans vos consciences si ce sont là des hommes qui sont d'accord.

Je persiste dans mes conclusions qui consistent à demander que les témoins soient interrogés sur tous les faits qui se rattachent à la cause de près ou de loin.

M. LE PRÉSIDENT. La cour va se retirer dans la chambre du conseil pour en délibérer.

Après une heure et demie de délibération, la cour a rendu l'arrêt suivant :

« La cour statuant sur les conclusions des prévenus, tendant à ce que tous les témoins soient entendus sur tous les documens résultant soit des pièces soit de conversations privées, quoique n'ayant pas trait directement au procès, ensemble sur les réquisitions du procureur-général du roi ; vu les articles 270, 320 et 242 du Code d'instruction criminelle ; les art. 20 et 23 de la loi de 1819 ; considérant que ce serait prolonger les débats sans utilité ; considérant qu'en vertu de l'art. 320, les témoins ne sont appelés à déposer que sur des faits positifs à leur connaissance personnelle; qu'on ne peut faire porter leurs dépositions sur des conversations vagues, et à plus forte raison quand il s'agit de diffamation envers un fonctionnaire public, cas prévu par l'art. 20 de la loi de 1819 ; considérant qu'en procédant ainsi, le jury n'en conserve pas moins toute son indépendance et son omnipotence ; considérant que, dans l'espèce, les prévenus ne peuvent être admis qu'à la preuve d'un fait, les questions adressées aux témoins devront être circonscrites dans les circonstances qui s'y rattachent directement. »

Le témoin peut continuer à déposer sur les faits positifs qui sont à sa connaissance personnelle, mais non sur des conversations qui n'émaneraient pas d'une personne spécialement désignée.

M. Arrago. Je pourrais citer la personne de qui viennent ces renseignemens sur lesquels on veut que je m'explique, c'est le général d'*Anthouard*. Il fut chargé, eu sa qualité de membre d'un comité d'artillerie de visiter les fusils achetés par M. Gisquet. Il fut très peu content de ces fusils; il en apporta quelques-uns avec lui au Palais-Royal, et montra qu'ils ne pouvaient supporter la comparaison avec des fusils français qu'il avait aussi apportés. On lui dit que cela n'était pas étonnant, car il les comparait à des fusils de chasse; alors il se tourna vers un huissier de service, et lui dit : Allez au poste de la garde nationale, prenez un fusil au hasard, nous en ferons la comparaison et nous verrons si les fusils sont bons ou mauvais. On alla effectivement chercher un fusil, on compara et on trouva que ce fusil était beaucoup meilleur que ceux de M. Gisquet.

M⁰ Dupin. Dans la question qui s'est élevée tout à l'heure, nous n'avons pas cru devoir prendre la parole; mais nous devons reconnaître que la cour a agi très sagement en fixant les limites dans lesquelles devaient se renfermer les questions à adresser aux témoins, et nous nous applaudissons de l'arrêt qui vient d'être rendu; mais il faut aussi que les dépositions aient un caractère bien net. Je demande donc que le témoin nous dise de qui il a entendu ce qu'il vient de déposer, ou s'il était présent à cette conversation; ou enfin qu'il nous cite une des personnes qui ont entendu le général d'Anthouard rapporter ce fait. Nous verrons ce que nous aurons à répondre si on nous nomme un auteur, sinon, nous pensons que le jury ne doit avoir aucun égard à la déposition.

M. le président au témoin. Avez vous entendu ce que vous venez de dire de M. le général d'Anthouard lui-même?

Le témoin. Non, monsieur le président,

M. le président. De qui l'aviez-vous su?

Le témoin. C'est dans des conversations générales; mais comme M. le président m'avait dit que je pouvais rapporter des conversations, lorsque je pouvais désigner un nom. Les faits que je racontais ayant été rapportés par le général d'Anthouard, j'ai cru devoir en déposer.

M⁰ Laveau. MM. les jurés verront que la dernière partie de la déposition ne mérite aucune considération.

Il n'en est pas de même de la première, elle est d'une toute autre importance. M. Arrago prétend que M. Ganneron lui aurait dit que si le marché qu'il avait proposé n'avait pas été consenti, C'EST QU'AVEC LUI, M. GANNERON, IL N'Y AVAIT PAS DE TOUR DE BATON A FAIRE. Voici le fait...(Murmure au banc des avocats.)

M. Marrast. Mais c'est inconcevable: on ne plaide pas sur les dépositions.

L'avocat continue : Nous avons, par une circonstance, eu connaissance de cette déposition : voici comment. (Nouveau murmure.)

M⁰ le président. Vous ne pouvez pas plaider.

M⁰ Michel. Mais sans doute.

M. Laveau. Je voulais seulement demander qu'on voulût bien entendre de suite M. Ganneron.

MM. Michel et Marrast. Vous n'avez qu'à le demander, nous n'avons aucune objection.

M. Ganneron est introduit.

M. Ganneron, député.

M. le président. — Avez-vous connaissance du marché de fusils passé entre les ministres et des négocians anglais.

— R. De trois manières : d'abord, j'ai entendu dire, au conseil-général, que M. Gisquet était allé en Angleterre pour ces marchés ; j'ai entendu aussi M. le ministre de la guerre parler de ces marchés ; en second lieu, j'ai proposé moi-même un marché de fusils ; en troisième, j'en ai entendu parler par M. Gisquet.

D. Avez-vous entendu dire qu'il y avait un pot-de-vin pour MM. Soult et Perier. — R. Aucunement.

D. N'avez-vous pas dit à un des témoins que vous aviez proposé au ministre de la guerre des fusils meilleurs, et à un prix beaucoup plus modéré, et que si vous n'aviez pas conclu, c'est qu'il n'y avait pas DE TOUR DE BATON A ESPÉRER. — R. Je me rappelle très bien que je pouvais livrer à meilleur compte des fusils de beaucoup préférables, mais je ne crois pas avoir parlé *de tour de bâton.*

D. Pouvez-vous l'affirmer? — R. Je crois bien que dans la conversation nous dîmes quelque chose de semblable ; vous savez que l'on dit bien des choses dans une conversation, mais je ne me rappelle pas avoir parlé *de tour de bâton,* et au besoin je l'affirmerais.

A quelle époque avez-vous fait votre proposition au ministère. — R. Au mois de février, je crois. Si la cour le désire, je lui dirai toutes les circonstances de ce marché : Un correspondant de Hambourg m'écrivit pour me proposer une première fourniture de 6 mille fusils, et ensuite de 20,000. Il me demanda d'en faire la proposition au gouvernement : j'allai alors au ministère de la guerre, je remis un échantillon de ces fusils. On me fit observer au ministère de la guerre, que ces fusils n'avaient pas le calibre français ; que d'ailleurs le marché était conclu avec un autre.

M. le président à M. Arrago. Vous voyez que M. Ganneron nie tout ce que vous avez avancé.

M. Arago. Je demande la permission de préciser les faits. M. Ganneron vint chez moi, *au Comité central de l'association qui avait pour but d'expulser à perpétuité la bronche aînée des Bourbons, et de repousser l'invasion.* M. Ganneron s'assit à côté de moi sur mon canapé ; il me dit, en propres termes, après avoir déjà parlé de la conduite des ministres : Eh bien! moi, j'ai sur eux des faits bien plus graves encore, j'ai proposé 20,000 fusils.

M. Ganneron vient de me rappeler le chiffe; je croyais que c'était moins. Je demandai si les fusils du négociant d'Hambourg étaient de calibre français, tandis que ceux que l'on recevait de Londres, et que j'avais vu au *National,* ne l'étaient pas. M. Ganneron me répondit que les fusils qu'il proposait n'étaient pas non plus de calibre français ; et les bayonnettes, ajoutai-je, sont-elles bien adaptées? — Très bien! me répondit M. Ganneron ; tandis que celles des fusils anglais étaient si mal adaptées, qu'il serait imprudent de marcher à l'ennemi avec ces fusils. A cela j'ajoutai : Vos fusils ont-ils des capucines? — Oui, me répondit M. Ganneron. — Eh bien! les fusils anglais n'en ont pas; mais pourquoi donc a-t-on refusé le marché que vous proposiez? Parce que l'on avait traité avec un autre.

M. Ganneron. Je suis sûr de ce que j'ai dit, j'ai dit la vérité. Je ne veux certes pas attaquer la déposition de M. Arrago, mais je suis sûr de ne pas me tromper. Je me transportai chez lui à l'occasion de l'association nationale ; je lui demandai à lire un journal ; je m'assis en effet sur son canapé ; il me donna son journal, me parla du marché des fusils ; il me répéta quelques bruits qui couraient dans le monde ; de mon côté, je tins peut-être quelques propos un peu trop légèrement ; je pus dire avec trop de précipitation que j'avais offert au ministère de la guerre des fusils à meilleur marché et à une qualité préférable ; j'ai pu parler de l'offre de mon correspondant de Hambourg. Dans ce moment, quelqu'un entra dans l'appartement. Je ne me rappelle plus ni quelles furent les questions que M. Arrago m'adressa ni les réponses que je lui fis. Je répète que j'affirme, pour mon compte, que je n'ai pas tenu le propos qu'il me prête ; j'aime à croire que ses souvenirs l'égarent, il a cru entendre autre chose que ce que j'ai dit. Je n'ai pas du tout parlé de TOUR DE BATON. Je n'ai pas d'autre explication à donner ; je n'ai pas l'habitude de me servir de telles expressions.

M. Arrago. Je suis fâché que le mot blesse M. Ganneron. Tous les jours, dans tous les ménages, le mot de tour de bâton s'emploie.

,M. Marrast. Je demanderai à M. Ganneron s'il persiste ou non à dire que les fusils qu'il offrait valaient mieux que ceux qu'on recevait d'Angleterre.

M. Ganneron. Je crois en effet que les fusils que j'offrais valaient mieux et étaient à meilleur marché.

Me Dupin. Aux débats, il s'agit de faits : on a demandé à M. Ganneron si les fusils qu'il offrait étaient meilleurs et à meilleur marché que les fusils de M. Gisquet ? Ce fait est grave, il faut qu'il soit bien précisé. Je demande donc à savoir si le marché des fusils avec des négocians anglais n'était pas conclu avant cette époque.

M. le président. C'est ce que j'ai déjà demandé.

Me Michel. Et moi aussi, car les fusils devaient être alors à un prix plus élevé à cause de la concurrence. (Mouvement d'approbation dans l'auditoire.)

M. le président. M. le général Lafayette demande à être entendu tout de suite, afin de pouvoir aller à la chambre. Huissier, faites-le introduire.

M. le général Lafayette. (Une partie de l'auditoire se lève au moment où l'illustre général entre dans l'enceinte.)

M. le président (après les questions d'usage). Avez-vous connaissance du marché de fusils contracté par les ministres avec des négocians anglais ? — R. Je ne connais pas les détails du marché ; mais j'ai su que l'on avait demandé des fusils aux pays étrangers.

D. Savez-vous à quelle occasion l'on avait fait la demande de ces fusils ? — R. Je vais vous le dire : au moment de la révolution de juillet, ma pensée et celle de tous les patriotes fut d'armer les gardes nationaux des villes et des campagnes. Après avoir consulté les chefs d'artillerie sur les moyens d'établir des fabriques ou du moins des ateliers de réparation d'armes dans les chef-lieux d'arrondissemens et de départemens, il me parut que ces moyens, tout puissans qu'ils étaient, n'étaient pas encore suffisans pour armer la garde nationale. Or , d'après les dispositions hostiles des gouvernemens étrangers, je regardais comme le meilleur argument à employer le soin de rendre la France formidable.

A cette époque la question des fusils étrangers fut agitée. Le ministre m'en parla; je répondis que j'aurais beaucoup mieux aimé n'avoir affaire qu'aux manufacturiers français; mais ceux-ci ne pouvant pas fournir assez d'armes, il fallait bien recourir aux étrangers. Je fus donc d'avis, attendu l'urgence de notre situation, de faire acheter des fusils partout où nous en trouverions, et comme je voyais dans cet avis une espèce de responsabilité morale, je crus devoir mettre par écrit mes observations et les envoyer à M. le ministre de la guerre. C'est ce que je fis. A cette même époque M. le maréchal Gérard fit porter chez moi 3 fusils modèles de fabrique anglaise. Je répondis que c'était au chef-d'artillerie à prononcer sur le mérite de ces armes. Cependant nous les examinâmes; elles me parurent passables.

M. LE PRÉSIDENT. Ainsi c'est vous, général, qui avez provoqué le marché de ces fusils? — R. Non-seulement moi, mais un grand nombre d'autres patriotes : nous voulions à tout prix armer la France; nous aurions désiré de pouvoir lui livrer des fusils à l'instar de ceux de 1815. Mais comme nous ne pouvions pas en avoir en assez grande quantité pour armer la garde nationale des villes et des campagnes, et mettre ainsi tout le peuple français sous les armes, je pensai qu'il fallait en acheter par tous les moyens et de tous les côtés; pour tout le reste , j'y suis resté tout-à-fait étranger. *Dès que j'ai eu quitté le commandement de la garde nationale, je ne me suis plus mêlé de rien.*

M. LE PRÉSIDENT Vous avez dit que vous aviez écrit une lettre à M. le ministre de la guerre? — R. Oui; il doit en effet y avoir une lettre de moi au ministère de la guerre; je l'y ait écrite d'abord pour ne pas me cacher d'une chose qui pouvait exciter des murmures ou rumeurs, mais que je croyais utile. Je remplissais un devoir de conscience en prévenant que je n'étais pas resté étranger à la détermination du gouvernement.

Me LAVEAU. On a cherché cette lettre au ministère de la guerre , mais on ne l'y a pas trouvée.

M. MARRAST. Je demanderai à M. le président la permission de demander un mot à l'illustre général. Je lui demanderai s'il se souvient de s'être trouvé au ministère de la guerre au moment où M. Wandernech offrait au maréchal Gérard les fusils renfermés dans la Tour de Londres, d'abord aux prix de 26 francs , ensuite à 18 schellings, ou 22 francs environ, et ne demandait d'autre indemnité que ses frais de voyage.

M. LE GÉNÉRAL LAFAYETTE. Ma mémoire ne me sert pas fidèlement sur ce point. Je sais bien que plusieurs propositions m'ont été faites par des négocians DE L'INTÉRIEUR et de l'extérieur. J'ai cru de mon devoir de les envoyer tous au ministre de la guerre. Celle-là se trouve probablement dans le nombre. Je sais bien quelque chose de 22 fr., mais je ne le sais pas d'une manière assez positive pour l'affirmer en justice. Mais je dois déclarer que, tout en proposant d'avoir recours aux manufactures étrangères, je proposais également de conclure des marchés avec tous les manufacturiers français; je proposai même de n'avoir recours aux étrangers que pour les fournitures qui ne pouvaient pas être faites par le commerce français. Mon intention était qu'il fallait employer tous les moyens d'armer le plus de monde possible et dans le plus bref délai.

M. le président. Savez-vous quelle quantité d'armes a été demandée aux pays étrangers. — R. Je ne me rappelle rien de cela ; n'ayant pas connu le marché passé par les ministres, je n'ai pas pu connaître la quantité demandée. J'ai dit seulement qu'il fallait racheter tous les fusils que l'on trouverait, ceux de la Vendée, par exemple, si on voulait les vendre, (on rit) mais surtout les raccommoder.

M. Marrast. Je voudrais demander à l'illustre général si la proposition des moyens qu'il a proposés a reçu son exécution dans les ateliers de Paris et dans ceux des départemens.

M. le président. Tous ces détails sont étrangers au procès.

M. Marrast. Je vous demande pardon, c'est tout le procès. L'illustre général a dit, avec tout le patriotisme qui le caractérise, qu'il avait proposé d'employer d'abord des moyens intérieurs avant d'employer des moyens extérieurs. Eh bien ! je lui demande maintenant s'il a connaissance que des propositions de la nature de la sienne aient eu lieu.

M. le président. Ce n'est pas de cela qu'il s'agit, c'est des pots-de-vin.

M. Marrast. J'ai d'abord déclaré que je n'avais pas avancé le fait, et ce sera le moyen de la défense ; et je désire savoir si l'on a mis à exécution les propositions de M. le général Lafayette, et si, pour demander des armes à l'étranger, l'on a négligé les manufactures françaises. Je ne suis pas venu ici pour faire du scandale, mais j'y suis venu dans l'intérêt de la vérité et du commerce français.

M. le président. Vous ne devez pas entrer dans ces détails.

M. Marrast. Ces détails sont publics ; tout le monde les connaît ; il s'agit seulement de les fixer. Je ne sais pourquoi l'on revient sans cesse sur des pots-de-vin, puisque précisément nous n'avons point affirmé le fait ; mais nous déclarons qu'il n'y a pas eu de marché ; tous les moyens d'avoir des armes ont été employés à l'intérieur ; y a-t-il eu des déprédations?... D'ailleurs notre voix n'est pas condamnée à mourir dans cette enceinte, et la France saura.....

M. le président, vivement. Je vous invite à ne pas insister ; vous pouvez, si vous le voulez, prendre des conclusions.

Mᵉ Laveau et Mᶜ Dupin, avec violence. Entrez si vous voulez dans la discussion, nous sommes prêts.

Mᵉ Michel. Nous verrons cela ; nous vous attendons.

M. Lafayette se retire au milieu de violens murmures suscités par l'apostrophe de MMᵉˢ Dupin et Laveau.

M. LAFFITTE.

M. le président. Avez-vous eu connaissance des marchés faits par le ministère, pour l'achat des fusils anglais ?

M. Laffitte. J'en ai entendu parler, mais je ne les connais pas.

M. le président. Avez-vous eu connaissance de pots-de-vin qui aient été payés, soit à M. Soult, soit à M. Casimir Perier.

M. Marrast. Tous les témoins déposeront qu'ils n'en ont pas connaissance. Nous savons que c'est M. le maréchal Soult qui a signé les marchés ; mais je demanderai, et ceci est un point important, il est très délicat d'interroger un ministre sur un fait de cette nature, car on peut le placer entre deux sermens, en exigeant de lui des explications sur ce qui s'est passé dans l'intérieur du conseil. Je voudrais, dis-je, savoir s'il a été question de M. Gisquet dans l'intérieur du conseil, et si on y a parlé des marchés de fusils qu'on devait passer avec lui?

M. LE PRÉSIDENT. Précisez davantage votre question.

M. MARRAST. Lorsqu'il a été question du marché des fusils anglais, a-t-on parlé de M. Gisquet pour être envoyé en Angleterre?

M. LAFFITTE. Je connais les limites de la discrétion que m'impose ma qualité d'ancien membre du conseil du roi. S'il y a des faits sur lesquels je dois garder le silence; il y a des choses sur lesquelles je puis parler. Depuis le mois d'août jusqu'au 2 novembre, j'étais ministre sans porte-feuille; et quoique président de la chambre, j'assistais régulièrement à tous les conseils; il a été souvent question, pendant cet intervalle de marché de fusils. C'est sous le ministère du maréchal Gérard que ces marchés ont été commencés, mais il n'y en a eu aucun de conclu. Il a été souvent question de M. Gisquet, et je crois qu'il a fait des voyages en Angleterre pour traiter l'opération dont il s'agissait. DES INSTRUCTIONS ONT DU LUI ÊTRE DONNÉES. Je sais seulement qu'on s'en occupait, qu'on avait l'intention de faire une acquisition de fusils anglais; mais je crois, je le répète, qu'il n'y a eu aucune opération terminée sous le maréchal Gérard. Il a été parlé de cette opération au maréchal Soult, quand je fus président du conseil, mais je ne me souviens pas du marché; si cependant ma mémoire était infidèle et que je ne me rappelasse pas certains faits qui eussent quelque importance dans l'affaire, je prierais de me les rappeler.

M. LE PRÉSIDENT. Il résulte de votre déposition, que M. Gisquet a été envoyé en Angleterre par le maréchal Gérard, mais que l'acquisition n'a pas été faite sous son ministère.

M. LAFFITTE. Je me rappelle que M. Gisquet est venu me trouver à la chambre, pour m'engager à presser le maréchal de terminer le marché.

M. MARRAST. Je prierai le témoin de vouloir bien s'expliquer sur la nature des difficultés qui empêchaient le maréchal Gérard de conclure ce marché.

M. LE PRÉSIDENT. Pouvez-vous répondre à cette question?

M. LAFFITTE. Jusqu'à un certain point : ma mémoire n'est pas assez fidèle pour me rappeler les conversations que j'ai eues à cette occasion, car il n'y a pas eu de délibération. Ce que je sais, c'est que le gouvernement sentait qu'il avait besoin de fusils, et qu'il avait l'intention d'en faire une acquisition en Angleterre; mais je ne puis dire la cause qui a empêché le maréchal Gérard de conclure le marché dont il était question avec M. Gisquet.

M. MARRAST. M. Laffitte se souvient-il si, lorsqu'on s'est adressé aux étrangers pour avoir des armes, on avait épuisé les moyens de s'en procurer en France?

M. LE PRÉSIDENT. Mais ce n'est pas la question du procès.

M. MARRAST. Mais enfin, M. le président, je vous demande pardon, il est important pour ma défense que ce fait soit constaté.

M. Laffitte. L'opinion unanime du conseil était la nécessité de se procurer la plus grande quantité de fusils possible; on avoit de la répugnance à les acheter à l'étranger, et c'est avec peine que je l-voyais. Il était naturel qu'on donnât la préférence aux manufacc tures françaises ; mais je dois croire qu'on n'aura pris cette décisiou que parce qu'on avait la certitude que les manufactures francaises ne pouvaient pas subvenir aux besoins du moment, dans un temps donné.

M. Marrast. Je prierai le témoin de dire s'il n'a pas eu des renseignemens sur les conditions onéreuses du marché.

M. le président. La question que vous adressez n'a pas rapport au procès. (Murmure au banc des avocats et dans l'auditoire.)

M. Marrast. Messieurs, je suis vraiment désolé d'être obligé de mettre toujours tant d'insistance à faire poser les questions sur lesquelles je crois devoir faire interroger les témoins ; mais c'est dans ces détails qu'est tout le procès. Je prierai qu'on adresse, en outre, une autre question au témoin : je désirerais savoir si M. Laffitte a entendu se plaindre que d'autres négocians aient proposé en même temps d'autres marchés à plus bas prix.

M. le président. Je vous répète que ça n'a pas rapport au procès dont il s'agit, c'est de savoir si MM. Soult et Perier ont reçu ou non un pot-de-vin. (Nouveaux murmures dans l'auditoire et au banc des avocats.)

M. Marrast. Mais, M. le président, je vous demande pardon. Il est impossible si on ne me laisse pas adresser de questions...

M. Laffitte. C'est une affaire dont je me suis toujours éloigné, et dont je n'ai même pas voulu prendre connaissance *par un sentiment que la cour comprendra*. (M. Laffitte appuie sur cette dernière phrase. Chuchottemens dans l'assemblée.)

M. Dupont (de l'Eure) est introduit.

M. le président. Avez-vous eu connaissance des marchés de fusils anglais faits d'après les ordres du ministre de la guerre?

M. Dupont (de l'Eure). Je n'ai eu aucune connaissance, à proprement parler, de ces marchés. Aussitôt que le ministère fut formé, un de ses premiers soins fut de rechercher les moyens les plus prompts, les plus efficaces, de pourvoir à l'armement de l'armée active et des gardes gardes nationales de France, et de se procurer des armes à l'étranger si cela était jugé indispensable. Plusieurs personnes très sages proposèrent de former de grands ateliers pour la fabrication des armes à Paris, où on aurait pu employer vingt-cinq à trente mille ouvriers; mais ce moyen fut jugé impraticable et repoussé.

Pour mon compte, je regrettais qu'on n'en eut pas fait l'essai (M. Dupont appuie fortement sur cette phrase); mais il ne m'appartient pas de faire prévaloir mon opinion dans une question qui n'était pas dans mes attributions.

Une mission fut donnée à une personne que je ne connais pas, que je n'ai jamais vue, mais que je crois être M. Gisquet, qui se rendit en Angleterre pour prendre des renseignemens; pour savoir s'il serait possible au gouvernement de se procurer quelques centaines de milliers de fusils pour armer la garde nationale. Je me rappelle que cette mission fut donnée ; mais j'ai toujours ignoré les instructions que m. Gisquet avait reçues, et le rapport qu'il fit au ministre de la guerre.

Tout ce que je me rappelle, c'est que le ministre fit déposer plusieurs modèles de fusils qui furent examinés par des hommes de l'art, beaucoup plus capables que moi de juger de la qualité de ces fusils. Ils les trouvèrent peu propres à être mis entre les mains d'une armée active, pour faire le service en campagne, parce qu'on pourrait craindre de graves et nombreux accidens ; mais cependant ils déclarèrent qu'ils pouvaient être employés pour armer la garde nationale.

Depuis, j'ai entendu dire qu'il avait été passé un traité avec M. Gisquet pour l'aequisition de deux ou trois cent mille fusils ; j'ai entendu dire que les fusils qu'il avait livés étaient d'une qualité fort inférieure, et de plus à un prix supérieur à celui auquel d'autres personnes prétendaient qu'elles auraient pu les fournir de première quasité. Je ne sais si le traité a été conclu par le maréchal Gérard ou par le maréchal Soult. Cependant je pense que c'est par le maréchal Soult.

Voilà tous les renseignemens que je puis donner à la cour. Je ne pourrais maintenant que répondre aux interpellations qui me seront faites par les prévenus.

J'ajouterai cependant que je n'ai rien su personnellement des bruits qui ont circulé dans le public. La preuve en est que je n'en ai rien dit, car s'il fût venu à ma connaissance qu'il y eût corruption, je me serais cru coupable de garder le silence ; aucune considération ne m'aurait empêché de remplir le devoir qui m'était imposé comme ministre au conseil du roi, ou comme député à la tribune.

M. Marrast. N'a-t-on pas prévenu M. Dupont de l'Eure que d'autres personnes avaient soumissionné en même temps que M. Gisquet ?

M. Dupont (de l'Eure). M. Poubel, mon secrétaire particulier au ministère de la justice, m'a averti qu'une personne l'avait prévenu qu'il y avait dans l'acquisition qu'on se proposait de faire du tripotage.

C'est M. Poubel qui m'a rappelé, *il y a quelque temps* , qu'il m'avait parlé de cela ; moi je ne m'en rappelle aucunement, en me reportant au temps où j'étais ministre ; cependant je suis éloigné de dire qu'il ne me l'a pas dit, au contraire. Il l'affirme, c'est qu'il me l'a dit.

Quant à la question relative aux soumissions qui auraient été faites en même temps à meilleur marché, je répondrai que je l'ai appris depuis, et j'ai ressenti cette inquiétude qu'on éprouve quand on est incertain, qu'on ne sait quel parti prendre ; si on doit se taire ou élever la voix. Je ne peux que répéter que je l'ai beaucoup entendu dire. (Sensation.)

M. Poubel, ex-secrétaire de M. Dupont (de l'Eure), ex-ministre de la justice.

M. le président. Avez-vous quelque connaissance personnelle des faits qui ont donné lieu au procès ? — R. J'ai entendu dire en propres termes à M. Brémont, avec toute l'assurance d'un honnête homme, et d'un homme complètement convaincu :

Il s'agit d'un marché de fusils que M. Soult et M. Casimir Perier cherchent à conclure avec M. Gisquet. Je viens vous prévenir de cette circonstance, afin que vous en avertissiez M. Dupont (de l'Eure), et que sa religion ne soit pas surprise. Le marché sera fait avec un pot-de-vin pour MM. Soult et Perier. M. Bremont me le disait de monière à me faire voir qu'il en avait la conviction la plus complète. Je le dis à M. Dupont (de l'Eure), et lui en donnai note; mais comme ça ne le regardait pas, il n'en parla pas au conseil. Je ne m'en suis souvenu que lors de la saisie de la *Tribune.*

M. LE PRÉSIDENT. Lorsque vous avez entendu dire cela à M. de Bremont, vous lui avez sans doute demandé des explications à ce sujet? — R. Il me le disait d'une manière si positive, que je ne pouvais concevoir de doutes, et je n'avais, par conséquent, pas d'explications à demander.

D. C'est sur la seule déclaration de M. Bremont que vous avez prévenu M. Dupont (de l'Eure). M. Dupont dit que vous ne l'avez prévenu que d'une manière vague; et que si vous l'eussiez fait d'une manière plus positive il en eût parlé au conseil des ministres. — R. Je répète qu'à cette époque M. Dupont (de l'Eure) était préoccupé d'autres choses : cette affaire ne le regardait pas ; il me dit que si l'occasion s'en présentait il en parlerait au conseil des ministres. Je ne me suis pas occupé d'avantage de cette affaire : ce n'est que plus tard qu'elle m'est revenue à l'esprit. Au surplus, M. Bremont peut donner toutes les explications que vous désirerez à ce sujet, et je suis sûr qu'il ne désavouera rien.

D. A quelle époque M. Bremont vous fit-il cette révélation? — R. Je ne pourrais au juste en préciser le jour.

D. Quel était alors le ministre de la guerre? — R. C'était M. le maréchal Gérard.

D. On vous parla de corruption, de tripotages, de pots-de-vin ; quels sont les agens que vous a cité M. Bremont? — R. Il m'a cité M. Gisquet, sous le patronage de M. Casimir Perier.

D. M. C. Perier avait-il alors son portefeuille? — R. Non, M. le président, il ne l'avait pas.

Mᵉ DUPIN. Le témoin déclare qu'il ne s'est rappelé ces faits que lors du procès de *la Tribune.* De l'autre côté, il dit que M. le maréchal Soult n'était pas au ministère de la guerre : ce fait est grave, je prie MM. les jurés de l'apprécier.

M. LE PRÉSIDENT. Ceci appartient à la défense. Si vous avez des interpellations à adresser au témoin, adressez-les-lui.

D. Où demeure M. Bremont? — R. J'ai entendu dire qu'après avoir été attaché au *Constitutionnel,* il était maintenant employé au *Sténographe des chambres.*

M. LE PRÉSIDENT. Il faudra les faire prévenir. En vertu du pouvoir discrétionnaire, j'ordonne que M. Bremont soit assigné à l'instant.

M. LE PRÉSIDENT à M. Dupont (de l'Eure.) Vous venez d'entendre la déposition de M. Poubele, qui prétend vous avoir prévenu ; cette déposition ne précise-t-elle pas vos souvenirs.

M. DUPONT (de l'Eure.) J'ai une telle confiance en M. Poubel, que je ne doute pas qu'il ne m'ait dit tout cela; mais je suis convaincu qu'il n'a sans doute pas bien précisé les faits de *tripotage* et de *corruption.* M. Poubel ne jugea pas à propos d'entrer dans de plus grands détails, et se borna à me dire qu'il y avait corruption. Je me suis servi du mot de corruption, mais il paraît que M. Poubel avait employé celui de tripotage. Je repète que je n'ai pas pu parler de cette accusation au conseil , parce que je n'en avais pas la preuve. Je me rappelle qu'à cette époque on parlait beaucoup moins du marché qu'on ne l'avait fait quelque temps auparavant. Dans les premiers jours qui suivirent la révolution, on parlait constamment de la nécessité d'armer la nation tout entière. C'était tous les jours au conseil l'objet de conversations, et lorsque M. Gisquet eut été en Angleterre, lorsqu'il eut fait part du résultat de son voyage, lorsqu'il eut déposé ses fusils et qu'il s'agit de les examiner on n'en parla plus. Cette affaire fut d'abord dirigée par M. le maréchal Gérard, puis ensuite par le maréchal Soult.

Si des ordonnances ont été rendues par la suite, elles ont sans doute été contre-signées par le dernier de ces maréchauds : quand au fait de M. Poubele, je ne me le rappelle pas ; mais je ne le conteste pas, parce que j'ai en lui une confiance entière ; seulement, si j'eusse eu la preuve de ce fait, j'en aurais parlé au conseil des ministres mais je ne l'avais pas.

M. Poubel. M. Frémond en a parlé aussi à M. Cauchois-Lemaire, rédacteur en chef du *Constitutionnel*.

M. Marrast. Je demande que l'on fasse entendre M. Bermel. (Dans ce moment plusieurs députés demandent à se retirer pour assister à la séance de la chambre.)

M. Poubel et M. Dupont (de l'Eure). Messieurs, vous pouvez vous retirer.

M. le général Lamarque est introduit.

M. le président. Avez-vous connaissance des marchés de fusils anglais ?

M. le général Lamarque. J'en ai entendu parler.

M. le président. Est-il à votre connaissance que des sommes aient été prélevées à titre de pot-de-vin par le ministre de la guerre et M. C. Périer ? — R. Non.

M. Marrast. A la réunion Langlait n'aurait-il pas été dit qu'un Strasbourgeois était venu soumissionner pour une fourniture considérable de fusils, et que si ce Strasbourgeois n'avait pas obtenu de marché, c'est qu'il n'avait pas voulu faire de tripotages ; c'est-à-dire donner un pot-de-vin de 30 ou 40,000 fr.

M. le général Lamarque. Un député a dit qu'un de ses compatriotes, un Alsacien, avait offert de fabriquer 40,000 fusils livrables en peu de temps, mais qu'on lui avait demandé un *pot-de-vin de* 40,000 f. Ce fait a été dit par M. Kœchlin, qui l'a répété, soit à la réunion Langlait, soit plus tard à la réunion Lointier.

M. le président. Vous n'avez aucune connaissance personnelle de ce fait ?

M. Lamarque. Je ne l'ai appris, que comme je viens de l'annoncer.

M. Marrast. Je prie M. le président de demander au témoin, si, dès les premiers jours de la révolution, avant que le marché fût projeté, il n'a pas proposé au ministère de racheter 40,000 ou 50,000 fusils qui étaient dans la Vendée? Si on ne pouvait pas avoir ces fusils à 20 ou 25 francs au plus, et s'il n'a pas indiqué des moyens faciles d'avoir des armes? Si on ne lui a pas présenté un fusil de nouvelle invention, dont le prix était très modéré, qu'il aurait envoyé au ministère pour voir si on pouvait en faire usage, et enfin si cette dernière proposition n'est pas restée, comme les autres, sans résultat.

M. Lamarque. En effet, dès les premiers jours qui suivirent notre révolution, l'idée de racheter ces fusils me vint, parce que je trouvai que c'était un moyen facile de désarmer la Vendée,

Je m'informai s'il n'y avait pas un négociant habile, prudent et actif qui pût se charger de cette opération. L'on m'indiqua M...... de Nantes, je l'invitai à se rendre à Paris, *car je n'aime pas à me mêler d'affaires d'argent.* (M. Lamarque sourit à cette phrase.) Je lui facilitai les moyens d'arriver au ministère, afin de conclure les marchés; il acheta 2,000 fusils, au prix moyen de 16 fr. 50 c., je fus étonné peu après d'apprendre que ce marché, conclu par M. Gérard, avait été rompu par M. Soult : j'en demandai la raison à ce négociant; il ne pouvait la deviner, et m'affirma que cette rupture était survenue au moment ou ses achats se fesaient avec le plus d'activité, et où il était sur le point de livrer 8 à 9,000 fusils, et qu'il lui était facile d'en acheter encore 15,000; le témoin, au reste, sera entendu et pourra donner de plus grands détails. J'ajouterai qu'une somme de 3,000 fr. fut mise à sa dispositon par le préfet de la Loire-Inférieure, et servit à acheter 900 fusils qui revenaient à 3 fr. et quelques centimes. Pour faire obtenir de l'argent, j'éprouvai beaucoup de difficultés, et le marché fut rompu.

Quant au fusil de nouveau système dont il a été parlé, il m'avait été remis par M. Justin; c'était un fusil à percussion. Je ne sais si on a trouvé des inconvéniens à en faire usage.

M. Marrast. Je demanderai au général s'il ne lui a pas été adressé quelque plainte sur la mauvaise qualité des fusils.

M. le général Lamarque. J'ai vu par hasard deux de ces fusils qui avaient été apportés à la chambre par M. de Corcelles. Je les ai trouvés extrêmement mauvais.

M. MAUGUIN.

M. le président. Que savez-vous relativement au marché des fusils? — R. Je n'ai que des bruits à rapporter. Je me rappelle seulement un fait. Je sais que dans une réunion de députés il a été question du marché des fusils; on nous a même apporté deux de ces fusils, l'un de fabrique anglaise, entièrement mauvais, et l'autre de fabrique française, qui nous parut réunir toutes les qualités désirables. Des fusils français, faits sur le modèle de celui que nous avions sous les yeux, à ce que nous dit la personne qui nous les présentait, avaient été refusés par M. le ministre de la guerre, et je crois même me rappeler que quelqu'un de nos collègues dit, à cette occasion, qu'il y avait eu quelques pots-de-vin demandés.

M. le président. Vous rappelez-vous l'époque où il fut question de cela? — R. Je ne pourrais pas le dire d'une manière précise. — D. Vous rappelez-vous si ce refus eut lieu sous le maréchal Gérard ou sous le maréchal Soult. — R. Ce fut sous le maréchal Soult. — D. Savez-vous si des sommes d'argent lui ont été comptées ainsi qu'à M. Casimir Perier? — R. C'est ce que je ne sais pas. — D. Auriez-vous connaissance de certains propos tenus par M. Kœchlin. — R. C'est M. Kœchlin lui-même, je crois, qui nous a raconté le fait que je viens deciter. Cependant je ne me rappelle pas bien si j'ai entendu le propos de la bouche de M. Kœchlin ou s'il m'a été répété par plusieurs de nos collègues comme venant de lui.

D. Mais vous êtes sûr que le propos vient de M. Kœchlin? — R. Oui, très certainement.

M. Marrast. M. Mauguin n'aurait-il pas reçu une lettre de Londres , dans laquelle on lui aurait donné connaissance de deux marchés , *l'un patent et l'autre secret* ; que même ce bruit fesait scandale à la Bourse de Londres ; le fait est-il vrai? — R. J'en ai parlé à plusieurs personnes , mais je n'ai pas pu le vérifier. Mais je déclare sur mon honneur que l'on m'a écrit de Londres que deux marchés avaient été conclus. La personne qui m'écrivait m'offrait même de m'envoyer l'original des deux marchés. Je lui avais écrit comme député , et j'acceptai avec empressement la proposition qu'il m'avait faite de m'envoyer la copie de ces deux marchés.

M. le président. Avez-vous cette lettre sur vous? — R. Non, monsieur le président, je ne pensais pas devoir m'en servir.

M. Marrast. Je vais avoir l'honneur d'adresser au témoin une autre question qui semble s'éloigner du procès; mais il faut bien que nous parlions du marché de ces fusils. Je prie donc M. Mauguin de vouloir bien nous dire s'il n'a pas reçu de plaintes sérieuses sur certaines opérations de la maison Perier ?

M. le président. Cette question est étrangère aux débats ; je ne veux pas la faire au témoin.

M. Marrast. La question que je provoque a été soulevée dans les débats ; voilà pourquoi j'insiste.

M. le président. C'est inutile.

M. Mauguin. Je prie la cour de vouloir bien me permettre de me retirer.

Me Dupin. M. Mauguin pourrait-il nous dire si M. Soult et M. Périer étaient nommés dans cette lettre?

M. Mauguin. Je vais vous préciser les faits. Les marchés existaient. L'intention d'un très grand nombre de députés qui trouvaient ces marchés beaucoup trop chers , et qui se plaignaient que de telles commandes avaient été faites à des personnes qui n'offraient aucune garantie pour la validité des fournitures, se proposaient de demander des explications à ce sujet. Quant à moi, je n'avais pas écrit à Londres pour demander de tels renseignemens; on m'a prévenu en me les donnant ; et non-seulement on me les a donnés, mais on m'a dit que non-seulement à la bourse de Londres, mais dans tous les salons on blâmait les engagemens du ministère français; on blâmait la manière dont ces marchés avaient été conclus. On me disait très explicitement : deux marchés ont été conclus, et j'espère pouvoir vous en communiquer les originaux. Je répondis à la personne : Envoyez-les-moi. On ne parlait pas, à la vérité, de tel ou tel ministre ; mais il est bien évident que l'on ne pouvait parler que du ministère, et qu'ainsi les ministres y étaient compris.

Me Dupin. Ils n'y étaient pas compris, puisqu'ils n'y étaient pas nommés. (Eclats de rire.)

M. le président. Il paraîtrait que la personne qui vous écrivait ne vous parlait que par ouï-dire?

M. Mauguin. Il me serait difficile de répondre à une telle observation, at-tendu que j'ignore jusqu'à quel point mon correspondant peut pénétrer dans les secrets de la diplomatie. (On rit.)

M. Berny, conseiller. Vous dites que l'on vous a promis les originaux.

M. Mauguin, Oui, et j'ai même écrit que l'on me ferait plaisir de me les envoyer, surtout pour tout ce qui était relatif à ce double marché ; mais mon correspondant en est resté là.

M. le président. Je prie M. Mauguin de vouloir bien me dire quel est le nom de la personne qui lui écrivait, si c'est un fournisseur ?

M. Mauguin. C'est précisément ce que je ne puis dire.

M. le président. Vous parlez d'une lettre qui contient des faits graves et vous ne voulez pas faire connaître le nom de la personne qui vous l'écrit.

M. Mauguin. Je déclare sur l'honneur que cette lettre m'a été écrite : mon correspondant n'est point fournisseur, il est inutile de le nommer.

M. le président. MM. les jurés apprécieront votre refus.

Mᵉ Michel. Je préviens mes adversaires que je veux bien ne pas argu-menter sur ce point de la déposition.

Un juré à M. Mauguin. La personne qui vous écrivait accusait-elle les mi-nistres ou seulement les bureaux du ministère.

M. Mauguin, en souriant. Elle parlait du ministère, et je pense que dans le ministère il faut bien comprendre les ministres. (On rit.) Si je l'eusse in-terrogé au sujet des ministres ou de leurs employés, je ne sais pas ce qu'elles m'auraient répondu ; mais je pense qu'elles ne devaient pas savoir dans quelle caisse précisément devait aller l'argent. (On rit.)

M. DE BRICQUEVILLE.

M. le président. Savez-vous quelque chose relativement aux débats ? — R. Je ne connais pas précisément les détails du marché de fusils, mais j'ai vu celui d'un Français qui était en Angleterre, et qui, désirant obtenir une fourniture, vint en France pour s'entendre avec le gouvernement. Je ne suis pas trop sûr du nom de ce négociant, cependant c'est autant que je puis m'en rappeler, un M. Barnay. C'est une société qui a fourni les fusils, ce n'est pas une seule maison. Lorsque le chef de cette maison eut ma-nifesté le désir de faire des fournitures, on lui dit : partez pour Pa-ris, vous avez le temps encore de traiter. Le gouvernement ne peut pas conclure de marché avant huit jours. M. Barnay, arrivé à Paris, écri-vit à M. le ministre de la guerre pour lui demander une audience ; il re-çut une invitation de passer au ministère, il s'y rendit : on lui demanda ses conditions. « Avant de vous faire connaître mes conditions, dit M. Barnay au ministre, je vous prie de vouloir bien me dire si vous avez l'in-tention de traiter avec moi. » Non, lui répondit le ministre, j'ai traité de-puis trois semaines ; dans ce cas, ajouta M. Barnay, je n'ai plus rien à vous dire, et il vint me voir. Il me dit qu'il serait bien aise de connaîtra la date précise du marché ; que, d'après ce qu'on lui avait dit en Angle-terre, le marché n'était pas signé, que d'après ce qu'on lui avait dit à Paris, il était signé depuis trois semaines. M. Barnay avait fait le voyage de Ca-lais à Paris, avec un autre individu qui devait également être soumission-naire du marché, ce qui prouve bien évidemment, quoi qu'en ait dit le mi-nistre de la guerre, que le marché n'était pas passé. Or, l'individu avec le-quel M. Barnay s'était rencontré, se nommait *Gisquet*. M. Gisquet, ainsi que je viens de le dire, avait fait, avec sa fille, la route de Saint-Omer à Paris, dans la même malle-poste que M. Barnay. Voilà, M. le président, ce que je sais, et que je dis là, je l'affirme sur l'honneur ; voici encore une lettre importante dont je vous prie de vouloir bien prendre connaissance.

M. le président. Voici cette lettre ;

« Depuis long-temps, mon cher député, je me propose de vous donner quelques renseignemens au sujet de la fourniture des deux cent mille fusils anglais; les voici : Du 15 au 20 décembre 1830, j'écrivis de Londres au ministre de la guerre, pour le prier de m'admettre en concurrence pour la fourniture des 200,000 fusils; que sous peu de jours je serais à Paris, et que, si le marché n'était pas conclu, j'aurais l'honneur de lui soumettre des propositions. Du 22 au 25 décembre j'arrivai à Paris, et j'écrivis de nouveau au ministre, qu'étant arrivé, s'il désirait entendre mes propositions, il voulût bien m'indiquer une audience. Je reçus le lendemain, un mot du colonel ayant le département de l'armement, qui me fixait une audience pour le lendemain 11 heures. Je m'y présentai. M. le colonel me demanda quelles seraient mes offres? Je lui observai, qu'avant d'entrer en matière, je désirais savoir si le marché des 200 mille fusils était conclu et signé ; car, ajoutai-je, les fusils que je pourrais fournir, provenant des mêmes fournisseurs, il leur serait impossible d'en livrer une plus grande quantité dans le temps donné. M. le colonel me dit que le marché était signé il y *avait trois semaines* : alors je n'insistai plus, puisque l'affaire était faite. Mais il me dit qu'il exigerait des fusils de longueur et de calibre français, que le marché était tel, qu'il n'aurait pas accordé six mois sans cette condition. Il me demanda quel eût été mon prix, et je lui dis que j'aurais pu fournir à 31 f. 25 c., mais des fusils de longueur et de calibre anglais, et il observa que mon prix aurait été bien plus favorable, ayant accordé 52 f. 50 c. ou 52 f. 75 c.

« Il importe de savoir la date du marché ; car, même au reçu de ma première lettre, on n'aurait pas dû conclure sans attendre ma concurrence. Or, si le marché est ou du 20 décembre ou d'une date postérieure, on aura droit de demander au ministre pourquoi il a accordé une fourniture à 52 f. 50 c. quand on la lui offrait à 31 f. 25 c. Les fusils fournis, sont de longueur et de calibre anglais, et au mois de juillet la fourniture n'était pas encore complette.

« Je pense que le moment de la présentation du budget est favorable, et que vous ferez bien de porter votre investigation sur cette partie du service.

« J'espère que vous vous portez bien.

« Recevez mes salutations bien affectueuses.   F. Vigier.

« 10 septembre 1831. »

M. le président. On demeure M. Barnay ?

M. Marrast. Il est parti.

Me Michel. Il est de la loyauté de la défense, de déclarer que les marchés sont antérieurs à la lettre dont vous venez d'entendre la lecture.

Me Laveau. Il résulte de cette lettre, que M. Vigier ne voulait entrer en concurrence que pour les fournitures, et qu'il annonce qu'il pouvait livrer les fusils à 31 francs au lieu de 34 fr. 50 centimes; mais il était trop tard, le marché était conclu avec M. Gisquet.

Me Michel. La différence de 31 francs à 34 francs 50 centimes méritait quelqu'attention.

Me Lavau à Me Michei. Vous ne connaissez pas le marché.

Me Michel à Me Laveau. Comment! nous ne connaissons pas le marché, nous l'avons entre les mains.

Me Laveau. Quand des négocians anglais ont offert de livrer des fusils à tel prix, ils n'avaient pas la prétention de les livrer à Paris; ils entendaient que le gouvernement les prendrait à Londres. Je prouverai que M. Gisquet a obtenu, pour le transport de chaque fusil, de Londres à Paris, une somme de 3 FRANCS 50 CENTIMES. (Eclats de rire et murmures dans tout l'auditoire.)

Me Michel. Je demande à faire connaître le prix réel du marché tel qu'il est dans le contrat. MM. les défenseurs de la partie adverse ne pourront pas les révoquer en doute. Voilà ce que j'ai à dire.

M. le président. Ce n'est pas nécessaire.

Me Michel. Je vous demande pardon, monsieur le président, il faut tout dire et tout lire. C'est le point le plus important du procès. MM. les jurés ont soif de connaître sur quoi le procès a lieu.

M. le président. C'est inutile, plus tard nous verrons.

Me Michee. C'est très utile, M. le président; il faut que MM. les jurés sachent le prix des fusils rendus à Paris.

M. le président. Il résulte que l'offre faite par M. Vigier présentait un léger avantage.

M. de Bricqueville. Pas aussi léger que vous voulez bien le dire, M. le président; et ce qui m'a frappé, ce qui m'a paru fort singulier, et surtout très louche, ce n'est pas tant encore le marché; car, bien qu'il soit exhorbitant, je croyais que la France, ayant besoin de fusils, pouvait bien ne pas regarder à 22, 25, 30 et 32 francs, dans un moment d'urgence; mais ce qui m'a paru, je le répète, fort singulier, fort louche, c'est que pouvant avoir de bons fusils à bon marché, MM. les ministres aient voulu à toute force avoir de mauvais fusils et les payer horriblement cher.

On dit à Londres à M. Barnay, partez, il en est temps encore. M. Barnay s'embarque avec M. Gisquet, qui venait aussi pour passer un marché avec le ministre de la guerre; ce marché, M. Gisquet l'a passé. Donc, quoi qu'en ait dit M. le ministre de la guerre, il n'était pas passé trois semaines auparavant.

M. Marrast. C'est évident : M. Gisquet, Mlle Gisquet et M. Barnay étaient dans la même malle-poste.

M. de Briqueville. Il est encore un fait qu'il importe de constater. Dans la session dernière, M. Murat porta à la chambre deux fusils, l'un et l'autre de fabrique anglaise. L'un, parfaitement établi, coûtait 34 fr.; l'autre, semblable en tout point au premier, coûtait 35 f.; je n'aurais pas osé le tirer à demi chargé. J'en parlai à M. Baude; je lui dis qu'il était extraordinaire que de si mauvais fusils coûtassent cher ; M. Baude me répondit : Mais ilsne sont pas déjà si cher : rendus à Saint-Omer, ils ne coûtent que 19 *fr.* ; et cependant, M. le président, ils nous sont comptés 34 *francs* 90 *centimes.* Tout cela, je vous l'avoue, laisse beaucoup de louche dans mon esprit.

M. LE PRÉSIDENT. Vous n'avez cependant pas connaissance que des sommes aient été données aux ministres, à M. le maréchal Soult et à M. Casimir Perier, par exemple.

M. DE BRIQUEVILLE. Je ne puis pas avoir connaissance de faits de cette nature. J'ai encore entendu, dans la réunion Lointier, plusieurs députés réclamer sur l'armement des gardes nationales de leur département. Tout le monde, je dois le dire, se plaignait des défauts innombrables des fusils que l'on avait distribués. Il est bien clair que nos manufactures ne peuvent fournir qu'une certaine quantité de fusils. Ce ne sont pas les canons, les baguettes ni les bois qui manquent, ce sont les platines ; mais, encore un coup, on pourrait faire venir de l'étranger, et même de l'Angleterre, de *bons* fusils et à un prix *honnête*, à moins qu'on ne veuille dire que ces fusils à bon marché en Angleterre, puisque, rendus à St-Omer, ils ne coûtaient *que 19 francs*, d'après M. Baude, doivent coûter 14 *franc d'entrée à Paris*, puisqu'on les y paie 35. (On rit.)

M. MARRAST. M. de Briqueville sait-il si tous les fusils qui ont été distribués aux gardes nationales sont mauvais.

M. DE BRIQUEVILLE, C'est ce que je ne puis pas dire.

M⁰ DUPIN. Nous ne pretendons pas dire non plus qu'ils soient tous bons, puisque, sur un envoi d'un millier de fusils, il y en a toujours bien cent ou cent cinquante mauvais.

M. LE PRÉSIDENT. Monsieur Bricqueville, vous pouvez aller vous asseoir.

M. Salverte est ensuite appelé.

M. LE PRÉSIDENT. Avez-vous eu connaissance d'un marché de fusils dans lequel MM. Soult et Perier auraient prélevé un pot-de-vin ? — R. Non.

M. MARRASS. Je désirerais demander au témoin s'il n'assistait pas à la réunion Langlet, lorsqu'a été tenu le propos rapporté par MM. Lamarque et Mauguin?—R. Je me rappelleque M. Kœchlin ait parlé d'un marché proposé, mais je n'ai à cet égard qu'un souvenir confus.

M. LE PRÉSIDENT. Vous ne pourriez pas préciser les expressions dont se serait servi M. Kœchlin à cet égard. — R. Je ne me le rappelle pas.

M. LE PRÉSIDENT. Avez-vous eu connaissance des marchés de fusils anglais? — R. Aucune connaissance.

M. MARRAST. Nous n'avons fait appeler M. Podenas que pour certifier le propos tenu par M. Kœchlin en présence d'un grand nombre de députés,

M. DE PODENAS. Je me rappelle que quand nous étions réunis chez Lenglet, il y fut question de fusils qui auraient été offerts à des conditions plus avantageuses que celles qui avaient été agréées à la même époque.

M. LE PRÉSIDENT. A quelle époque était ce? — R. Au mois de mars. — D. Savez-vous si c'était sous le ministère du maréchal Gérard ou sous celui du maréchal Soult?

R. C'était sous le ministère du maréchal Soult.

M. MARRAST. Le témoin sait-il pour quel motif ces fusils ne furent pas acceptés?—R. Non.

M. PERSIL. N'aurait-il pas été parlé de pot-de-vin exigé dans les bureaux de la guerre? — R. Je ne rappelle pas.

M. de Thiars ,

M. le président. Dites ce que vous savez relativement aux marchés de fusils anglais?— R. Je n'ai aucun renseignement à cet égard.

D. Avez-vous eu connaissance que des sommes aient été prélevées par MM. Soult et Perrier à titre de pot-de-vin? — R. Non,

M. Marrast. Nous n'avons fait citer M. le général Thiars que pour l'interroger sur le propos dont il a été question et sur la qualité des fusils.

M. le général Thiars. Mes souvenirs sont très vagues, ce sont des conversations qui m'ont été répétées, encore je ne puis pas bien préciser les interlocuteurs : je ne sais si ma mémoire me sert mal ou si, me trouvant dans une salle voisine , je n'ai entendu que des bruits vagues , incomplets.

M. Marrast. Il s'agit de savoir si vous avez entendu dire qu'un pot-de-vin de 30 ou 40,000 fr. eût été demandé, et s'il est à votre connaissance que la qualité des fusils fût mauvaise. — R. Je n'ai pas entendu parler de pot-de-vin , mais quant à la qualité des fusils . tous les gardes nationaux de mon département se plaignent que les fusils anglais sont d'une qualité beaucoup inférieure aux fusils français.

M. Guizot.

M. le président. Pouvez-vous donner quelques renseignemens sur les marchés de fusils?

M. Guizot. Non, aucun marché n'a été conclu pendant que j'étais ministre. — D. Est-il à votre connaissance qu'une somme d'argent ait été demandée à titre de pot-de-vin pour l'acquisition de ces fusils?—R. Non, aucunement.

M. Marrast. Je prie M. le président d'interroger le témoin sur le fait du désarmement de la Vendée.

Tout à l'heure, l'honorable général Lamarque , que vous avez entendu, a rendu hommage à ses intentions.

M. le président. Je crois inutile d'adresser cette question au témoin. Ce n'est pas de cela qu'il s'agit dans la plainte. (Murmures dans l'auditoire.)

Au banc des avocats. Mais c'est inconcevable !

M. Marrast. En vérité , je ne sais comment faire ; il m'est impossible de me défendre. Je regrette d'être constamment obligé d'insister pour faire poser des questions , mais je les regarde comme importantes pour établir ma défense. (Leger murmure approbateur dans l'auditoire.)

Après quelques instans d'hésitation, M. le président se décide à poser la question.

M. Guizot. On me fit la proposition de retirer les armes qui se trouvaient dans la Vandée. Un négociant de Nantes, M Chenar, a racheté un certain nombre de fusils; mais depuis ma sortie du ministère, je ne sais pas quelle a été la suite de cette affaire.

Me Laveau. Je prie M. le président de demander au témoin quelles sont les personnes qui ont demandé qu'on tirât des fusils d'Angleterre, de la part de qui cette pensée est venue , par qui elle fut remarquée.

M. Guizot. Cette idée est venue à une foule de personnes ; de tous les côtés, on sentait le besoin de se procurer des armes. Je n'ai vu personne qui n'ait été d'avis d'en faire acheter en Angleterre, mais je ne peux indiquer personne en particulier.

M. Kermorial.

M. le président. Avez-vous eu connaissance qu'un pot de vin eût été prélevé par MM. Soult et Perier, sur un marché de fusils.

M. Kermorial. Je l'ai appris par ouï-dire, on en parle beaucoup dans le public. — D. Vous rappelez-vous avoir entendu un propos qui aurait été tenu dans une réunion de députés qui se tenait chez Lenglet? — R. Je n'en faisais pas partie à cette époque.

Sur la demande des prévenus, M. le général Lafayette est appelé une deuxième fois.

M. le président. Savez-vous encore quelque chose de relatif au marché et à la qualité des fusils. — R. Je n'ai pas de souvenir bien précis : je me rappelle cependant qu'on a blâmé et les marchés et les fusils.

D. Savez-vous si dans ce blâme le mot de *corruption* et *tour de bâton* ont été employés? — R. Je ne me le rappelle pas.

D. Mais croyez-vous que, d'après ce que l'on disait, on pût croire à de la corruption et du tripotage? — R. Il me serait difficile de préciser les choses, encore moins les mots. Ce que je sais, c'est qu'un grand nombre de mes collègues n'ont jamais parlé de ces marchés sans les blâmer hautement.

Une voix. Excellent témoin à charge!

M. DE CORCELLES.

M. le président. Savez-vous quelque chose des marchés des fusils? — R. Les notions que j'ai peuvent paraître un peu vagues. Cependant elles m'ont paru assez graves, dans la session dernière, pour que j'aie cru devoir m'en expliquer à la chambre. Depuis, il est arrivé à ma connaissance d'autres faits qui m'ont paru gravement corroborer les premiers. Si M. le président le désire, j'aurai l'honneur de les lui faire connaître.

M. le président. Sont-ce des faits qui vous soient relatifs? — R. Pas le moins du monde. Ce sont des faits qui regardent des personnes qui avaient un intérêt dans l'entreprise, et qui m'en ont fait part. J'avais réuni tout ce qui m'avait été appris relatif à ce marché, parce que mon intention avait été de proposer une enquête à la chambre des députés: voici ce que m'écrivait un négociant de la ville de...

D. Quel est le nom de ce négociant? — R. C'est le frère d'un général belge, naturalisé français, qui a épousé la sœur d'un fabricant d'armes, M. Wandermeck.

D. Est-ce une lettre écrite par lui? — R. Par lui-même, au sujet d'une proposition que je voulais faire à la chambre.

D. Cette lettre est-elle arrivée par la poste. — R. Oui, par la poste; mais ce n'est là que la copie.

D. C'est l'original qu'il nous faudrait. (On rit.) Avez-vous l'original? — R. J'ai l'original.

D. Cette lettre vous est sans doute parvenue sous enveloppe. — R. C'est ce que je ne puis pas vous dire, je ne m'en souviens pas.

— D. C'est que je ne vois pas de timbre. — R. Et à quoi bon le timbre! faut-il donc que tout soit timbré. Je vous déclare que j'ai répondu à cette lettre, et je vous déclare sur mon honneur qu'elle est authentique.

M. le président donne lecture de cette lettre.

Royaumont, le 14 mai 1831.

« Monsieur,

Je viens, en conséquence de l'entretien que j'ai eu l'honneur d'avoir avec vous jeudi dernier, vous donner des détails qui pourront jeter quelque jour sur les contrats qui ont été passés pour l'acquisition d'une certaine quantité de fusils anglais.

Sans m'arrêter à mes relations antérieures avec M. Gisquet, ni à ses procédés à mon égard, choses qui pourraient être contestées puisqu'il n'en existe point de preuves écrites, je me bornerai à vous dire que, sur un exposé des faits, je reçus d'un manufacturier respectable de Birmingham (mon parent) la proposition de me fournir en fusils de modèle anglais, de première qualité, la quantité de dix mille par mois au prix de dix-huit shellings, ou en deuxième qualité à raison de seize shellings ; qu'ayant établi mon calcul sur la première de ces deux propositions de la manière suivante. 18 shel., au change de 25 f. 25 c., la liv. sterl. me donnait, ci.   f. 22 72

Je calculai les frais d'emballage et de transport, d'après indication, ci. 1 28

Et trouvai qu'ils me reviendraient, à Paris, à. . . . f. 24

Je crus pouvoir les offrir en toute sûreté **au gouvernement** au prix de f. 26, ce qui me laissait une marge de 40 sols pour frais présumés de négociation et bénéfice.

Je fis donc cette proposition par l'entremise de M. le maréchal Gérard, par lettre sous date du 27 novembre ; elle fut transmise le 1er décembre à M. le colonel Teugnot, ce qui est constaté par deux pièces authentiques, savoir : une première lettre du 1er décembre, de l'aide-de-camp de service de M. le maréchal Gérard, **et une de M. le lieutenant-général Saint-Cyr Nugues**, du 21 décembre.

J'avais continué à voir M. Gisquet, avec qui j'avais à liquider des affaires commerciales, et ce fut, autant que je puis me le rappeler, vers le 10 décembre que, le voyant très vexé de ce que M. le ministre de la guerre ne se décidait point à conclure avec lui un marché en suspens, je crus devoir à ma franchise de lui déclarer que j'avais, de mon côté, fait une soumission au ministre de la guerre au prix de f. 26, ce que je présumai pouvoir être la cause pour laquelle on ne se dépêchait point de conclure avec lui à f. 35.

Je vis à l'humeur qu'il manifesta qu'il partageait mon opinion, et il sembla alors vouloir prendre une grande résolution que je présumai devoir être une réduction importante sur ses prétentions. Il fit entendre qu'il y avait de la marge et qu'il voulait en finir coûte que coûte, sinon rompre la négociation.

Au même instant il reçut un billet de M. Rotschild qui lui fixait un rendez-vous, obtenu du ministre de la guerre pour le lendemain matin, pour terminer, et on y termina effectivement, à ce qu'il paraît, au prix de f. 34 90 c. , c'est-à-dire à f. 8 90 c. au-dessus du prix de ma soumission ! D'où il résulte pour le trésor une perte , sur 225,000 fusils, de f. 2,452,500 ! ! !

En supposant que M. Gisquet ait fourni des fusils de première qualité, et qu'il les ait obtenus comme moi à 18 shel., son bénéfice sera de f. 2,452,500. Et il vient d'obtenir la croix pour prix de son beau désintéressement, et pour le consoler des calomnies auxquelles il a été en butte !

. Si vous ajoutez ces faits à d'autres de même nature qui sont à votre connaissance , nul doute qu'il en résultera des explications qui pourront tourner au profit des contribuables , si point pour les marchés consommés, du moins pour ceux à venir.

. Agréez, monsieur, l'assurance de ma haute considération et mes sincères salutations.   J. Wandermeck.

P. S. Si le *National* publie quelques notes , il me ferait plaisir de recevoir les numéros qui traiteront le sujet. Je désirerais que mon nom ne figurât point dans les journaux ; mais je prends l'engagement , en cas d'une enquête par la prochaine chambre , d'y comparaître avec mes pièces.

M. le président. Avez-vous quelques renseignemens particuliers.— R. Je n'en ai pas de bien grands ; cependant , bien antérieurement à cette communication, j'ai su que M. Clarck, de Birmingham, avait offert au gouvernement des fusils, modèle français, frabriqués à Birmingham. J'en montrai un échantillon à mes collègues, ils les trouvèrent parfaitement confectionnés. Tout le monde en exprima son étonnement. J'en présentai deux, savoir: un des ateliers qui fournissaient à M. Gisquet, et un autre de la maison Swam. Les fusils que la maison Sewam offrait au gouvernement français ne coûtaient que 28 f., tandis que les autres en coûtaient 34 90 c.

M. le président. Avez-vous quelques notions sur le *pot-de-vin ?* — R. Non , car lorsque je vis que l'on me refusait une enquête , je cessai de m'occuper de cette affaire.

Me Dupin. Je demanderai à M. de Corcelles , s'il n'a pas reçu, à son tour, une lettre de M. Gisquet ? — R. Oui, j'ai reçu une lettre de M. Gisquet.

· M. Marrast. Je demanderai que cette lettre soit lue.

· Me Michel. M. le président, pourriez-vous avoir la complaisance de me la faire passer ?

M. le président donne lecture de cette lettre qui se trouve reproduite en quelque sorte dans la déposition de M. Gisquet.

M. le président. Avez-vous d'autres explications à donner.— R. Le lendemain de la séance du 15 avril, dans laquelle j'avais attaqué ce marché, M. Gisquet vint chez moi, me fit des reproches et me dit tout ce qui est contenu dons sa lettre. Je lui répondis : Si je me suis trompé, j'en suis fâché, mais je suis homme d'honneur, prouvez-moi que vous avez raison, je serai le premier à reconnaître mes torts et à vous rendre justice; venez avec moi au vestiaire de la chambre. Il y vint. Je lut fis voir les deux fusils, dont l'un, comme je l'ai déjà dit, sortait de la fabrique et appartenant au gouvernement, et l'autre avait été envoyé par la maison Swam. M. Gisquet examina les deux fusils ; il les tourna et retourna avec dédain : enfin, dit-il, c'est une imposture, une mystification ; l'on vous a trompé : *je n'ai jamais pu fournir des fusils si mauvais* ; je vois dans tout cela une machination évidente contre moi. J'espère, ajouta-t-il, M. de Corcelles , que vous me justifierez. Oui , lui répondis-je , si vous parvenez à me prouver ce que vous me dites là ; mais il faut que vous veniez avec moi chez M. Swam. Je vis M. Swam après cet entretien avec M. Gisquet. M. Swam me dit que tout était parfaitement exact, qu'il avait pris le fusil dans la maison même où M. Gisquet prenait les siens. Je ne sais pas si M. Gisquet fut content de ce que lui dit à lui-même M. Swam, mais ce qu'il y a de certain , c'est que M. Swam a déclaré faux les faits allégués par M. Gisquet. Oui , M. le président, j'ai sa déclaration écrite , je l'ai dans ma poche ; voulez-vous la lire ? (On rit.)

Mais dans tous les cas, le fusil a été pris au hasard dans la manufacture, parmi cent qu'on envoyait au gouvernement.

M. LE PRÉSIDENT. Mais c'est en Angleterre que ce fusil avait été pris. Ainsi, vous ne pouvez pas dire qu'il fût du nombre de ceux que l'on envoyait au gouvernement.

M. DE CORCELLES. Je vous dis qu'il a été pris au moment même où on les emballait pour Paris. Il a été parmi ceux que l'on emballait. M. Gisquet lui-même en convient, cela est clair, j'espère (on rit). Au surplus, voilà l'attestation. (Mouvemens de curiosité.)

M. LE PRÉSIDENT. Ce n'est pas nécessaire.

M. DE CORCELLES. Si ! si ! (La curiosité redouble.)

M. MARRAST. Nous demandons positivement qu'il soit donné lecture de cette pièce.

M. LE PRÉSIDENT. Je vous dis que cela n'est pas du tout nécessaire.

MM. MARRAST ET BASCANS. Nous serons donc obligés d'aller en prendre connaissance au bureau des procès-verbaux.

Mᵉ MICHEL. Je déclare que la communication de cette pièce est indispensable, car la lettre de M. Kœchlin est la même que celle d'un M. lion (Marque de surprise.) qui a joué encore un rôle dans cette affaire ; nous saurons maintenant que M. Kœchlin et M. Ison sont le même homme , cela n'est peut-être pas d'une extrême importance; toute fois, nous sommes en droit de vous demander la production de cette pièce, et nous vous la demandons.

Mᵉ DUPIN. La lettre de M. Gisquet n'est pas un témoin, vous ne pouvez pas l'exiger ; nous plaiderons là-dessus.

Mᵉ MICHEL. Vous en ferez ce que vous voudrez. Mais la lettre de M. Gisquet appartient à la défense, et vous ne pouvez pas sans deni de justice , en refuser la communication.

M. LE PRÉSIDENT, avec impatience. Devant la cour d'assises, nous devons entendre des témoins , et nullement des dépositions écrites.

L'audience est interrompue pendant quelques minutes par les murmures improbateurs qui partent de tous les points de la salle.

M. de Corcelles paraît une seconde fois au banc des témoins.

M. le président, à M. Dupont (de l'Eure.) Avez-vous quelques renseignemens de plus à nous donner. — R. Dans le temps où M. Poubele me prévint, je ne sais pas si l'on parlait de tel ou de tel ministre, mais très certainement on parlait des bureaux du ministre de la guerre. L'on disait que dans le cas où le marché se conclurait, il faudrait payer 40,000 fr. de pot-de-vin. (Nous ne reproduisons pas ici quelques expressions que nous avons pourtant recueillies au milieu des murmures très significatifs de l'auditoire.)

M. le président. A quelle époque avez-vous entendu parler de tout cela ? — R. Vers la fin de la session dernière, dans la réunion de députés qui cette année se réunit en plus grand nombre chez Lointier, et qui l'année dernière se réunissait chez Langlois; comme aujourd'hui, j'en fesais partie alors, et les propos que je répète et dont je n'ai jamais eu la preuve, car autrement j'en aurais parlé à la chambre, se sont tenus devant 20 ou 30 députés.

M. Arrago (de l'Institut).

M. le président. Avez-vous entendu dire, qu'à l'occasion du marché que les ministres ont fait avec des manufacturiers d'armes anglais, ils aient reçu ou demandé des sommes d'argent, des pots-de-vin. — R. Aucunement.

M. Marrast. Je demanderai au témoin si, après la révolution de juillet, il ne s'est pas trouvé avec M. Gisquet, et si dans le conseil ou lors du conseil, il n'a pas été question de fusils. C'est, je l'avoue, une question pénible à faire, puisqu'elle touche au caractère et au désintéressement de M. Gisquet (on rit), mais enfin il faut tout dire devant la justice.

M. le président, avec impatience. Le témoin n'a pas à répondre à une telle question, il n'y répondra pas. M. Arrago vous pouvez aller vous asseoir. (Violens murmures dans toute la salle. M. Arrago regagne sa place.)

Gaetan-Murat, ancien député. J'ai tenu dans mes mains deux fusils qui avaient été présentés à la chambre des députés. Ils étaient l'un et l'autre de fabrique anglaise. L'un valait à peu près 10 fr. de plus que l'autre.

M. le président. Avez-vous quelque connaissance du marché des fusils, et des pots-de-vin ?

M. Murat. Je n'ai connu que les armes.

M. Bascans. Je demande à entendre encore M. Dupont (de l'Eure) sur les propos tenus par M. Kœchlin.

M. Dupont (de l'Eure) reparaît devant les jurés.

M. le président à M. Dupont de l'Eure. Que savez-vous encore ? — R. Je fesais partie de la réunion Langlois. Dans une de ces réunions, un grand nombre de mes collègues s'entretenaient des bruits qui circulaient sur la mauvaise qualité des fusils, sur la déprédation du trésor public; M. Kœchlin me déclara alors qu'il était à sa connaissance qu'un de ses amis avait offert dans les bureaux du ministère de la guerre une fourniture de 40,000 fusils; que d'abord l'on avait paru accepter sa fourniture, mais que la condition qu'il paierait un pot-de-vin de 40,000 fr. l'avait tellement indigné, qu'il avait retiré ses offres. (Mouvement marqué dans l'auditoire.)

M. le président. Avez-vous entendu vous-même ce propos? — R. Oui M. le président. Je vous dirai même que notre réunion, qui se composait de 40 députés, finit par concevoir de sérieuses inquiétudes sur les bruits de déprédation, de corruption, qui se répandaient à l'occasion du marché des fusils. Il ne vous paraîtra pas au reste étonnant que des députés dont le devoir est de veiller aux intérêts du pays se soient mutuellement communiqués, et se soient entretenus en famille de propos si déplorables.

D. Vous rappelez-vous si l'on nommait tel ou tel des ministres? — R. Non, M. le président; je ne me le rappelle pas.

M. Baude, ex-préfet de police.

M. le président. Dites ce que vous savez sur les faits qui ont donné lieu au procès.

M. Baude. Je crois que je suis appelé en raison de renseignemens donnés par moi l'année dernière à la chambre des députés sur le marché des fusils. Ces renseignemens portent sur les prix qu'avaient coûté les fusils achetés en Angleterre, et sur celui qu'ils auraient coûté achetés en France.

Les fusils achetés en Angleterre avaient été payés à raison de 35 fr. Ce prix me parut élevé, attendu qu'en Angleterre même on a d'excellens fusils pour 19 schellings, 24 f. environ. A St-Etienne on fabrique deux sortes d'armes; les armes n° 1, et le fusil de guerre qui se vend 35 f.; mais dans les autres manufactures il se vend à des prix inférieurs en sorte que le prix du fusil en France est de 34 francs. Quant aux fusils n. 1, le prix en était, avant la révolution, de 25 francs. Je n'hésite pas à dire que ces fusils à 24 francs sont de beaucoup supérieurs à ceux achetés 35 francs en Angleterre. On demandait de tous côtés en France à fabriquer des armes de guerre, M. le ministre de la guerre répondit que, tout en rendant justice aux renseignemens que je lui avais moi-même donnés, et à l'empressement des manufacturiers français, il était obligé de recourir aux fabriques étrangères.

M. le présideent. Avez-vous entendu parler de pot-de-vin? — R. Non. Je n'ai attiré l'attention de la chambre que sur le point que je viens de vous signaler.

— D. Ainsi vous ne pouvez rien dire sur le fond du procès?

M. Marrast. Je prie M. le président de vouloir bien demander à M. Baude si, à l'époque qu'il était secrétaire-général, des fabriques de Liége ne lui ont pas fait des propositions pour des fusils de qualité préférable à ceux que l'on achetait tous les jours, et s'il n'a pas fait part de leur demande à l'administration, quel jour et à quelle époque?

M. Baude. Je crois que c'est le 10 novembre; mais ces détails n'étaient relatifs qu'à la distribution des fusils. Le ministre de la guerre passait tant de fusils au ministre de l'intérieur, et le ministre de l'intérieur en fesait la répartition.

Ce n'est que plus tard que j'ai dû prendre des renseignemens plus positifs. Quant aux fabricans de Liége, il est très vrai qu'un certain nombre d'entr'eux me furent adressés, qu'ils me montrèrent des échantillons, et qu'ils me dirent qu'ils pouvaient en fournir à 22 francs. Je leur conseillai de s'adresser au ministère de la guerre. Je crois même que j'en parlai moi-même au maréchal Soult, car nous avions l'habitude de nous entretenir continuellement à la chambre des affaires du pays.

M. MARRAST. J'ai de nouveaux renseignemens à demander à M. Baude sur des propositions de fournitures à des prix inférieurs à ceux que paie l'administration.

M. BAUDE. Je crois en effet avoir encore une lettre qui m'a été remise dans le temps par M. Swam, elle contenait des détails sur le prix de fabrication de Liége. C'était plutôt de simples renseignemens. Au surplus, si la cour le desirait, je ferais le dépôt de cette lettre.

M. MARRAST. M. Baude appartient à un département précisément connu par ses fabrications d'armes; il pourrait, mieux que personne, nous donner des renseignemens exacts sur la quantité d'armes que la ville de Saint-Etienne peut fabriquer.

M. LE PRÉSIDENT. M. Baude n'est pas fabricant d'armes. Ce n'est pas de cela au reste qu'il s'agit dans le procès.

M. MARRAST. Je vous demande pardon, M. le président; M. Lafayette nous a dit qu'il n'avait consenti à recourir aux manufactures étrangères que pour suppléer à l'insuffisance des fabriques françaises. M. Baude, mieux que personne, peut nous dire si ce n'est qu'après avoir épuisé nos propres manufactures qu'on a eu recours aux manufactures étrangères.

M. LE PRÉSIDENT. Ces détails sont étrangers aux débats.

Me MICHEL. On veut nous forcer à plaider l'urgence....

M. LE PRÉSIDENT. Prenez des conclusions.

Me MICHEL. Nous ne voulons pas conclure éternellement; nous voulons savoir s'il y avait oui ou non urgence d'aller chercher des armes à l'étranger.

M. DUPIN. Vous ne pouvez pas le savoir.

Me MICHEL. Si! si! je le sais. (Tumulte au banc des avocats.)

M. SAUQUAIRE SOULIGNÉ. Comme j'étais connu pour un homme qui s'était beaucoup occupé d'industrie, que j'étais resté sept mois à Birmingham, où je m'étais occupé de la fabrication des armes, mes amis me dirent : On se propose de faire des achats de fusils anglais, c'est à vous qu'il appartient de faire cette fourniture. Mais, répondis-je, je ne puis me charger de cette opération; je n'ai jamais fait de commerce. On ajouta : Il s'agit d'un service à rendre à la France; vous ne vous y refuserez pas. Je me rendis à cette invitation. J'écrivis en conséquence en Angleterre pour savoir à quelles conditions on pourrait me livrer un certain nombre de fusils; je m'adressai à Londres et à Birmingham, à des hommes très recommandables, sachant bien que les prix ne seraient pas les mêmes, parce qu'à Londres ce ne sont que des expéditeurs, tandis qu'à Birmingham ce sont des fabricans; mais c'était pour me faire, au moyen des divers prix, un point de comparaison; mon intention étant de servir, de tout mon pouvoir, mon pays, je voulais fixer le prix le plus bas possible.

Je reçus, le 24 septembre, deux lettres, l'une de Londres, et l'autre de Birmingham. On me proposait des fusils nº 1, à raison de 19 schellings, plus, pour emballage, caisses et je ne sais quels autres frais généraux, 10 schellings par vingt fusils. Comme je voulais faire affaire, non en négociant, mais en homme qui veut servir son pays, j'avais demandé qu'on fît recevoir un agent français qui éclairât la transaction, parce que je voulais en sortir aussi pur qu'avant. La maison répondit qu'elle désirait qu'un agent français passât l'inspection des armes avant la livraison. Chaque mille devait être payé comptant. On m'offrait à 17 schellings 4 pences. Il y avait 40 sous de plus de commission pour le fournisseur de Londres. Mais c'était sur le prix de Birmingham que j'établissais mon prix. Je fis offrir des fusils au ministre par un homme qui remplit de très hautes fonctions. Je lui écrivis ensuite directement pour lui offrir de se charger de cette affaire, que je serais simplement son agent, moyennant une indemnité qu'il fixerait comme il le jugerait convenable. Connaissant toutes les roueries commerciales des négocians anglais, surtout quand ils traitent à l'aventure, avec des personnes qu'ils ne supposent être à même de revoir, je croyais qu'il était d'une absolue nécessité qu'un homme appartenant au gouvernement, qui pût exercer une inspection rigoureuse sur les livraisons, se mêlât de cette affaire.

J'ajouterai que les manufacturiers emploient pour la fabrication de leurs armes deux sortes de fer : l'un est fait au charbon de terre et au cylindre, et l'autre au charbon de bois et au marteau. La différence du prix est de 3 à 1.

M. LE PRÉSIDENT. J'engage le témoin à abréger ces détails. A quelle époque avez-vous adressé votre demande? — R. J'ai adressé ma première demande oralement, le 8 novembre. Le 11 décembre, je fis par écrit une autre demande que je portai moi-même chez le concierge.

D. Que vous a-t-on répondu? — R. Rien.

Mᵉ LAVEAU. Quelle est la personne à laquelle vous avez remis votre première demande? — R. Cette personne étant toujours très mal vue, je craindrais de lui nuire en la désignant.

D. Le maréchal Gérard en a-t-il bien eu connaissance? — R. C'est à lui-même, le 8 novembre, qu'a été faite la première proposition, la proposition orale. La seconde, écrite par moi, a été remise, comme je viens de le dire, au concierge, par moi, le 11 décembre.

M. le président et M. Laveau insistent pour que le témoin nomme la personne qui a fait sa proposition au maréchal. Le témoin s'y refuse.

M. LE PRÉSIDENT. Vous a-t-il dit ce que le maréchal Gérard lui avait répondu? — R. Il lui a répondu que cette affaire était engagée avec d'autres, et qu'il était inutile de s'en occuper.

M. LAISSAC.

Je me trouvais chez M. Mesnier, libraire, place de la Bourse, avec M. Billiard, et parlais des rédacteurs de *la Tribune*, que je connaissais très bien. Il me dit qu'il savait des détails qui serviraient à établir les faits dénoncés par *la Tribune*, et me pria de l'adresser à M. Marrast, je le fis. Je pense que c'est pour déposer de ces faits que j'ai été appelé devant vous.

M. ROUERE.

Mes affaires m'avaient appelé à Londres, et je m'y trouvai logé dans une taverne où demeurait une personne intéressée à cette affaire de fusils, M. Andel. M. Andel me dit : Il faut que les Français se défient du gouvernement anglais. Ils me refusent des fusils. Comment cela se fait-il? lui dis-je; vous m'avez appris qu'on vous en fabriquait à Birmingham autant que la commission en exigeait. J'ai reçu l'ordre, ajouta-t-il, de demander trente mille fusils de la Tour de Londres. J'avais obtenu l'assentiment des ingénieurs, parce que les Anglais avaient des fusils de trop. J'espérais les avoir, mais ensuite le ministère me les a refusés, et je ne puis attribuer ce refus qu'à des motifs politiques.

Si ma déposition a quelque importance, il me paraît que M. Andel, lui-même, si sa position le lui permet, pourra vous donner plus d'explications à cet égard.

M. BILLARD. Étant à Londres en 1827, je visitai la Tour de Londres où je vis plus de 700 mille fusils. J'exprimai mon étonnement de la mauvaise fabrication de ces armes : les employés de la Tour me répondirent que le gouvernement anglais écoulait ces fusils en les livrant au commerce au prix de 18 à 20 fr., pour les remplacer par d'autres d'un nouveau modèle.

M. MARRAST. Je demanderai à M. Billard s'il a eu connaissance des conditions des marchés?

M. BILLARD. Ayant été secrétaire du ministère de l'intérieur, il ne m'appartient pas de faire connaître *la correspondance* sur cette affaire. Cependant, pour ce qui fut à ma connaissance personnelle, je dois faire connaître que j'ai vu plusieurs personnes qui m'ont demandé si j'avais concouru d'une manière quelconque à l'opération, et que j'ai répondu que j'y avais été totalement étranger, et que j'avais formellement insisté pour qu'on donnât la préférence à l'industrie française, dont le prix était plus avantageux et la fabrication meilleure. Je suis sorti du ministère à la fin de novembre, et j'ai ignoré ce qui s'est passé depuis.

M. MARRAST. Je crois devoir insister sur la question que j'adressais au témoin sur les conditions du marché.

LE TÉMOIN. Je n'ai eu aucune connaissance du marché.

M. MARRAST. La déposition du témoin indique qu'il a eu connaissance de quelques-unes des conditions du marché.

LE TÉMOIN. Les lettres dont j'ai parlé ne m'appartenaient pas, quoique je les eusse rédigées, le ministre les ayant signées, je ne puis m'expliquer sur leur contenu.

M. Brémont, littérateur, de qui M. Poubel tenait les faits dont il a déposé, cité en vertu du pouvoir discrétionnaire de M. le président, est introduit. *Il ne prête pas serment.*

Interrogé sur ce qu'il sait, relativement aux marchés de fusils, il répond que quelques communications ont pu lui être faites, mais que son honneur est engagé à ce que le secret en soit gardé, et qu'il ne doit les communiquer qu'aux personnes auxquelles il a à en référer. Je communique, dit-il, ces notes aux rédacteurs en chef de certains journaux.

M. PERSIL. Vous êtes donc rédacteur?

M. BRÉMONT. JE SUIS ACCRÉDITÉ AUPRÈS DES MINISTÈRES.

M. PERSIL. De qui tenez-vous ces renseignemens?

M. BRÉMONT. C'est ordinairement des secrétaires particuliers ou des secrétaires-généraux.

M. Persil. Si c'est le ministre qui autorise ces communications, je ne crois pas qu'il y ait inconvénient à citer les personnes ; je prie donc le témoin de dire de qui il tient les faits sur lesquels il va être appelé à déposer.

M. Brémont. Je n'ai pas l'intention de déposer sur des faits qui m'ont été confiés sous le sceau du secret. Je croirais manquer à l'honneur si je le fesais.

M. Persil. Je répète que si c'est par l'ordre du ministre qu'on vous donne communication de ces faits, il n'y a aucun inconvénient à ce que vous répondiez. J'insiste donc de la manière la plus positive, pour que le témoin dise de qui il tient les renseignemens qui lui sont donnés dans les ministères. (On rit.)

M. Brémont. Ces communications ont pour but d'empêcher les journaux de publier des choses fautives : je rectifiais par là des erreurs qui pouvaient avoir des conséquences fâcheuses.

M. Persil. Je ne cacherai pas ma pensée : on se plaint d'abus de confiance commis dans les ministères, de documens enlevés, dénaturés et répandus dans le public pour égarer l'opinion ; dans l'intérêt de la société, il faut que nous sachions comment ses documens arrivent dans le public. Cela n'a aucun trait à l'affaire ; mais il est de notre devoir de saisir toutes les occasions de découvrir un fait qu'on recherche depuis fort long-temps. Je prie donc de nouveau le témoin de s'expliquer.

M. Brémont. Je répète que ces communications sont faites pour rectifier les documens qui arrivent aux journaux.

M. Persil. Le ministère n'a pas besoin d'un homme qui vienne puiser dans ses bureaux des rectifications. Quand il a un fait à rectifier, il s'adresse directement au *Moniteur*, et n'a pas besoin d'intermédiaire.

M. Brémont. *Le public ne se règle pas par le Moniteur*, au contraire ; et si vous ne rectifiez pas avant l'insertion, le mal n'en est pas moins fait. C'est pour cela que M. Cauchois-Lemaire, rédacteur en chef du *Constitutionnel* (Ah! ah! ah!) a jugé convenable de m'accréditer auprès des divers ministères.

M. le président. Vous n'avez pas observé la même discrétion à l'égard de tout le monde.

M. Persil. Avec M. Poubel.

M. Brémont. Je l'ai regardé comme un agent du gouvernement. Il était secrétaire du ministre de la justice.

D. Lui avez-vous fait des communications sur l'affaire des fusils ? — R. Je ne me le rappelle pas.

M. le président. Faites avancer M. Poubel.

M. Poubel. M. Bremont me dit qu'il avait des faits importans à me communiquer. J'ignorais la source des documens qu'il me fesait connaître. Je fus frappé de l'importance des faits qu'il me rapportait ; je crus devoir avertir un ministre intègre qu'on se proposait de conclure des marchés frauduleux.

Quand le procès de *la Tribune* fut engagé, je me rappelai ces circonstances, et j'ai pensé que ma position ne m'interdisait pas de révéler à la justice un fait qui pouvait servir à l'éclairer. Je persiste dans ma déclaration.

M. LE PRÉSIDENT. Dans votre première déposition, vous avez dit que vous aviez été averti qu'il y avait de la corruption. — R. J'ai déposé que M. Bremont m'avait dit qu'il fallait avertir M. Dupont de l'Eure d'un marché onéreux, dans lequel des bénéfices illicites devaient être faits par les agens du gouvernement.

D. Vous avez dit que la personne qui vous avait rapporté ce fait vous a paru tellement convaincue, que vous avez cru devoir en faire la révélation au ministre. — R. Il n'y avait rien de conclu : j'ai averti le ministre qu'on avait la crainte ou la certitude que des intrigues se tramaient pour faire contracter des marchés de fusils à des conditions onéreuses, et dont on devait tirer des bénéfices illicites. Je ne puis pas dire où j'avais pris ces renseignemens.

M. BREMONT. J'ai pu dire quelque chose à M. Poubel, parce qu'il était l'agent du gouvernement; mais si je lui ai parlé de marché de fusils, je ne l'ai pas fait dans les termes dont M. Poubel s'est servi.

M. Persil relit la première déposition de M. Poubel.

M. Brémont persiste à dire qu'il n'a pas parlé de pot-de-vin.

M. POUBEL. Je suis obligé de reprendre la parole. Le témoin déclare ne m'avoir pas fait cette communication. Je n'éprouve ici aucun embarras; on peut prendre des informations sur ma vie, sur ma moralité, et on sera facilement convaincu que je suis incapable d'avancer un fait faux. Je puis adjoindre d'ailleurs à ma déclaration le témoignage de M. Cauchois-Lemaire qui, ainsi que moi, a entendu la même chose de la bouche de M. Brémont.

M. PERSIL. Vous persistez à déclarer que vous n'en avez pas parlé?

M. BRÉMONT. Je répète que si j'ai parlé de marchés, je ne l'ai pas fait dans les termes qu'on vient de rappeler.

M. LE PRÉSIDENT. Dites alors dans quels termes vous l'avez fait?

M. BREMONT. Vous voulez me faire entrer dans le détail de ce que je ne crois pas devoir dire.

M. LE PRÉSIDENT. Mais vous avez dit que vous aviez des renseignemens importans, et vous vous refusez à faire une déclaration sur ce que vous savez.

M. BREMONT. J'ai su qu'il se préparait un marché, mais je n'ai pas entendu parler de pot-de-vin.

M. POUBEL. Vous m'avez prié d'avertir M. Dupont de l'Eure, pour qu'il fût en état de surveiller les intrigues à l'aide desquelles on voulait faire passer des marchés au conseil. Mais comme il ne fut pas question de cela dans le conseil, M. Dupont, qui d'ailleurs était fort occupé, a oublié les avertissemens que je lui avais donnés.

M. LE PRÉSIDENT, au témoin. En parlant de marché, avez-vous nommé MM. Perier et Gisquet?

M. BREMONT. Je ne le me rappelle pas.

M. PERSIL. Mais, messieurs, le marché dont il s'agit n'était encore qu'en projet : on supposait qu'il y avait corruption. Il est impossible que dans un ministère on lui ait donné des pièces. La gravité de sa position donne un démenti sur un fait qui se comprend par tout le monde, un marché qui peut incriminer MM. Perier et Gisquet. La témoin ajoute que ce n'est pas par mégarde que M. Bremont lui a parlé de ce fait; il serait allé exprès chez lui. Vous l'auriez averti, en sa qualité de secrétaire du ministre de la justice, afin de faire empêcher une mauvaise action. Il est impossible que, si des conditions comme celles-là ont déterminé votre conduite, elles aient été oubliées par vous. Les faits ne peuvent pas s'être passés comme cela.

Vous déclarez positivement que vous n'avez pas dit ce qui vous est attribué?

M. Brémont. Oui. M. Poubel a pu ajouter à ce que je lui avais dit.

M. Poubel. Je déclare de nouveau que je persiste dans ma déclaration. La défense de ma réputation, quoique, je le répète, je n'éprouve pas d'embarras, m'oblige à insister. On m'a dit : Il est possible que vous ayez jugé à propos d'ajouter d'autres faits à des faits fort simples. Je n'y opposerai que ma moralité, ma conduite connue, et je suis persuadé qu'on ne me croira pas capable d'affirmer un fait faux.

M. Brémont. Je ne suis pas embarrassé non plus. Il y avait trois ou quatre personnes qui fesaient des propositions de marchés étrangers ; on voulait avoir des armes le plus promptement possible, je vous en ai parlé souvent....

M. Poubel. Une seule fois.

Vous croyez qu'il valait mieux faire travailler les ouvriers français que les étrangers.

M. Persil. Ces détails sont inutiles. Je ferai observer que le témoin n'est pas appelé à déposer sur la foi du serment.

M. Auguste Mie.

M. le président. Racontez ce que vous savez du procès?

M. Aug. Mie. J'ai su par un M. Olive qu'il avait été fait un marché de 400 mille fusils, modèle français à 32 f. Trois mille de ces fusils furent introduits en France, ils étaient importés d'Angleterre ; mais arrivés à Paris, on les refusa. On dit que ce fut par l'entremise de quelque haut personnage. Cependant, chose incroyable ! les fusils anglais refusés à Paris, furent acceptés par le gouvernement, dans une fabrique française, à Saint-Étienne. (Marques de surprise dans l'auditoire.)

D. Savez-vous à quelle époque s'est passé le fait que vous citez? — R. Dans le mois de décembre 1830.

D. Est-ce au commencement ou à la fin de décembre? — R. Je crois que c'est au commencement.

D. Vous avez dit que ces fusils avaient été acceptés à Saint-Étienne. Qu'avez-vous voulu dire par là? — R. J'ai voulu dire que M. Olive, certain d'avoir rempli toutes les conditions, mais connaissant les influences qui avaient fait refuser ses fournitures à Paris, en avait appelé à des juges non prévenus, aussi furent-ils acceptés à Saint-Étienne.

D. Savez-vous maintenant ce que sont devenus les 397 mille autres de ces fusils? Ont-ils été apportés en France?—R. Je n'en sais rien.

D. Savez-vous au nom de qui ils ont été acceptés?—R. Oui, monsieur le président ; c'est un M. Clarck qui les a reçus du gouvernement.

Me Dupin. On vous donnera sur ces fusils les explications les plus satisfaisantes.

M. le président. M. Olive est-il à Paris? — R. Oui, monsieur le président; il demeure rue du Mont-Blanc, n° 26. Il est aujourd'hui même à Paris prêt à confirmer ce que j'avance, si vous voulez le faire appeler en vertu de votre pouvoir discrétionnaire.

M. LE PRÉSIDENT. Les fusils dont vous parlez n'ont pas été achetés par le gouvernement, puisque, d'après vous, il les a refusés à Paris. Il y a contradiction dans votre dire.

M. AUGUSTE MIE. Pas la moindre. Il a été reçu trois mille fusils, mais il en avait été commandé 400 mille. Le gouvernement n'a pas tenu un premier marché, voilà tout. D'après le marché, ces fusils devaient être à gros calibre, et ne coûtaient que 32 fr., au lieu de 34 fr. 90 centimes payés à M. Gisquet.

M. BERNY, conseiller. Vous dites que ces trois mille fusils ont été transportés à Saint-Etienne?

M. AUGUSTE MIE. Oui, monsieur ; c'est M. Olive qui a été chargé de cette opération.

M. MARRAST. Je prie M. le président de vouloir bien interroger encore le témoin. Il a déclaré qu'il avait connaissance d'un marché de 400 mille fusils, proposés par M. Olive ; a-t-il connaissance de la supériorité que pouvaient avoir ceux qui ont été préférés.

M. AUGUSTE MIE. Ils étaient tellement mauvais, que des membres du comité d'artillerie ont déclaré qu'on ne pourrait s'en servir.

M. LE PRÉSIDENT. Le témoin pourrait-il nommer les personnes qui ont empêché le gouvernement de garder ces fusils à Paris?

M. AUGUSTE MIE. On m'a nommé M. Gisquet et M. Rostchild.

D. Qui vous les a nommés?—R. C'est M. Olive.

M. LE PRÉSIDENT. Vous pouvez aller vous asseoir.

M. de Corcelles et M. le général Lamarque demandent à se retirer pour assister à la séance de la chambre.

L'un des avocats prie M. de Corcelles de vouloir bien rester.

M. LE GÉNÉRAL DUBOURG.

M. LE PRÉSIDENT, à M. le général Dubourg. Votre profession?

M. LE GÉNÉRAL DUBOURG (d'un ton de voix noble et sévère.) GÉNÉRAL, *réformé* par ceux qui ont confisqué la liberté et les droits du peuple. (Trépignemens au banc de MM. de la cour. — Applaudissemens redoublés dans toutes les parties de l'auditoire).

M. LE PRÉSIDENT. Que savez-vous relativement à l'accusation? — R. J'ai reçu des lettres de Londres, et j'ai su que le gouvernement avait tiré de l'Angleterre des fusils à 18 et à 19 schellings. J'ai su, par des officiers d'artillerie, que la commission chargée d'apprécier ces armes en avait été très mécontente, et avait fortement blâmé le marché, 1° parce que les fusils étaient trop chers; 2° parce qu'ils n'étaient pas de calibre ; 3° parce qu'ils étaient fabriqués d'une manière si lourde et si peu sûre, qu'il était de toute impossibilité de les employer à faire la guerre.

M. LE PRÉSIDENT. Est-ce là tout ce que vous savez?

M. LE GÉN. DUBOURG. J'espère que c'en est assez.

M. MARRAST. Dans sa correspondance de Londres, M. le général Dubourg aurait-il entendu parler de deux marchés différens, conclus entre les ministres et des négocians anglais?

M. LE GÉN. DUBOURG. C'est précisément ce qui m'a été écrit ; et je dirai de plus que l'histoire de ces deux marchés fesait le scandale de la Bourse, des salons et des rues de Londres ; on parlait des ministres avec la plus grande MÉSESTIME : c'est l'expression dont on se servait.

M. LE PRESIDENT. Les lettres qui vous ont été adressées sont-elles en votre possession ?

M. DUBOURG. Oui ; mais vous savez, messieurs, que j'ai été traqué par toutes les polices, traîné dans toutes les prisons ; que mes papiers ont été saisis. Je crois bien cependant que je retrouverai cette lettre, car je l'ai conservée ; mais je ne répond pas de le faire dans un nombre d'heures donné.

M. LE PRESIDENT. Pourriez-vous nous dire le nom de votre correspondant de Londres ?

M. DUBOURG. C'est M. Collet. — D. Est-il Anglais ?—R. Non, monsieur ; M. Collet est Français.

M. Marrast veut adresser d'autres questions à M. le général Dubourg, M. le président s'y oppose. Vous avez toujours, dit-il, une foule de questions à adresser à vos témoins.—R.C'est le contraire, monsieur le président ; j'ai interrogé principalement les vôtres : vous avez entendu M. Lafayette et M. Guizot, cités par vous.

M. le général Dubourg se retire.

M. LAVALINO. Il n'est qu'un bruit à Londres, à la Bourse, dans les salons, dans le commerce ; c'est que les deux marchés conclus entre les MM. Soult et Perier et des négocians anglais, sont au préjudice du peuple français, et au profit des deux ministres. J'ai prévenu M. Marrast et M. Bascans, de ce que je savais, et je leur ai promis des renseignemens plus positifs encore, que je vous donnerai à vous-même, si vous le desirez. J'ai reçu, non pas une lettre, mais par plusieurs lettres, dans lesquelles on me disait, comme bruit public, tout ce que j'ai eu l'honneur de vous répéter. Et ce sont ces lettres, ces renseignemens que j'ai communiqués à MM. les rédacteurs de *la Tribune*. Je fis plus, je dis à ces messieurs, que s'ils voulaient quelque chose de plus positif encore, ils n'avaient qu'à envoyer une commission rogatoire à Londres. J'ai reçu plusieurs lettres, j'en ai reçu une surtout, dont je ne vous nommerai pas l'auteur, mais dont je pourrai, si vous le desirez, vous communiquer le passage relatif à ma déposition.

M. LE PRÉSIDENT. Avez-vous cette lettre? — R.Oui, M. le président. — D. Voulez-vous nous la communiquer? — R. Je le veux bien ; mais il faut que vous me permettiez de l'aller chercher, et que vous trouviez bon que je ne vous donne communication que de ce qui est relatif aux débats, car des intérêts particuliers sont également contenus dans cette lettre, et je ne veux pas, par cette raison, qu'elle soit lue publiquement.

M. LE PRÉSIDENT. Nous ne pouvons pas juger sur un fragment.

Me MICHEL. Dans ce cas, nous renonçons nous-mêmes à la lecture de cette lettre, plutôt que de donner lieu à une indiscrétion.

Me LAVEAU, vivement. Mais nous, nous n'y renonçons pas.

Me MICHEL, riant. Comme il vous plaira, messieurs.

M. MARRAST. M. le président, on vient de me prévenir d'un fait grave. Je vous prie de vouloir bien faire prendre des renseignemens.

On vient de me dire que M. Gisquet ne s'est pas trouvé dans la salle témoins avec les autres témoins. On m'assure qu'il a été long-temps dans la salle, qu'il a assité aux débats, et qu'il a eu ainsi tout le loisir de préparer sa déposition.

M. LE PRÉSIDENT. Le fait n'est pas exact : M. Gisquet a été demandé par un employé de la police. Il doit être, dans ce moment, à la préfecture de police.

M. MARRAST. On ne peut pas dire qu'il ait été appelé par un employé de la police, puisqu'on ne l'a pas vu un instant dans la salle des témoins. Or, dès l'instant qu'il n'a pas paru dans la salle des témoins, il a pu, en sa qualité de préfet de police, avoir toutes les communications qu'il a voulu. On sait que la police a le talent d'être toujours très bien servie.

M. PERSIL, avec emportement. Tout cela ne signifie rien. Chez tous les peuples, il faut que le préfet de police ait des agens à ses ordres.

M. ANTONY THOURET. Nous avons, certes, beaucoup de déférence pour M. le préfet de police; mais nous pensions cependant que M. le général Lafayette et M. le général Lamarque, n'ayant pas dédaigné de se tenir dans la chambre des témoins, M. Gisquet, préfet de police, aurait pu, *sans dommage*, en faire autant. (On rit, et l'on cherche des yeux M. Gisquet.)

QUELQUES VOIX. A l'amende! à l'amende, M. Gisquet, le préfet de police! (On rit de tons côtes.)

LES HUISSIERS. Silence! messieurs, silence!

M. LE PRÉSIDENT. J'ordonne aux GENDARMES d'arrêter sur-le-champ quiconque se permettra la moindre observation. (Les murmures continuent.) Je ne vois pas d'opposition raisonnable à l'audition de M. Gisquet.

Me MICHEL. Eh bien! faites-le venir, nous tirerons des conclusions.

M. LE PRÉSIDENT. Vous agirez comme vous le jugerez convenable. Au surplus, je rappelle aux avocats qu'ils n'ont pas la parole. (Explosion de murmures dans toutes les parties de la salle.)

M. LE PRÉSIDENT. MM. les prévenus, vous opposez-vous à l'audition de M. Gisquet.

M. MARRAST. Formellement.

M. LE PRÉSIDENT. Dans ce cas, prenez des conclusions.

M. BASCANS. Un M. Andel s'est fait introduire ici comme agent de M. Gisquet.

M. ANDEL s'avançant. Je suis en effet... (Explosion de murmures dans l'auditoire.)

M. LE PRÉSIDENT. Etes-vous entré comme témoin?

M. ANDEL. Je n'ai pas quitté ma place.

M. MARRAST. Nous nous opposons à ce que M. Gisquet soit entendu.

M. LE PROCUREUR-GÉNÉRAL. Je ne ferai qu'une observation; c'est que les prévenus ont mauvaise grâce à s'opposer à l'audition de M. Gisquet. En effet, le ministère public et les parties civiles ne se sont point opposées à l'audition des témoins cités par les prévenus, lorsqu'ils n'avaient pas fait connaître à l'avance les faits sur lesquels ils devaient déposer : c'est mal répondre à cette condescendance du ministère public et à cette générosité des parties civiles. Je fais l'observation sans insister davantage.

M. Marrast. C'est par respect pour la dignité du serment que nous refusons d'entendre M. Gisquet.

Me Michel. M. l'avocat-général, qui prétend que nous avons si mauvaise grace à refuser l'audition de M. Gisquet, pourrait-il nous citer à son tour les bonnes grâces que la partie civile a eues pour nous? Au reste, messieurs, faites-le introduire; nous voulons bien consentir à l'entendre : peu nous importe qu'il nous ait entendu lui-même ou qu'il nous ait fait écouter. (On rit.)

M. Marrast. Appelez-le donc! appelez-le donc! nous y consentons.

Me Moulin. Comme c'est par complaisance que nous consentons à entendre la déposition ou la justification de M. Gisquet, nous désirons que ce soit de suite.

L'audience est suspendue.

A cinq heures et demie l'audience est reprise. M. Gisquet, préfet de police, à l'audition duquel les prévenus ont consenti, est introduit et prête serment. On remarque qu'il porte un ruban rouge à la boutonnière.

M. le président. Dites ce que vous savez relativement à l'acquisition des fusils anglais.

M. Gisquet. Messieurs, si vous attendiez de moi quelques renseignemens sur un prétendu pot-de-vin que M. le maréchal Soult et M. Casimir Perier auraient reçu à l'occasion d'un marché de fusils, votre attente serait déçue ; car je ne puis rien vous dire sur un fait imaginaire, sur un mensonge. Si MM. Soult et Casimir Perier avaient reçu un pot-de-vin, ce serait nécessairement moi qui l'aurais donné, et, sous ce rapport, j'aurais désiré pouvoir figurer dans l'instance comme partie civile ; j'aurais désiré pouvoir acquérir le droit de dire aux auteurs de ces calomnies : Vous êtes des calomniateurs. Mais comme mon nom ne figurait pas dans l'article inculpé, je n'ai pu être partie dans le procès.

Ignorant ce qui s'est passé dans le cours de ces débats, quels renseignemens vous ont été donnés, quelles questions ont été faites, je ne dois pas renfermer ma déposition dans des bornes étroites; et pour vous faire apprécier le mérite des allégations que vous avez pu entendre, je vais avoir l'honneur de vous soumettre tous les détails qui se rattachent à l'opération dont j'ai été chargé.

Le 2 octobre 1830, j'eus l'honneur de voir M. Casimir Perier, que j'ai le plaisir de voir presque tous les jours depuis vingt-cinq ans. (On rit.) M. Casimir Perier, alors ministre d'état sans portefeuille, m'annonça que le gouvernement, préoccupé du désir d'armer les citoyens, se proposait de faire l'achat d'une certaine quantité de fusils. Il me dit que les services que j'avais rendus à la cause nationale, et mon dévouement bien connu au gouvernement, avaient décidé les ministres à me charger de cette mission délicate; que M. le maréchal Gérard avait le désir de me voir dans la journée pour me donner toutes les instructions et les ordres dont je pourrais avoir besoin.

N'ayant pas l'honneur de connaître M. le maréchal Gérard, je priai M. Casimir Perier de vouloir bien me présenter à M. le ministre de la guerre : il eut la complaisance de déférer à cette prière, et M. le maréchal Gérard me confirma ce que M. Casimir Perier m'avait annoncé.

La conversation qui s'engagea en ma présence me fit connaître à peu près la situation de nos arsenaux. Le gouvernement n'ayant pas alors en sa possession des fusils de guerre en quantité suffisante pour armer la garde nationale, voulait prendre des mesures pour satisfaire aux nombreuses instances, aux vives demandes de M. le général Lafayette, alors commandant général des gardes nationales du royaume, et pour fournir aux citoyens de tous nos départemens les armes dont ils avaient besosn.

La mission qui m'était confiée exigeait autant de discrétion que de zèle : il fallait tout à la fois ne pas révéler aux étrangers, dont les dispositions étaient fort incertaines, l'état précaire de nos armemens, et il fallait aussi ne pas éveiller l'attention des fabricans avec lesquels je pouvais être dans le cas de traiter ; il était à craindre qu'ils n'augmentassent leurs prix en raison de l'importance de mes commandes, et que le gouvernement anglais ne s'opposât à la sortie d'une si grande quantité d'armes destinées pour la France.

Quelques heures après cette entrevue, je reçus de M. le maréchal Gérard une lettre dans laquelle il me confirmait les instructions qu'il m'avait données de vive voix. Cette lettre doit être au procès ; elle vous sera sans doute communiquée. Elle a été écrite dans le cabinet de M. le maréchal Gérard : personne de ses bureaux n'en avait connaissance. La nature de la mission vous dit assez quel était le motif de ces précautions.

M. le maréchal Gérard m'écrivait :

« Vous achèterez 300,000 fusils pour le compte du département de « la guerre. Vous réserverez un délai de dix jours pour obtenir ma « ratification ; et, dans le cas où j'aurais approuvé vos marchés, vous « ferez expédier les fusils sous votre nom, aux époques et sur les « points qui étaient désignés. »

Il promettait de mettre à ma disposition un capital de 2 millions 500 mille francs pour effectuer les premiers paiemens.

Je suis parti de Paris le même jour 2 octobre ; le 4, j'étais à Londres, et le 5 à Birmingham.

J'avoue que j'étais neuf dans cette nature d'entreprises, je n'avais jamais fait aucune opération avec le gouvernement, et je n'en ferai probablement jamais d'autres, celle-ci m'a été trop désagréable, elle m'a causé trop d'ennuis depuis une année pour que je consente jamais à rentrer dans cette carrière.

J'ignorais de quelle manière les ordres de M. le ministre de la guerre pouvaient être exécutés ; mais je ne m'attendais pas à surmonter toutes les difficultés. Beaucoup de personnes annonçaient hautement qu'il était facile de remplir de pareilles commandes ; l'on croyait qu'il existait en Angleterre des magasins de fusils, et qu'on pouvait les obtenir à volonté, comme on achète du sucre et du coton. Je fus bientôt détrompé. Je reconnus l'impossibilité absolue de faire livrer par le commerce, non pas 300,000 fusils, mais 30,000 dans un espace de quatre mois.

Depuis quinze ans la paix avait anéanti toutes les fabriques d'armes en Angleterre ; les ouvriers avaient contracté d'autres habitudes ; les ateliers étaient employés à d'autres destinations, et les négocians s'étaient livrés à d'autres branches d'industrie ; tout était désorganisé, et la seule branche de commerce qui conservait un peu d'activité était la fabrication des fusils destinés a la traite des nègres.

Ces fusils, messieurs, sont d'une qualité tellement inférieure, qu'il serait dangereux, qu'il serait coupable de les confier à nos concitoyens ; ils ne peuvent servir que pour le trafic honteux auxquels ils sont destinés.

Ces fusils, dont le bois est ordinairement en merisier ou en sapin du Nord, se vendent de quinze à dix-huit schellings ; ceci, messieurs, vous explique comment tant de personnes, dont je ne suspecte pas la loyauté, ont été trompées sur les conditions auxquelles il était possible d'acheter, en Angleterre, des armes pour nos gardes nationales. Un quiproquo est cause de toutes les allégations odieuses portées contre l'opération dont j'ai été chargé. On a supposé que les fusils livrés par moi étaient semblables, qu'ils avaient été obtenus aux mêmes prix que ceux fabriqués pour la traite des nègres.

Dans ces entrefaites, plusieurs manufacturiers m'offrirent leur coopération pour me faire obtenir du gouvernement anglais lui-même les 300,000 fusills dont il est question. Un traité fut conclu entre eux et moi, le 6 octobre ; il y était stipulé que, dans le cas de succès des démarches qu'ils se proposaient de faire, il leur serait alloué une commission de 6 *pences* ou 62 cent. par fusil, sur le nombre de ceux qui me seraient livrés ; mais, prévoyant le cas où notre gouvernement ne m'accorderait pas des avantages suffisans pour supporter cette commission, il était exprimé qu'elle serait réduite à la moitié des bénéfices réels qui me seraient alloués.

Ce marché fut immédiatement envoyé par moi à M. le maréchal Gérard, pour qui je n'avais rien de caché ; il devait connaître les conditions auxquelles je me proposais de traiter. J'eus l'honneur aussi de lui faire part de l'impossibilité de remplir ses ordres d'une autre manière.

Le 7 octobre j'étais de retour à Londres ; une négociation fut entamée avec le gouvernement anglais ; nous eûmes d'abord quelques difficultés, mais je parvins à conclure un marché conditionnel qui mettait à ma disposition 566,000 fusils neufs appelés *India paterns* ; le prix était définitivement fixé à 25 schellings, ce qui fait 31 fr. 87 cent. En ajoutant à cette somme les 6 pences de commission, vous voyez, messieurs, que chaque fusil me coûtait, à Londrss, 32 fr. 50 cent., *non* compris les frais d'emballage, les droits de sortie, les frais d'embarquement, le fret, l'assurance et toutes les autres dépenses inévitables ; en réunissant ces frais au prix d'achat, il nous sera facile, messieurs, de vous convaincre que ces armes vendues par moi à M. le ministre de la guerre à 34 fr. 90 cent., me coûtaient à moi plus de 35 fr. rendues à Calais.

Je revins à Paris rendre compte de ma mission et demander à M. le maréchal Gérard la ratification du traité. Le ministre parut d'abord dans des dispositions favorables ; mais après avoir conféré avec ses collègues, il montra de l'hésitation. Il paraît, messieurs, qu'une difficulté grave s'opposait à la conclusion de cet achat ; il fallait 19 millions pour obtenir de suite la livraison des fusils, et cette raison seule arrêtait la conclusion, circonstance qui me fut confirmée par M. Laffitte , alors président du conseil. Il me déclara qu'il était impossible de sortir du trésor une somme de 19 millions : il fut alors question d'acquitter cette somme avec des bons du trésor à 2, 3, 4 et 5 ans de date; moi-même j'étais chargé par des banquiers de Londres et d'Ecosse de faire une négociation de ces valeurs pour 30 millions, mais ces projets n'eurent aucune suite.

Le délai de quinze jours, que le gouvernement anglais m'avait accordé pour la ratification du marché, étant prêt d'expirer, M. le maréchal Gérard m'écrivit pour me prier de réclamer un nouveau délai de dix jours. Je me hâtai d'expédier un agent à Londres; mais le ministère Wellington qui gouvernait alors, se montrait hostile au système libéral que nous avons heureusement établi chez nous, et il avait décidé, avant l'expiration de la quinzaine, que les fusils ne seraient pas livrés.

« Informé de cette circonstance, M. le maréchal Gérard m'écrivit que l'affaire serait continuée par la voie diplomatique, et que je serais instruit du résultat.

Dès-lors, messieurs, ma tâche était remplie; je n'avais plus besoin d'intervenir dans cette affaire, sauf le cas de succès des négociations diplomatiques; ce n'était plus que dans cette dernière hypothèse que je devais être appelé à diriger l'opération.

Bientôt la santé chancelante de M. le maréchal Gérard, et d'autres considérations amenèrent un changement de ministère; M. le maréchal Soult arriva au ministère de la guerre; mais avant de vous entretenir de mes rapports ultérieurs avec ce département, permettez-moi de revenir un peu sur le passé.

J'ai omis de vous dire que, dans l'intervalle qui s'est écoulé depuis mon retour de Londres, jusqu'au moment où la diplomatie fut chargée de suivre la négociation commencée par mes soins, j'ai eu plusieurs fois l'avantage de voir des citoyens recommandables dont le témoignage ne serait pas récusé, et qui tous firent auprès de moi des instances assez vives pour exciter mon zèle; ils désiraient avec ardeur que notre gouvernement achetât les 565,000 fusils; ils déclaraient que le succès d'un pareil traité me donnerait des droits à la reconnaissance du pays : entre autres noms respectables, je vous citerai le général Lafayette, que j'eus l'honneur de rencontrer plusieurs fois à l'Hôtel-de-Ville; MM. Delaborde et Arago, mes anciens collègues du conseil-général : M. Odilon-Barrot, etc., etc.

Je reprends, messieurs, le cours de ma narration.

Ici le témoin explique avec détail toutes les circonstances qui se rattachent au marché de 200 mille fusils, conclu le 9 décembre avec M. le maréchal Soult; il rappelle que le ministre, après avoir reconnu l'état de nos arsenaux et la nécessité d'augmenter le nombre des fusils destinés à la garde nationale; après avoir apprécié à leur juste valeur les propositions de cette foule de spéculateurs qui offraient des millions de fusils, qui sillonnaient l'Europe dans tous les sens, et qui, je dois le dire, ajoute M. Gisquet, n'avaient aucun moyen de remplir les engagemens qu'ils voulaient souscrire. En un mot, le témoin rappelle comment, après avoir reconnu qu'il fallait céder à la nécessité, M. le maréchal Soult; malgré son extrême répugnance à donner à des Français des armes fabriquées à l'étranger, se détermina à passer le marché de 200,000 fusils.

M. Gisquet explique que cette vente fut faite par lui au prix de 34 f. 90 c., que les livraisons se sont composées de 106,000 fusils obtenus avec beaucoup de peine du gouvernement anglais, au prix de 25 shellings 6 pences, ce qui, avec les frais excède 35 fr. ; le surplus des fusils fournis par M. Gisquet, soit environ 90,000, fut acheté par lui de plusieurs fabricans anglais, au prix de 22 à 23 schellings, conformément aux clauses d'un marché fait avec les fabricaus de Londres et de Birmingham, marché qui se trouve en original au nombre des pièces du procès.

Dans le cours de ses observations, M. Gisquet se plaint de l'extrême rigueur dont on usa à son égard dans les visites des fusils à Calais ; il présume que les officiers d'artillarie ont été disposés à cette sévérité par les calomnies répandues et répétées avec profusion sur cette fourniture, et il se résume en faisant remarquer que les frais considérables et de toute nature qu'il a dû supporter, augmentés encore par les réparations fort coûteuses qu'il est obligé de faire aux fusils rebutés à Calais, absorberont probablement, s'ils ne le dépassent, le faible bénéfice que l'opération lui présentait.

M. MARRAST. Tous ces détails sont étrangers à la cause. M. Gisquet vient de plaider pendant une heure une affaire qui n'a pas le moindre rapport avec le procès.

Mᵉ LAVAUX. Vous avez vous-même engagé la discussion sur ce point.

Mᵒ MICHEL. Le témoin ne doit parler que sur les interpellations qu'on lui adresse ; il n'est pas en cause.

M. LE PRÉSIDENT. Mᵉ Michel, vous sortez des bornes de la défense.

M. PERSIL. Nous engageons Mᵉ Michel à plus de modération.

Mᵉ MICHEL. M. Gisquet n'était-il pas l'agent du gouvernement.

M. GISQUET. Je n'étais qu'un simple spéculateur, et j'ai acheté mes fusils comme je l'ai entendu.

Mᵉ MICHEL. M. Gisquet n'est-il pas l'associé de la maison Perier ?

Mᵉ GISQUET. Je m'empresse de l'avouer, j'ai eu long-temps la signature sociale de la maison Perier frères. Mais depuis que j'ai formé une maison, M. Perier n'est dans ma maison que commanditaire.

M. MICHEL. Je lui demanderai s'il n'a pas soustraité avec un agent à Londres ? — R. Non.

Mᵉ MICHEL. Je demanderai à M. Gisquet si sa maison n'a pas suspendu ses paiemens ?

M. GISQUET. Je ne pense pas qu'on puisse....

M. LE PRÉSIDENT. M. Gisquet n'est ni partie civile, ni inculpé.

Mᵉ MICHEL. Une suspension n'est pas une inculpation. Cela peut arriver aux hommes les plus honorables, surtout dans la situation où se trouve le commerce.

M. LE PRÉSIDENT. Vous attaquez le crédit d'une maison.

M. PERSIL. Sans doute, c'est compromettre le crédit de la maison du témoin.

Mᵉ Michel. Je ne compromets pas le crédit de la maison de M. Gisquet. Il est préfet de police, il n'a pas de maison. (On rit.)

M. GISQUET. Je demanderai la permission de répondre.

M. LE PRÉSIDENT. Ce n'est pas sur mon interpellation que vous répondez, car je n'adresserais pas à un témoin une semblable question.

M. PERSIL. Ce n'est pas à une question, mais à une inconvenance de l'avocat, que vous répondez.

52

Me Michel. Il n'y a d'inconvenant que votre interruption.

M. Persil. Je demande des réserves à cet égard, et que la réponse de l'avocat soit inscrite au procès-verbal.

Me Michel. Je le veux bien : on inscrira aussi, je pense, l'interruption qui a provoqué ma réponse.

M. le président. Le greffier en prendra note.

M. Gisquet. Des fonds que ma maison devait recevoir de Rouen, n'étant pas arrivés le samedi, on ne put pas payer; mais je suis arrivé le dimanche et les caisses étaient ouvertes le lundi.

M. Bascans. M. le président, je vous demanderai à faire une observation. Vous avez entendu M. Gisquet vous dire qu'il n'était point agent du gouvernement; qu'il n'a été dans le second marché que simple spéculateur. Il avait pour son compte particulier un commis à Londres, chargé de surveiller l'opération des fusils. Je prie M. le président de demander à M. Gisquet si ce commis, qui est M. Handel, n'a point reçu pendant son séjour à Londres la décoration de la Légion-d'Honneur.

M. le président. Mais cela n'a aucun rapport au procès. M. Gisquet, allez vous asseoir.

M. Bascans vivement. Mais, monsieur le président, il me semble que c'est à nous qu'il appartient d'apprécier l'importance des questions que nous adressons. Quand nous voulons faire constater un fait, nous avons bien nos motifs, et nous saurons bien dans la discussion en tirer les conséquences favorables à notre défense.

M. le président. Je dois écarter toutes les questions étrangères au procès, pour ne pas prolonger inutilement les débats.

M. Vigier.

M. le président. Vous êtes cité pour déclarer ce que vous savez de relatif aux marchés des fusils anglais. — R. Je vais vous dire tout ce que je sais à cet égard. Au mois de décembre dernier, j'appris à Londres, par les journaux anglais, qu'il s'agissait d'une fourniture de 200,000 fusils à faire pour la France. Je résolus de tenter la concurrence pour cette fourniture. On m'avait dit que c'était un M. Gisquet que j'aurais pour concurrent. J'écrivis à M. le ministre de la guerre pour le prier de m'admettre à la concurrence. J'avais même préparé déjà quelques pièces d'échantillons. Peu de jours après, j'arrivai à Paris. Je demandai une audience à M. le ministre de la guerre. J'avais vu à Londres M. Gisquet ainsi que sa demoiselle, et nous avions fait ensemble le voyage de Paris.

L'audience que j'avais demandée me fut accordée; on me demanda mes conditions, je répondis qu'il convenait, avant de les faire connaître, que je susse si le marché était ou n'était pas conclu avec d'autres; on me répondit qu'il l'était avec M. Gisquet. Je dis alors : Je n'ai plus rien à proposer; mes fournisseurs auraient été les même que ceux de M. Gisquet, et ces fournisseurs ne peuvent pas livrer à deux négocians. Cependant on me demanda quel eût été mon prix? je répondis que j'aurais livré les fusils à 31 fr. 25 cent. rendus à Calais. On me témoigna alors une espèce de regret d'avoir traité avec M. Gisquet, et l'on ajouta que l'on ne recevrait que des fusils de calibre français, provenant des manufactures de Londres ou de celles de Birmingham. Nous en restâmes à peu près en ces termes.

M. le président. Avez-vous entendu parler de pots-de-vins ? — R. Je n'ai su que ce que les journaux en ont dit. Allez vous asseoir.

M. Clarck jeune.

Je viens au nom de M. Clarck aîné, mais je préviens messieurs les jurés que l'assignation n'a pas été faite en mon nom ; nous sommes associés, et notre maison est connue sous le nom de Clarck et compagnie.

M. le president. Que savez-vous de relatif à l'accusation. — R. Au mois d'octobre dernier, M. Clarck alla à Londre ; il avait l'intention de proposer des armes au gouvernement français. Vers le 15 du même mois nous demandâmes à soumissionner pour 200,000 fusils. Nous les proposions au prix de 30 fr., livrables dans quatre mois. Plus tard nous proposâmes de fabriquer des platines anglaises, des canons et des baguettes, le tout à la forme française. Nous finîmes par traiter pour une fourniture de 30,000 fusils ; mais des difficultés ne tardèrent pas à s'élever, et nous sommes maintenant en procès avec l'autorité. — D. Est-ce là tout ce que vous savez ? — R. Oui, M. le président. — Dans ce cas, allez vous asseoir.

M. Persil, cherchant des yeux dans tout l'auditoire. MM. les prévenus ne diront pas que nous sommes trop sévères ; j'ai laissé extraire de Ste-Pélagie, MM. Mané, Antony Thouret et Gervais ; certes c'était porter la complaisance bien loin ; devais-je m'attendre à des regrets ? Eh ! bien, messieurs, M. Gervais a disparu. (Eclats de rire dans tout l'auditoire. Applaudissemens dans certaines parties de la salle.)

M. Schenal.

M. le president. Savez-vous si M. le ministre de la guerre a fait avec des négocians anglais, un marché pour des fusils ?

M. Marrast. M. Schenal a été assigné pour fixer les dates, et pour corroborer la déposition de M. le général Lamarque.

M. le president, au témoin. Savez-vous s'il a été fait la proposition de racheter les fusils de la Vendée ? — R. Oui.

D. A quelle époque ? — R. Au mois d'octobre 1830. — D. Cette proposition a-t-elle été acceptée ? — R. Oui, M. le président. Je devais moi-même livrer ces fusils en bon état au prix de 17 ou 18 fr. — D. A quelle époque ces marchés ont-ils été interrompus ? — R. Au mois de janvier. — D. Par qui ont-ils été interrompus ? — R. Par M. le maréchal Soult. Au reste, n'aurait-on pas rompu officiellement, l'on m'aurait forcé à rompre moi-même. Depuis long-temps on m'avait dit qu'on ne voulait plus de ces fusils.

M. CABET.

Je regrette de ne rien savoir qui puisse éclaircir la vérité et assurer la défense d'écrivains patriotes et éclairés. Je ne sais même pourquoi j'ai été assigné.

M. le président. Avez-vous connaissance des marchés conclus par M. le maréchal Soult avec des fabricans d'armes anglaises ? — Non, M. le président.

M. Marrast. En sa qualité de député, M. Cabet n'aurait-il pas reçu des plaintes dans lesquelles on l'aurait engagé à provoquer des explications au sujet de ces marchés ?

54

M. le président. Je ne vois pas ce que cette question peut avoir de commun avec la défense.

M. Bascans. Nous croyons justement le contraire. Nous demandons à M. Cabet s'il a connaissance de ce fait.

M. le président. Vous ne devez pas interroger le témoin sur une opinion. Les témoins doivent déposer sur des faits, et sur des faits relatifs à l'accusation ; or la question que vous faites n'étant pas une question de fait, je n'ai point à la poser au témoin.

M. Marrast. Je suis désolé d'être continuellement obligé d'insister ; mais je ne puis pas non plus négliger ma défense.

M. le président. Vous ne pouvez pas non plus répondre à mes observations. Un témoin répond de ce qu'il a vu ou de ce qu'il a entendu, et non pas d'autre choses. Les députés, par leur position, sont à même d'entendre des plaintes de tous les côtés : si nous voulions écouter toutes ces plaintes, nous n'en finirions pas.

D. Avez-vous connaissance de quelque fait. — R. Je ne puis pas précisément citer des faits, mais je puis exprimer des soupçons assez graves pour que l'on m'ait prié de demander des explications à la chambre. — D. Encore une fois, sont-ce des faits ? —R. Si c'était des faits je les aurais déjà signalés. — Allez vous asseoir. —

M. Paulin, gérant du *National.* Au mois d'avril, on parlait beaucoup de marchés de fusils. Le *National*, ainsi que les autres journaux, eut alors à s'occuper de ces affaires-là, car les bruits qui couraient étaient publics et graves à cette même époque. M. de Corcelles présenta à la chambre des députés deux fusils dont l'un était de fabrique française et l'autre de fabrique anglaise. Ces fusils, comme on l'a su, étaient fort mauvais ; ils furent déposés au bureau du *National*, et le *National* invita le public à les venir examiner. Nous pensâmes ensuite que le meilleur moyen de rendre le public juge, et bon juge, était de faire faire la description de ces armes. Il fut reconnu qu'elles étaient de qualités détestables. Des officiers d'artillerie nous firent dire, après un premier article, que nous pouvions nous être trompés en nous en rapportant à la clameur publique ; de nous présenter à leur bureau, et qu'ils nous mettraient à même de juger avec connaissance de cause. J'aillai une fois avec M. Armand Carrel, rédacteur en chef du *National*, au dépôt de l'artillerie. Ces messieurs me dirent que le fusil de modèle français était de fort mauvaise qualité. Nous leur demandâmes ce qu'ils pensaient du prix : ils nous répondirent qu'ils ne pouvaient pas juger du prix, mais seulement du mérite du travail : au surplus, ou ne devait guère s'occuper du prix. Nous les interrogeâmes alors sur les fusils Gisquet. Ces messieurs nous dirent qu'on pouvait s'en servir sans grand danger, mais que le danger n'était pas bien grand non plus pour ceux contre lesquels on les tirerait. (On rit.) Nous conclûmes de tout cela qu'on voulait infester la France de mauvaises armes. C'est même le mot dont se servit l'un de ces officiers.

M. le président. Vous pouvez maintenant vous asseoir.

M. Marrast. Je désirerais que M. Paulin voulût me dire, s'il n'a pas eu connaissance des bruits que j'ai signalés dans mon article.

M. le président. Un article de journal n'est pas un fait ; ainsi, je n'ai pas à interroger le témoin à ce sujet.

M. PAULIN. Pour moi, je ne me rappelle pas au juste tout ce que l'on disait alors; mais il courait des bruits vagues, au point que j'ai cru devoir en parler dans *le National*.

M. LE PRÉSIDENT. Vous parlez ici de votre conviction particulière.

M. PAULIN. Et de celle d'un très grand nombre de personnes : il y avait sous ces marchés quelque chose de très vilain. J'ai à cet égard une conviction très complète, et ce sont les divers propos que j'ai entendus qui m'ont formé cette conviction.

M. MARRAST. Il est encore un fait très important qu'il faut éclaircir : M. Ganneron a nié un propos qu'il a tenu dans le temps avec M. Arrago. Je prie M. Paulin de vouloir bien nous en dire un mot.

M. PAULIN. Je n'étais pas présent, mais M. Arrago me rappela cette conversation quelque temps après. Je me souviens très bien de ce que M. Arrago m'a rapporté.

M. BLAQUE-BELAIR.

M. LE PRÉSIDENT. Que savez-vous relativement à l'accusation ? — R. Je prie M. le président de m'adresser les questions sur lesquelles il veut que je réponde.

M. MARRAST. J'avais fait assigner M. Blaque-Belair relativement à un marché de plomb.

M. BLAQUE - BELAIR (riant). AH! S'IL ÉTAIT QUESTION DE PLOMB, CE SERAIT AUTRE CHOSE !

M. LE PRÉSIDENT (vivement). *Si votre déposition n'a pas de rapport avec le procès, vous pouvez vous retirer.*

M. RASPAIL.

M. LE PRÉSIDENT. Votre demeure?

M. RASPAIL. Sainte-Pélagie. (Sensation.)

D. Connaissez-vous les prévenus. — R. Oui M. le président. J'ai eu avec ces messieurs de fréquens rapports de patriotisme.

D. Connaissez-vous quelque chose de relatif à l'accusation. — R. J'ai entendu plus d'une fois parler de deux marchés conclus à Londres : l'un secret, l'autre patent, et les personnes dont je tiens ce propos sont graves, et tout-à-fais dignes de confiance.

M. A. THOURET. Je renonce, pour ne pas prolonger les débats, à faire adresser de nouvelles questions à d'autres témoins.

M. MARRAST. J'ai fait assigner M. Berniel pour lui adresser quelques questions relativement à M. Vandermeth. Je lui demanderai d'abord si M. Vandermeth n'a pas offert ses fusils à 26 francs avant le marché de M. Gisquet.

M. LE PRÉSIDENT. C'est ce qui a été déjà dit.

M. MARRAST. Je demanderai encore au témoin si la proposition de M. Wandermeth n'a pas été discutée dans un ministère, chez M. Casimir Perier, par exemple ? — R. C'est ce que je ne puis pas savoir, mais je le pense, car M. Wandermeth était très lié avec M. Casimir Perier.

M. LE PRÉSIDENT. Vous voyez bien que la déposition du témoin sort des débats.

M. LAMOTHE AÎNÉ.

Au mois de juillet 1830, des fabricans de Saint-Etienne firent des démarches auprès de l'autorité. Comme membre de la chambre des communes, je fus chargé de faire des démarches auprès de M. Gasparin. Les fabricans firent dire au préfet qu'ils entendaient jouir de toutes leurs prérogatives de fabricans français , qu'en conséquence ils allaient fabriquer des armes de guerre ; ils annonçaient même qu'en cas de refus, ils emploieraient des moyens de rigueur. Qu'ils voyaient le monopole avec peine, qu'il fallait en finir... Enfin, ils m'engagèrent à m'adresser aux autorités supérieures. Je vins à Paris. Je m'adressai au maréchal Gérard, et je lui remis la demande qui m'avait été confiée. Mes démarches ne réussirent pas. Enfin, en octobre ou plutôt en novembre, j'eus connaissance du départ du duc d'Orléans, qui devait passer par St-Etienne. Je profitai de cette occasion pour demander encore l'abolition du monopole ; je présentai une nouvelle demande au duc d'Orléans, au nom du commerce. M. le duc d'Orléans me fit de très belles promesses , c'est tout ce que j'en eus.

Plus tard je fus encore nommé par les fabricans pour présenter une autre demande que je remis au colonel d'artillerie. Mais, autant que j'ai pu m'en apercevoir, on avait déjà fait des demandes en Angleterre, et on dut les faire au mois de novembre. Enfin, j'ai été constamment éconduit, et toutes les promesses qui, à diverses reprises, m'ont été faites, n'ont été que des jongleries. Les fabricans de notre ville n'ont pas obtenu une seule commande ; seulement quelques fabricans venus de Paris ont reçu une demande dont le résultat s'est élevé à vingt-quatre mille fr. Le reste des fonds ministériels est passé dans les manufactures anglaises.

M. le président. Rien de tout cela n'a trait au procès.

M. Marrast. M. Lamothe, en sa qualité de président du commerce de Saint-Etienne, peut nous donner de très utiles renseignemens, soit sur la quotité, soit sur la quantité de fusils que cette ville pourrait fournir.

M. le président. Il ne s'agit pas de savoir si Saint-Etienne peut ou non livrer de bons fusils, et les livrer en grand nombre ; il s'agit de savoir s'il a connaissance des faits imputés aux accusés.

M. Marrast. Nous nous sommes plaints de ce que le gouvernement avait négligé de faire ces fournitures dans les fabriques françaises, et l'on a répondu que l'on n'avait eu recours aux fabriques anglaises, que par l'insuffisance des nôtres. M. Lamothe pourrait mieux que personne nous dire si nos fabriques auraient pu livrer des armes en assez grand nombre, en bonne qualité, et à quel prix,

M. Lamothe. Certainement l'on fabrique à Saint-Etienne d'excellens fusils. Dans moins de cinq mois , notre ville aurait pu livrer le nombre que nous avons tiré d'Angleterre.

M. Marrast. À quel prix ?

M. Lamothe. A 28 francs.

M. Bascans. Il n'y avait qu'un petit inconvénient à tirer les fusils des ateliers français, c'est que nous aurions pu les avoir cinq mois plus tôt.

M. le président. Vous n'avez pas d'observations à faire.

M. Lachèvre confirme les faits relatifs à la proposition de M. Wandermeth.

M. Ancelin déclare que M. Wandermeth aurait pu, dans le temps, livrer à 25 fr. d'excellens fusils, tandis qu'on en a payé de très mauvais 35 fr.

M. MATHIEU DUMAS.

M. LE PRÉSIDENT. Veuillez nous dire tout ce que vous savez sur les faits du procès.

M. MATH. DUMAS. Je ne puis constater que ce qui est à ma connaissance.

M. LE PRESIDENT. Relativement à l'armement de la garde nationale que savez vous?

M. DUMAS. Ayant été nommé inspecteur général des gardes nationales de France, l'armement fut l'objet de toute ma sollicitude. Je reconnus bientôt l'impossibilité de trouver des moyens extraordinaires pour compléter l'armement de cette milice citoyenne, chargée de veiller à la sûreté intérieure et extérieure du pays. Je m'adressai à M. le ministre de la guerre, qui était alors M. le maréchal Gérard; j'eus l'honneur de correspondre fréquemment avec lui; nous cherchâmes l'un et l'autre à nous procurer par tous les moyens possibles le nombre de fusils nécessaire; un peu plus tard, au mois d'octobre, je me trouvais dans le cabinet de M. le ministre de la guerre : on lui avait apporté 3 fusils de fabrique anglaise; ils furent examinés en ma présence. Je ne devais pas être individuellement consulté, aussi ne le fus-je pas; ce furent des officiers d'artillerie qui firent l'examen de ces trois fusils-modèles; mais je dois dire qu'ils furent jugés bons, seulement ils étaient d'un calibre inférieur à ceux de fabrique française.

On les trouva excellens pour en armer les gardes nationales, et l'on réserva tous ceux de calibre français pour la ligne, en cas de guerre. Ces fusils étaient sans doute bien inférieurs au modèle de 1822.; mais l'essentiel était d'avoir des fusils, et nous nous trouvions très heureux d'avoir ceux-là. Nous résolûmes de nous en procurer le plus grand nombre possible. Depuis cette époque, je n'ai pas eu occasion de voir les mêmes personnes, et je n'ai pas eu connaissance des marchés qui ont été passés; je me suis entièrement retiré depuis le mois de décembre, époque à laquelle M. le général Lafayette donna sa démission. Depuis, le roi m'ayant fait l'honneur de me nommer à d'autres fonctions, je ne me suis plus occupé de l'achat des fusils.

M. LE PRESIDENT. Vous n'avez donc pas connaissance du marché que M. le maréchal Soult a conclu avec les négocians anglais?

M. DUMAS. En aucune manière.

D. Auriez-vous entendu parler de pot-de-vin, à l'occasion de ce marché?—R. Pas du tout.

M. CHEVALIER THIERRY.

M. LE PRÉSIDENT. Avez-vous entendu parler d'un pot-de-vin que M. le maréchal Soult aurait eu à l'occasion d'achats de fusils?

M. CHEV. THIERRY. Je n'ai pas de faits positifs à alléguer.

M. LE PRÉSIDENT. Auriez-vous des renseignemens?

M. CHEV. THIERRY. Comme renseignemens je pourrais citer certains faits.

M. LE PRESIDENT. Ces faits sont-ils à votre connaissance personnelle?

M. Chev. Thierry. Oui, monsieur le président, j'ai su que M. Gisquet était allé en Angleterre pour achat de fusils anglais ; *j'ai appris aussi la suspension des paiemens de la maison Gisquet, ce qui m'a beaucoup étonné, car je connaissais les relations de la maison Gisquet avec la maison Perier.*

M. le président vivement. Ces faits ne sont pas relatifs au procès.

M. Chev. Thierry. Je vous demande pardon, monsieur le président. Ces faits peuvent jeter quelques éclaircissemens dans le procès ; cependant, si vous le voulez, je ne parlerai pas. (Murmures prolongés.)

M. Bascans. C'est inconcevable !

M. Chev. Thierry. On me dit ensuite que M. Gisquet avait obtenu l'adjudication de ces marchés. Je crus que c'était une indemnité que la maison Gisquet voulait accorder à la maison Perier, parce que cette dernière maison a, depuis long-temps, de grands intérêts dans la maison Gisquet. Je crus que la maison Perier avait intérêt à assurer la solvabilité de la maison Gis......

M. le président, avec promptitude. Puisque vous ne savez rien de rélatif aux débats, je vous invite à aller vous asseoir.

M. Tugnot, colonel d'artillerie, chef de l'armement au ministère de la guerre.

M. le président. Avez-vous eu connaissance d'un marché conclu entre M. Wanderneck et M. le ministre de la guerre ? — R. Non, M. le président.

D. Avez-vous entendu parler d'un marché avec la maison Clarcke ? — R. Oui M. le président. La maison Clarcke s'était engagée à fournir plusieurs milliers de canons, de bayonnettes et de platines, mais ce marché a été résilié.

M. le président. L'on a parlé encore d'un marché qui aurait eu pour but de racheter tous les fusils de la Vendée ; mais auriez-vous eu connaissance d'un autre marché Chénard ?

M. Tugnot. Oui, M. le président. Ce marché a donné des résultats très faibles, et je dois dire que c'est sur la proposition de M. le général Lamarque lui-même que ce marché a été résilié.

M. Bascans. Ce n'est pourtant pas ce qu'a déclaré M. le général Lamarque ; il a dit tout le contraire.

M. Bascans. Je prierai M. le président de demander au témoin si, il y a quelque temps, il n'a point exprimé lui-même à M. Bowring, membre du parlement d'Angleterre, sa surprise sur l'*excessive* cherté des fusils.

M. Tugnot. Je connais beaucoup M. Bowring ; mais je ne me rappelle point qu'il ait été question de cela entre nous.

M. Bascans, vivement. J'affirme positivement que je tiens ce fait de M. Bowring lui-même, qui me l'a déclaré à Londres il y a aujourd'hui quatre jours.

M. Marrast. Je prie le témoin de vouloir bien s'expliquer sur la proposition de M. Vigier.

M. Tugnot. M. Vigier nous avait offert des fusils anglais ; mais le marché avec M. Gisquet se trouvant signé, je dis à M. Vigier qu'il s'y prenait trop tard.

M. Marrast. Je demanderai à M. Teugnot, si, dans ce moment-là, il ne dit pas à M. Vigier, qu'il n'admettrait que des fusils de calibre français.

M. Tugnot. Je ne puis pas me rappeler tout ce que je puis avoir dit dans une conversation particulière.

M. le président. Il n'y a plus de témoins à entendre.

M. Marrast. Je demande que M. Cauchois-Lemaire soit entendu.

M. le président. Il n'est pas ici ; on le fera prévenir.

M. Marrast. Dans ce cas, je demanderai à faire entendre, encore M. Ganneron. (M. Ganneron est introduit.) N'y aurait-il pas eu encore un M. Courvoisier qui aurait offert de fournir des fusils ?

M. Ganneron. Oui, mais M. Courvoisier n'en voulait fournir que cinq mille, et il ne me parla ni de calibre ni de modèle. Ensuite, M. le ministre de la guerre ayant conclu d'autres marchés, il ne fut plus parlé de M. Courvoisier,... Messieurs, je desire faire comprendre à la cour qu'étant étranger à tous ces débats, je ne puis pas avoir dit, ainsi qu'on l'a prétendu, qu'avec moi il n'y avait pas de *tour de bâton* ; je ne me rappelle pas du tout avoir tenu ce propos. Si je l'eusse tenu, je m'en souviendrais.

Tout ce dont je me souviens, c'est que M. Arrago m'en parlant il y a quelque temps, je lui dis que je le croyais dans l'erreur. M. Arrago prétend que je suis allé chez lui ; qu'après avoir parlé de différentes choses, je lui dis, à propos du marché des fusils, qu'avec moi il n'y avait pas à faire de *tour de bâton*. Il est impossible, messieurs, que j'aie dit cela.

M. Arrago (traversant l'auditoire avec précipitation). Je demande à me justifier ; car il faut bien que je me justifie, puisque je suis accusé d'avoir prêté à M. Ganneron un langage qu'il prétend n'avoir pas tenu. Ce qu'il y a de certain, c'est que M. Paulin, gérant du *National*, se rappelle très bien que je l'en ai prévenu dans le même moment, et que je lui ai nommé M. Ganneron; ensuite je suis convaincu que les personnes qui m'ont entendu répéter ce propos ici avec tant de précision et tant d'assurance ne douteront pas un instant de ma sincérité. Au reste, si M. Ganneron veut des dates, je lui en citerai une : c'est le jour qu'il est venu avec M. de Laborde chez moi, pour me prier de le rayer de la liste de l'*Association nationale*, qu'il me raconta ce qu'il savait des ministres.

M. Ganneron. C'est une erreur.

M. Arrago. Ne m'avez-vous pas dit d'abord, en ma qualité de député et pour ne pas me mettre mal avec plusieurs de mes collègues, je vous prie de vouloir bien rayer mon nom de la liste.

M. Ganneron. Non, monsieur, je ne vous ai pas dit cela.

M. Arrago. Je vous demande pardon, monsieur, vous me l'avez dit; et c'est à la suite de cette conversation que vous m'avez dit qu'il n'y avait pas avec vous de tour de bâton à espérer. Au reste, je jure que ce que je viens de dire est vrai.

M. Ganneron. Non, monsieur; rappelez-vous que les élections n'étaient pas encore faites.

M. Arrago vivement. Elles étaient faites.

M. Ganneron. Non, monsieur ! — Si ! si ! monsieur.

Les deux témoins se séparent au milieu du plus violent tumulte.

Il est 8 heures ; l'audience est levée et renvoyée à demain neuf heures. Des conversations particulières très vives s'engagent entre plusieurs témoins.

AUDIENCE DU 30 OCTOBRE 1831.

L'affluence est immense, comme à la dernière séance. L'enceinte réservée à MM. les avocats est entièrement remplie. Un grand nombre de personnes circulent dans les couloirs extérieurs, sans pouvoir pénétrer dans la salle.

A dix heures un quart MM. les jurés sont sur leurs siéges ; à dix heures et demie la cour entre séance.

M. LE PRÉSIDENT. L'audience est ouverte. M. Cauchois-Lemaire est-il présent ?

M. Cauchois-Lemaire se présente et répond aux questions d'usage.

M. LE PRÉSIDENT. Avez-vous connaissance des faits du procès.

M. CAUCHOIS-LEMAIRE. Je n'ai d'autre connaissance de ces faits que celle qui résulte de conversations et de l'opinion publique. Mais avant de répondre sur le fait pour lequel j'ai été appelé devant vous, j'aurai quelque chose à dire.....

M. LE PRÉSIDENT. M. Cauchois-Lemaire, vous ne pouvez parler que sur le fait pour lequel vous êtes appelé. Voici le seul renseignement sur lequel vous êtes appelé à vous expliquer : avez-vous été témoin d'une conversation qui a eu lieu entre M. Brémont et M. Poubel ?

M. CAUCHOIS-LEMAIRE. Mais hier il a été fait des réflexions par M. le procureur-général sur le fait même qui m'amène ici, et qui pourraient avoir une influence fâcheuse dans le public, et qui nécessite de ma part des expltcatious.

M. LE PRÉSIDENT. Appelé eu vertu du pouvoir discrétionnaire du président, vous ne pouvez être entendu que sur la conversation entre M. Poubel et M. Brémont. L'avez-vous entendue ?

M. CAUCHOIS-LEMAIRE. Je n'étais pas présent à cette conversation, dont vous venez de parler ; mais j'ai entendu le propos dont il s'agit, de la bouche même de M. Brémont. Mais avant de donner des explications sur ce propos, je dois vous présenter un petit historique, sans cela, mes explications ne seraient pas claires.

M. LE PRÉSIDENT. Vous avez eu connaissance de ce qui s'est passé dans la séance d'hier ; vous ne pouvez pas répondre à ce qui s'y est dit.

M. CAUCHOIS-LEMAIRE. Si cos détails me sont interdits, je serai obligé de garder le silence. Des inductions ont été tirées hier d'une déposition, par M. le procureur-général, et sur lesquelles j'aurais quelque chose à dire avant de parler du propos dont il est question.

M. LE PRESIDENT. Expliquez-vous.

M. CAUCHOIS-LEMAIRE. J'étais rédacteur en chef du *Constitutionnel* au mois de décembre 1830; j'y trouvai M. Brémont dont je fis alors la connaissance pour la première fois. Il avait beaucoup d'activité; il nous rendit de très grands services dans ce moment où les événemens se pressaient; il venait nous raconter les nouvelles qu'il recueillait dans les salons ou dans les bureaux ministériels. Voulant donner un caractère plus précis à ses relations, il me demanda une espèce de circulaire qui le fit connaître comme rédacteur du *Constitutionnel*, et empêchât de croire qu'il n'obéissait qu'à une vaine curiosité ou à de plus mauvais motifs. Comme chef de la rédaction du *Constitutionnel*, je crus pouvoir signer cette lettre sans compromette mon patriotisme. Je ne voulais des renseignemens que pour comparer les nouvelles qui nous arrivaient par notre correspondance et arriver à connaître la vérité.

C'est ici que je répondrai à ce qu'a dit M. le procureur-général, qu'on fesait abus de ces renseignemens, qu'on les dénaturait pour égarer l'opinion publique. Eh bien ! je ne prenais ces renseignemens que les pour comparer aux nouvelles que nous donnait la correspondance, pour tâcher de trouver la vérité, et ne calomnier personne. M. Brémont, par suite de ses relations, vint me dire qu'il était question d'un grand marché de fusils.

Ce projet me contraria beaucoup parce que j'aurais désiré qu'on engageât les communes à se cotiser pour faire des fonds et donner du travail aux ouvriers français. Cependant je rendais grâce de cet empressement à armer la garde nationale pour repousser une invasion possible, et je pardonnais qu'on s'adressât à l'étranger pour avoir des armes qu'on disait ne pas pouvoir se procurer assez tôt en France. Je cessai peu de temps après de faire partie de la rédaction du *Constitutionnel*.

Je ferai observer qu'à l'époque où j'ai dirigé, *le Constitutionnel* était fort rapproché des barricades. J'avais des amis parmi les fonctionnaires publics, même parmi les ministres ; on vivait alors, pour ainsi dire, en famille ; on n'avait pas encore eu l'idée, que je sache, d'établir le gouvernement national sur les bases de la sainte-alliance. (Mouvement dans l'auditoire.) J'insiste beaucoup sur cette date de nos relations ministérielles. (Profonde sensation).

Depuis, et pendant plus d'une année, j'ai cessé d'être à la tête de la rédaction. Dans cet intervalle, M. Brémont ne me rendait plus compte comme à un rédacteur en chef ; mais, me parlant comme à un simple rédacteur, revint sur les marchés de fusils ; me dit qu'un des ministres, que M. Casimir Perier (je crois qu'il le nomma) et M. Gisquet étaient singulièrement compromis dans ces marchés. J'avais déjà entendu tenir ces propos souvent, mais d'une manière peu précise. Je n'insistai pas. Ma mémoire ne me rappelle rien de plus.

M. le président. Etiez-vous présent lorsque M. Bremont tint à M. Poubel le propos qui a été rapporté ?

M. Cauchois-Lemaire. Non, monsieur ; M. Poubel n'était pas présent, et le propos me fut tenu par M. Brémont dans l'embrasure d'une fenêtre au *Constitutionnel* ; c'est, au reste, ce que j'ai entendu répéter depuis en vingt endroits.

Ces explications sont suivies d'un murmure général de satisfaction.

M. Dupont (de l'Eure) se présente et demande à la cour la permission de se retirer pour une affaire pressante, si toutefois MM. les jurés, les accusés et les parties ne s'y opposent pas.

M. Marrast. Je désirerais adresser une question à M. Dupont (de l'Eure). Je lui demanderai si, quand il s'agissait dans le conseil, de marchés de fusils anglais, M. le maréchal Soult ne montrait pas d'abord très peu de disposition à conclure celui qui était proposé par M. Gisquet, et si ce n'était pas une influence étrangère qui le fesait hésiter.

M. Dupont (de l'Eure). Cette circonstance n'est pas parfaitement présente à mon souvenir; je crois pourtant, sans pouvoir l'affirmer d'une manière positive, que M. Soult, dès les premiers jours de son arrivée au ministère, paraissait voir presque avec indifférence cette opération; il ne se montrait pas très empressé à conclure ce marché. Toutefois, il ne s'y opposait pas, et d'ailleurs son opposition n'eût pas résisté en présence de la nécessité, car tout le monde reconnaissait qu'il était urgent d'armer la garde nationale; et lorsqu'on demandait s'il y avait d'autres moyens que celui de s'adresser à l'étranger, on était obligé de reconnaître l'impossibilité de trouver en France des moyens suffisans.

M. Marrast. Hier, après la longueur des détails de cette longue déposition de témoins, nous n'avons pas intisté sur les contradictions de diverses dépositions, et qu'il importe à notre défense d'éclaircir. Je desirerais que M. Gisquet fût rappelé pour qu'il s'expliquât sur un fait, sur les causes de la résiliation d'un marché de 4,000 mille fusils.

M. Gisquet n'est pas présent.

M. Marrast. Je prie de rappeler M. Tugnot. Je voudrais lui demander s'il n'est pas à sa connaissance que M. Gisquet a été le premier informé du projet d'acheter des fusils en Angleterre; s'il n'est pas parti comme agent du gouvernement, et s'il n'est pas revenu porteur d'un contrat en son nom personnel, par lequel les fabricans anglais s'engageaient à ne pas livrer un seul fusil à autre personne qu'à lui.

Me Lavaux. Il a été signifié.

M. Marrast. N'a-t-on pas résilié, avant le marché Gisquet, un marché Olive, passé à 28 f., et à la condition que les fusils seraient du calibre français.

M. Tugnot. Ce marché n'a pas été résilié, il s'exécute toujours.

M. Marrast. Je demanderai encore si le comité de l'artillerie ne croyait pas que le prix de 28 fr., prix des fabriques françaises, était celui auquel on devait passer les marchés de fusils?

M. Tugnot. Il n'a pas été consulté. Le comité d'artillerie n'est consulté que sur les objets d'art. C'est une question qui tient à l'administion.

M. Marrast. La question est simple. Le comité d'artillerie n'est pas tellement étranger au prix de fabrication des fusils qu'il ne puisse être fixe sur le prix qu'on doit les payer. Je pense que c'est dans le comité central d'artillerie que se trouvent les seuls hommes qui puissent bien faire cetten appréciation. Je demande donc si le comité n'a pas exprimé cette opinion que le prix de 28 fr. était celui auquel les fusils devaient être achetés.

M. Tugnot. Je n'en ai pas eu connaissance

M. Marrast. Il reste constant au procès, qu'on a acheté des fusils à 34 f. 90 c. en Angleterre, quand on pouvait s'en procurer dans nos manufactures à 28 fr. Je demanderai à M. Tugnot s'il sait pourquoi on n'a pas accueilli la proposition de M. Sauquaire-Souligué, qui avait proposé des fusil à 24 fr.

M. Tugnot. Je n'ai pas eu connaissance de cette proposition.

M. Marrast. Je rappellerai que M. Tugnot a dit aussi qu'il n'avait pas eu connaissance de la proposition de M. Vandermerth , qui avait proposé d'en fournir à 26 fr.

M. Thouret. M. le président, je désirerais qu'on entendît M. le docteur Gervais.

M. Persil. Hier, par trop de condescendance , j'avais autorisé l'extraction de M. Gervais , et il en a profité pour s'évader.

Me Bethmont. Je ferai observer que M. Gervais est en état d'arrestation provisoire : qu'il a profité d'une occasion qui s'est présentée , pour faire une promenade de famille , mais que le soir il s'est religieusement représenté. (On rit.)

M. le président. Mais hier vous aviez renoncé à l'audition des témoins.

M. Thouret. Pensant que les débats auraient été terminés hier, je n'avais pas cru devoir les prolonger dans la nuit , mais puisqu'ils se renouvellent aujourd'hui ; je demande qu'ils soient entendus.

M. le président ordonne qu'ils seront amenés.

M. Marrast. Je désirerais faire entendre de nouveau le général Lamarque et le colonel Tugnot sur la proposition que le général avait faite au gouvernement , M. le colonel Tugnot a dit hier que c'était sur la proposition du général Lamarque que le marché relatif aux fusils à racheter dans la Vendée et conclu par M. Chenard avait été rompu.

M. Lamarque. Non messieurs ; tout au contraire, et j'ai été désespéré de cette rupture inconcevable au-delà de toute expression. Les choses furent poussées à tel point, qu'un de nos aides-de-camp qui s'est si bien distingué en Pologne, le général Langerman, avait acheté dans le Marais 150 fusils. J'ai eu infiniment de peine pour les faire recevoir à 15 fr. ; et cependant on aurait pu avoir 40 mille fusils en désarmant ainsi le Marais. C'est à mes yeux une chose inexplicable, et je n'ai jamais pu concevoir pourquoi on n'avait pas voulu désarmer la Vendée.

M. Tugnot. Je me rappelle bien qu'on m'a dit que c'était sur la proposition du général Lamarque que ce marché avait été rompu. Au surplus , beaucoup de plaintes avaient été faites par les directeurs de l'artillerie sur ces fusils , et, de plus, ils ne coûtaient pas seulement 15 fr. On en a payé jusqu'à 20 fr. ; et, depuis que les préfets sont chargés de ces rachats, ils ne reviennent plus qu'à 10 fr. au gouvernement,

M. Marrast. Je demanderai à M. Tugnot de vouloir bien nous dire combien il y a eu de fusils achetés dans la Vendée depuis que les préfets sont chargés de faire les désarmemens à 5 fr., et combien il y en a eu quand c'était un particulier qui avait de l'influence dans le pays qui était chargé de ces achats.

M. Tugnot. Je ne sais pas combien l'artillerie en a reçu, on n'a pas fixé de prix, et il n'y a pas de directeur qui en refuse.

M. le général Lamarque. C'est sur ma proposition que ce marché a été conclu , et ce n'est certainement pas moi qui ai engagé à le rompre. Il devait en résulter un double avantage ; on se serait procuré 40 mille fusils à très bon marché, et d'un autre côté , on aurait désarmé des ennemis dangereux. Il fallait mettre des fonds à la disposition des préfets. En très peu de temps, 900 fusils furent achetés à 3 f. 25 c., et j'ai été obligé d'écrire trente lettres pour les faire payer. Je suis convaincu qu'on les aurait tous eus à 7, 8 et 10 fr. J'ai eu tant de peine pour obtenir le paiement des 150 qui avaient été achetés dans le Marais , que j'ai cru que je serais obligé de les payer de ma poche.

Il n'était pas seulement avantageux d'acheter ces fusils, c'était encore politique; et eût-il fallu les payer 50 fr., qu'on aurait dû les acheter. Si on avait voulu, le Marais serait aujourd'hui désarmé. Je ne puis trop le répéter messieurs, je l'ai déjà dit à la chambre, je ne comprends pas pourquoi on n'a pas voulu désarmer la Vendée, il y a là-dessous, à mes yeux, UN MYSTÈRE IMPÉNÉTRABLE.

M. GISQUET.

M. MARRAST, d'un ton ferme. Il résulte de la déposition faite hier par M. Gisquet, qu'il est parti de Paris pour Londres, comme agent du gouvernement, et qu'il en est revenu spéculateur. Je lui demanderai de s'expliquer à cet égard.

M. GISQUET. Je suis parti, et je suis revenu en qualité d'agent du gouvernement. J'avais la mission d'acheter 300,000 fusils, et j'ai eu l'honneur de dire hier que je n'en avais d'abord acheté que 36,000, que je soumis à M. le ministre de la guerre. Ce premier envoi fait, je suis revenu à Paris pour demander la ratification du traité, que les embarras du ministère, ou le défaut d'argent ne permirent pas d'accepter pour le moment. Il était stipulé que les fusils seraient payés comptant, et la fourniture s'élevait à 19 millions. Mais remarquez bien qu'alors le gouvernement ne me dit pas qu'il ne voulait pas traiter avec moi, mais qu'il fallait attendre ; que plus tard peut-être il pourrait accepter ce marché. Quant à présent, il se bornait à des négociations purement diplomatiques. Quelques jours se passèrent ainsi en négociations, et ensuite le ministre me fit appeler et me demanda si je voulais lui vendre des fusils. Ce n'est qu'alors, messieurs, que je commençai à opérer pour mon propre compte.

M. MARRAST. M. Gisquet ayant traité comme spéculateur, et des fonds ont été faits par M. Rotschild, je le prie de vouloir bien me dire si c'est pour son compte à lui M. Gisquet que M. Rotschild fesait les fonds de cette spéculation ou si c'était pour le compte du gouvernement.

M. GISQUET. Dans la commission dont je m'étais chargé, le gouvernement devait fournir les fonds, et c'est précisément parce que M. le maréchal Soult n'a pas voulu faire ces fonds que je me suis autorisé à faire l'opération pour mon propre compte. M. Rotschild me connaissait, il avait confiance en moi. Il me fit les fonds nécessaires, mais il voulut avoir la garantie du gouvernement.

M. MARRAST. Je prie M. le président de vouloir bien faire appeler M. Rotschild qui a dit avoir fait les fonds directement et a prétendu n'avoir pas eu d'autre garantie que celle des fusils.

M. LE PRÉSIDENT. Cela a été déjà dit.

M. MARRAST. Il est important de signaler une instruction. Il s'agit de savoir si c'est pour M. Gisquet ou pour le gouvernement que M. Rotschild a payé.

M. GISQUET. M. Rotschild a dit la vérité en disant qu'il n'avait pas d'autre garantie que celle des fusils. Car ce n'est pas moi seul qui ai traité, ma maison était sous la raison de *Has* et *Gisquet*. Il avait été expressément déclaré que les mandats de paiement ne seraient délivrés que sur le reçu de M. Has.

M. Lavarino, l'un des témoins, demande à être entendu. Je suis allé chercher la lettre dont je vous ai parlé hier et je vous l'apporte.

M. LE PRÉSIDENT. Cette lettre n'est pas en entier.

M. LAVARINO. Je vous ai prévenu hier, M. le président, que cette lettre contenait des détails sur des affaires particulières et dont je ne dois pas permettre la lecture.

M. Bern, conseiller, avec gravité. Votre lettre n'a pas de caractère au-thentique : je n'y vois pas le timbre de la poste. *Nous n'avons pas besoin* de pièces comme cela.

M. Marrast. Nous n'insistons pas.

Mᵉ Michel. C'est surabondant, nous n'en avons pas besoin.

M. le président. Mᵉ Laveau a la parole,

M. le président, Avant que les plaidoiries commencent, je préviens encore les défenseurs qu'ils doivent s'exprimer avec réserve et modé-ration, ne jamais s'interrompre mutuellement, et se renfermer dans les faits du procès. La loi leur en fait un devoir.

Mᵉ Lavaux, avocat de M. le maréchal Soult, prend la parole et s'ex-prime en ces termes :

Après les glorieux événemens de juillet, on devait espérer que tant d'efforts et de patriotisme maintiendraient la concorde entre ceux qui, pendant quinze ans, avaient professé les mêmes doctrines et partagé les mêmes sympathies. Cependant, il faut bien le reconnaître, à peine le combat fut-il terminé, que la haine vint prendre place au milieu des combattans. Les uns, encore émus des désastres de 1814, voulurent venger une honte qu'ils n'avaient point oubliée ; les autres, animés d'aussi nobles sentimens, appréciant la situation du pays et de l'Eu-rope, redoutèrent de renouveler cette lutte longue et sanglante dont nous avons été témoins, et adoptèrent un système de paix qui déjoua des ambitions naissantes. De là ces attaques qui, depuis plusieurs mois, sont venues assaillir le cabinet actuel. Au nombre des agresseurs, et au premier rang, se place *la Tribune*.

Vous connaissez l'esprit de ce journal, et son langage amer. L'in-jure est son arme habituelle, et il faut des temps comme ceux-ci pour tolérer ce que nos habitudes réprouvent si hautement. Cependant tant qu'on a pu apercevoir une apparence de discussion politique au mi-lieu de ces insultes quotidiennes, le ministère a gardé le silence. On sait qu'il faut passer par la licence pour comprendre la liberté. Mais dès que de l'injure on est arrivé à la calomnie la plus odieuse, dès que deux ministres du roi, deux hommes placés à la tête des affaires, se sont vus accusés d'une action honteuse et flétrissante, une plainte a été formée, et vous en êtes saisis. Cette plainte a inquiété les prévenus. Ils ont cherché à donner le change sur la nature de leurs imputations ; puis, reprenant courage, ils ont tenté de tromper l'opinion par une apparente sécurité. Ce sont ces tentatives diverses que je vous ferai d'abord connaître, parce qu'elles serviront à caractériser le délit. Le fait diffamatoire établi, vous connaîtrez la vérité, que l'appréciation des débats rendra plus saillante encore. Le 9 juillet 1831, le journal *la Tribune* publia un article intitulé *situation grave*, et quelques jours après la lecture de cet article fut recommandé particulièrement à l'at-tention des lecteurs par l'article que je vais avoir l'honneur de vous lire :

Intérieur. Paris. — 8 juillet.

« Nous avons publié, il y a deux jours, l'article suivant. — Nous le reproduisons aujourd'hui. — Le silence du ministère donne aux faits que nous avons énoncés un caractère éclatant d'authenticité.—C'est un devoir pour nous de les répandre davantage. — Nous répondons d'ailleurs à des vœux que nous regrettons de n'avoir pu satisfaire aujourd'hui. — Nous fesons tirer cette fois à un nombre considérable.

« Quant à nous, sans pouvoir rassembler précisément des preuves juridiques sur ces faits, nous pouvons affirmer que nous avons à cet égard toute la certitude morale que peuvent donner des témoignages nombreux, des documens positifs, et l'autorité d'hommes d'honneur. S'il faut dire encore un mot, nous le dirons : c'est que nous pourrions apporter ici un témoignage personnel, car à nous aussi le parti a fait ses avances. Nous avons encore beaucoup d'autres faits à citer, et puisque le ministère nous y force, nous l'interrogerons sur un point plus délicat. — N'est-il pas vrai que, pour les marchés de fusils et de draps, M. Casimir Perier et M. le maréchal Soult ont reçu chacun un pot-de-vin qui serait de plus d'un million ? Ce marché des fusils est vraiment curieux à rappeler de nouveau.

« On achète en Angleterre, par l'entremise de Rotschild, 200,000 fusils, au prix moyen de 37 fr., tandis qu'ils coûtent en France 28 fr. (j'enfle ce chiffre). Il y a eu, dit-on, une commission de 7 fr. par fusil comptée à l'agent de Rotschild. Comptez bien : 1,400,000 francs…. Pourrait-on nous dire entre qui le bénéfice a été partagé ?

« Pour remplir ce marché, les manufacturiers de Birmingham, Anglais avant tout, ont acheté au gouvernement de leur pays tous les vieux fusils de la Tour de Londres, qu'ils remplacent par des fusils de nouveaux modèles, et ils nous ont expédié ce rebut. Quant à la fourniture de draps, c'est encore par M. Rotschild que le ministère a traité avec M. Smith, manufacturier à Leeds, pour une fourniture de 100,000 hommes. Je ne parle pas du pot-de-vin. Mais c'est lorsque les propriétaires de laine en France ne savent comment se défaire de leurs produits, lorsque les ouvriers sont sans ouvrage, c'est dans de telles circonstances que le gouvernement a envoyé les capitaux français à l'étranger, alors qu'il pouvait, par ses commandes, soutenir l'industrie française. Et les marchands de draps électeurs ont voté de tout cœur pour M. Perier ! Passe encore si les négocians de Londres s'étaient réunis pour frapper une médaille avec cette inscription : « Aux ministres du roi-citoyen français, protecteurs de l'industrie anglaise.»

« Le ministère nous répondra-t-il enfin ?   A. M. »

Je passe, messieurs, sur une accusation de trahison, ce sont là des débats politiques qui ne doivent pas figurer dans ce procès. Voilà dans quels termes on accusait les ministres du pays ! Voilà avec quelle indignité de langage leur conduite était signalée à la haine et au mépris public !

M. Marrast, comme vous le verrez, se dit homme public. Il annonce avec assurance que le ministère n'entrera pas en explication avec lui.

Deux jours après la publication du premier article, on augmentait diffamation. Le Premier jour on avait osé avancer que les ministres reçu un pot-de-vin d'un million. Le lendemain on dit : Nous avons son de porter cette accusation contre les ministres. Les preuves légales, positives, nous manquent peut-être, mais nous avons des preuves morales : je ne sais quelle notoriété, des témoignages honorables, des lettres, des attestations venues de Londres. Des poursuites sont dirigées contre l'auteur de cette odieuse diffamation. M. Marrast s'indigne, et voilà que dans sa feuille du 12 il imagine une lettre adressée à MM. Soult et Périer. Ecoutez, messieurs de nouvelles injures :

« A MESSIEURS CASIMIR PERIER ET SOULT.

« Messieurs,

« C'est moi qui vous ai attaqués ; c'est à moi que vous deviez vous en prendre, et cependant c'est au gérant du journal qu'est adressé ce soir un mandat de comparution devant le juge d'instruction. J'avais cru, messieurs, que vous vouliez venger votre probité d'hommes. Ce procédé aurait été, ce semble, plus loyal et plus digne ; car, c'est sur un point d'honneur très délicat que j'avais provoqué une explication. Des hommes, forts de leur conscience, n'auraient pas redouté l'épreuve des débats. Quant à vous, messieurs, votre manière d'agir me donne le droit de vous le dire : Vous avez craint que je n'exposasse hautement, publiquement à la France, comment la connaissance précise de plusieurs faits antérieurs a pu me conduire à élever sur votre compte des soupçons légitimes. Vous avez eu peur de me voir fouiller dans votre vie passée, pour établir que j'avais le droit de vous interroger, vous, messieurs, sur ces affaires d'argent, tandis que j'aurais repoussé comme impossibles les moindres doutes à cet égard, s'il se fût agi de ces hommes dont la réputation est complètement pure sous ce rapport.

« Mais je ne me crois quitte ni envers vous ni envers le pays. Je m'adresserai à la justice des magistrats, et je les prierai de m'entendre. Si mes efforts sont inutiles, l'opinion publique comprendra bien de quel côté est la vérité ! C'est l'opinion qui jugera entre celui qui veut la dire et ceux qui usent de leur puissance pour l'étouffer.

« Armand MARRAST. »

Je le demande, messieurs, à ceux qui m'entendent, je le demande aux hommes de bonne foi, est-il une vie, une position, même la plus obscure, qui permette de garder le silence en présence d'aussi odieuses imputations, d'aussi révoltantes diffamations? Est-il en effet rien de plus affreux que de dire à des hommes : Nous vous accusons d'avoir volé un million ; ce soupçon nous est venu, nous l'avons accueilli, nous l'avons accepté, parce que nous connaissions les hommes que nous attaquions? S'ils eussent été des hommes probes, honnêtes, ce soupçon ne nous serait pas venu ; mais nous avions affaire à des hommes dignes du plus souverain mépris! Ces paroles ont été proférées.

Vous allez voir maintenant, messieurs, avec quelle mauvaise foi, avec quelle perfidie l'opinion publique a été égarée jusque dans ces derniers temps ; comment on a tout fait pour lui faire prendre le change dans ce procès, et comment en même temps on a essayé de s'entourer de précautions pour échapper à une condamnation inévitable.

MM. Marrast et Bascans ont été interrogés. Je ne mettrais pas sous vos yeux, messieurs, cet interrogatoire, si les prevenus n'avaient jugé à propos de le tronquer. Vous allez en juger. Voici comment, dans leur feuille du 13 juillet dernier, ils rendaient compte de cet interrogatoire :

« Enfin nous aurons des juges. Nous avons reçu une assignation, et aujourd'hui même nous avons comparu devant M. Poultier, juge d'instruction, chargé d'instruire cette affaire.

« MM. Soult et Perier ont fait une plainte en diffamation, et c'est d'après cette plainte que nous sommes poursuivis.

« Ainsi que nous l'avions prédit, ces messieurs tiennent peu à une accusation de trahison : c'est sur l'affaire relative aux marchés que nous avons été interrogés. Voici le sommaire des questions et des réponses :

Le juge. Les expressions dont vous vous êtes servi constitueraient un fait de diffamation.

Reponse. Je n'ai pas avancé un fait, j'ai provoqué une explication ; et si la forme que j'ai employée semble s'éloigner un peu d'un simple doute, cela tient au peu de confiance que la conduite de ces messieurs m'a inspirée dans certains actes de la même nature.

D. Mais avez-vous des documens ? — R. Je les réserve pour la solennité des débats. J'ai déjà dit que je ne pourrai rassembler précisément des preuves judiciaires, mais j'en dirai assez pour que ceux qui auront pu me faire condamner devant les tribunaux soient eux-mêmes flétris par l'opinion. M. le juge d'instruction a voulu avoir une explication sur ce que nous avions prétendu dire dans cette phrase d'un autre article : « Nos accusations ne s'arrêtaient pas au ministère , elles « portaient plus haut.» On lui a répondu que, pour développer à l'aise toute sa pensée, l'auteur avait besoin de toute la latitude que donne le droit sacré d'une défense. Mais il désire ardemment qu'on lui fournisse l'occasion d'éclairer l'opinion publique sur des faits graves, et qui se rattachent tous à une vaste conspiration contre la liberté des peuples. — Il a refusé de donner d'autres explications. »

Ce n'est pas, dit-il, aux tribunaux à prononcer, c'est à l'opinion. A l'opinion ! mais vous allez voir, messieurs , qu'elle avait été trompée. Voici les termes même, exacts et complets, dans lesquels M. Marrast répondait dans son interrogatoire devant le juge d'instruction. Il s'exprimait ainsi :

« Je n'ai pas avancé un fait , j'ai seulement provoqué une explication ; s'il pouvait rester le moindre doute, il disparaîtrait bien vite par l'examen du mot *serait*, qui se trouve dans la même phrase.

« On objecte qu'il y a affirmation dans la phrase. C'est une question de grammaire dont la discussion viendra. Quels sont les faits ou documens pour appuyer cette assertion ? Je ne m'explique pas sur les documens. Je les réserve pour la solennité des débats ; mais je veux exposer ici par quelles raisons j'ai pu employer contre MM. Soult et Périer une expression plus vive que celle qui aurait pu me venir pour d'autres fonctionnaires. Ces raisons sont : 1e la connaissance que j'ai de certains faits privés de ces deux messieurs, faits dans lesquels ils ont , à mon avis montré peu de délicatesse ; le défaut de confiance que la connaissance de ces faits a dû m'inspirer pour eux ; enfin le besoin que j'éprouvai, comme homme public , de les voir s'expliquer sur une dénonciation grave que j'avais faite de leur conduite comme ministres, dénonciation qui, selon moi, les accusait d'incapacité ou de trahison. Leur silence sur ce dernier objet m'a décidé à prendre le chemin le plus direct de la personnalité. »

Le juge : Expliquez ce paragraphe : on a cru que vos accusations de ces jours derniers n'atteignaient que le ministère ; elles ne s'arrêtent pas là.

M. Marrast : Toute réponse sur ce sujet devient tellement grave, que j'ai besoin, pour la faire et la développer convenablement, de la solennité des débats. Au reste, je les provoque moi-même, car ce n'est que par le besoin d'une défense et par les droits qu'elle comporte, qu'il me sera permis d'expliquer toute ma pensée. Je crois qu'elle sera utile au pays. »

Voilà donc ces adversaires ! Ils nous avaient défié de les traduire devant les tribunaux ; ils y sont. Eh bien! c'est d'autres juges qu'ils veulent. Ils en appellent à un autre tribunal. Ils veulent être jugés par l'opinion. C'est donc l'opinion qu'il leur faut tromper; et, maintenant qu'ils l'ont trompée, ils s'écrient : Advienne une condamnation, l'opinion est le juge auquel nous en appellerons.

L'affaire vient à l'audience, et nous sommes prêts. Nous restons, mon confrère et moi, contrairement à nos habitudes. L'affaire s'engage : les prévenus exercent leurs récusations ; et puis voilà qu'ils demandent tout-à-coup la remise, en se fondant sur l'absence d'un de leurs défenseurs, sur l'impossibilité d'avoir pris connaissance des pièces nombreuses de l'affaire : ils n'ont pas eu, disent-ils, le temps de compulser le tiers de ces pièces. J'implorai moi-même pour eux la remise ; et, en se retirant, mon confrère Dupin leur dit à haute et intelligible voix : « Nous faisons sommation à votre loyauté de nous faire connaître « toutes les pièces qui sont, dites-vous, en votre possession, à la « charge par nous de vous faire connaître les marchés. » On se sépare dans ces termes avec cette convention bien entendue de part et d'autre. Voyons ce qui est arrivé depuis. Les simples citoyens, dans une affaire de diffamation, n'ont pas à redouter la preuve des faits diffamatoires ; il n'en est pas de même pour des fonctionnaires publics. La loi les soumet à la preuve des faits diffamatoires allégués contre eux ; mais en même temps elle a environné cette preuve de quelques précautions. Le prévenu, celui qui a diffamé, doit dans les huit jours de la notification de l'arrêt de renvoi, signifier à celui qui a porté plainte les pièces qu'il entend produire contre lui, les témoins qu'il entend faire citer, les faits qu'il entend prouver. Du moment qu'en faveur de tous on a consacré ce droit exhorbitant de pouvoir forcer le fonctionnaire à dérouler sa vie tout entière, à s'expliquer sur tous les faits calomnieux allégués contre lui, la première chose à faire, le premier devoir à remplir, est de mettre à l'avance entre ses mains la connaissance de tous les faits qu'on prétend prouver contre lui, de lui faire connaître les témoins, les pièces et documens qu'on produira... Savez-vous ce qu'on a fait? On n'a rien signifié, on a voulu tromper le pays, en supposant toutefois que le pays s'occupe du journal *la Tribune*. (Rumeur prolongée dans tout l'auditoire.) On n'a fait aucune signification, mais on a fait une sommation pour nous forcer à donner com-

munication de nos marchés. Nos adversaires sont des hommes habiles.
Ils voulaient avant tout du scandale. Toute l'affaire, ont-ils dit, roule
sur les marchés ; voilà bientôt le 29, jour de l'audience, et nous n'a-
vons pas les marchés. On ajoute qu'une multitude d'huissiers épou-
vantés n'ont pas voulu faire aux ministres sommation de déposer ces
marchés. On n'oublie pas de dire encore incidemment : l'affaire que
nous avons à soutenir appartient moins aux tribunaux qu'à l'opinion
publique. C'est à l'opinion publique que nous fesons part de la difficulté qu'éprouve notre défense à chaque pas ; mais nous irons jusqu'au
bout, nous braverons et huissiers et parquet. Nous avons une force
qu'ils n'ont pas, nous avons pour nous le pays, et après cela qu'est-ce
que le reste ?

Dans un article intitulé : *Aurons-nous un Huissier ?* et publié le
20 octobre, ces messieurs se plaignent qu'aucun huissier ne veut signifier à M. Casimir Perier et à M. le maréchal Soult la sommation de
communiquer les marchés et autres pièces. Enfin, cependant, il s'est
rencontré un huissier patriote, un huissier courageux, nommé M. Mouton : ce M. Mouton a consenti à faire la signification. Il a été au cabinet de M. le président du conseil ; et voici comment on rend compte
de la remise de cette signification, dans un article intitulé : *Un Huissier.*

« Nous étions las de visiter messieurs les huissiers, de recevoir des refus, de discuter avec eux ; nous renoncions à faire sommation à MM.
Périer et Soult, et nous étions décidés à nous présenter devant nos
juges, nous voulons dire devant le jury, en protestant contre cet
étrange abus du pouvoir, qui place un ministre hors de la classe commune, et le met au-dessus des sommations par huissier ; mais il s'en
est trouvé un, un dans Paris, ce n'est pas trop, un qui a des sentimens
patriotiques, des sentimens honorables, qui croit à l'indépendance de
sa profession, qui ne se crée pas l'esclave du bon vouloir, du caprice
de M. Desmortiers, et qui ne reconnaît pas d'autre maître que la loi.
M. Mouton, rue du Cloître-Saint-Jacques-l'Hôpital, n. 5, s'est chargé
d'assigner MM. Soult et Périer en communication des marchés conclus
avec des marchands anglais pour achat de fusils, etc., etc. Nous ignorons absolument quelle sera la réponse de ces messieurs à notre demande ; mais nous ne pouvons nous empêcher de faire remarquer que,
si les marchés avaient été loyalement passés, l'honneur imposait aux
ministres, qui se sont portés partie civile, l'obligation de venir en
quelque sorte au-devant de nos désirs, et de ne pas attendre une sommation par huissier.

« Nous le répétons, c'est le public qui est juge dans toute cette affaire ; il verra de quel côté est la bonne foi, la conscience ; il pronon-
cera entre nos adversaire et nous.

« Aujourd'hui, nous n'avons d'autre but que de signaler ce fait, que
dans Paris nous avons visité plus de cent huissiers avant d'en trouver
un qui OSAT instrumenter contre l'ex-vice-roi d'Oporto et le banquier
satrape. Il y a, comme on le voit, liberté d'obtenir justice en France,
tout comme il y a liberté de la presse. »

Assurément, continue le défenseur, si la comparaison est exacte, je
vous laisse à penser ce qu'il faut croire. Enfin M. Mouton arrive au
cabinet particulier du ministre. Il y est reçu à merveille. (C'est un

journal qui l'annonce positivement.) Ces messieurs de *la Tribune* s'en irritent, et voici le dernier article que j'aurai l'honneur de mettre sous vos yeux :

« On lit dans *le Temps* : M. Mouton, huissier, qui s'est chargé de faire, à la requête de MM. Marrast et Bascans, sommation à MM. le président du conseil et le ministre de la guerre de donner communication des marchés de fusils consentis par le gouvernement, a été parfaitement accueilli au ministère de l'intérieur par M. Périer fils et M. d'Haubersaert, qui lui ont témoigné combien le ministre serait satisfait de voir un officier ministériel conserver l'indépendance de son caractère, et rendre hommage à l'esprit de justice du gouvernement. On assure enfin que jamais acte d'huissier n'a été reçu d'une manière plus gracieuse.

« Il est possible que M. Mouton soit satisfait de l'accueil gracieux qu'il a reçu de M. Perier fils ; il est même possible que M. Perier fils ait fait de grands complimens à M. Mouton sur l'indépendance de son caractère, ce qui du reste ne sera pas très agréable à M. Desmortiers, qui n'aime pas les huissiers indépendans ; mais toujours est-il que M. Perier père et M. Soult n'ont point répondu à notre assignation. C'est samedi 29 que nous devons comparaître devant le jury, nos adversaires attendront peut-être le jour du procès pour nous communiquer ces pièces. [Quelle délicatesse!.... Le public, notre vrai juge, sera mis à même d'apprécier la conduite de ces messieurs, car nous nous proposons de donner la plus grande publicité à cette affaire. Nous avons pris d'avance toutes nos précautions pour que les faits les plus minutieux des débats soient recueillis : nous nous proposons de faire un tirage supplémentaire, afin d'être à même de satisfaire la curiosité générale. Déjà plus de trois mille demandes nous ont été adressées : nous prions les personnes de la province, qui ne sont point abonnées à notre journal, et qui désireraient ne point éprouver de retard dans l'envoi du numéro du 30, de nous en donner avis avant le 28. »

Il a bien fallu enfin que ces messieurs obéissent à la loi, sans quoi ils auraient été frappés de déchéance. Quatre jours seulement avant l'audience, ils nous ont fait connaître les noms des trente-cinq ou trente-six témoins dont vous avez entendu les dépositions. On a prétendu que nous avions été bien longs à répondre à cette notification, et le lendemain même les marchés ont été signifiés, la liste de nos témoins a été signifiée. Vous avez vu depuis les adversaires recourir à des subterfuges, dire qu'il ne s'agit pour eux, à la rigueur, que d'un doute mis en avant, que d'un bruit de notoriété publique accueilli et publié dans un journal, lorsque vous avez vu dans la longue série d'articles que j'ai fait passer sous vos yeux, la même certitude, la même affirmation sortir constamment de leurs bouches.

« J'arrive, messieurs, à un point que vous devez sans doute désirer de me voir aborder. Le temps est venu de faire prendre à la vérité la place de la calomnie. Nous avons voulu que cette vérité fût entièrement dévoilée devant vous. Il s'agissait de marchés à la confection et à l'exécution desquels MM. Tugnot et Gisquet avaient coopéré ou présidé ; nous avons fait assigner MM. Tugnot et Gisquet. Dans l'article incriminé on avait parlé de l'entremise de M. Rotschild ; nous avons fait au signer M. Rotschild. Quelques jours avant l'audience nous avons su que M. Arrago devait rapporter un propos tenu par M. Ganneron, nous avons fait assigner M. Ganneron. C'est nous qui avons fait également assigner M. Kœchlin, qui avait été indiqué comme ayant tenu un propos relatif à un pot-de-vin de 40,000 francs : pour notre malheur, M. Kœchlin n'a pu venir à cette audience donner l'explication que nous avions besoin de provoquer et rectifier les faits résultant de la déposition des témoins : la sommation de l'huissier atteste que M. Kœchlin est à Mulhausen, et qu'il ne viendra à Paris qu'à la fin de ce mois ; cette absence est malheureuse, car, certainement, si M. Kœchlin était là, nous prouverions que le propos dont il s'agit n'a pas été tenu par lui, tel qu'il a été rapporté.

Ici M⁰ Lavaux est interrompu par d'éclatantes rumeurs qui s'élèvent au banc des témoins. M. Bascans, avec vivacité : Ce sont d'honorables témoins qui se plaignent d'être ainsi insultés par M⁰ Lavaux. C'est indigne! Au même moment un jeune avocat se lève et demande la parole. Le général Lamarque. et M. Dupont (de l'Eure) dit-il, se trouvent insultés. M. le président rappelle les interrupteurs au silence et invite M⁰ Lavaux à continuer.

M⁰ Lavaux. Mes paroles sont tout-à-fait justiciables de la cour; mais je ne puis comprendre comment un des témoins a pu s'en trouver offensé; je ne puis comprendre comment l'honorable général Lamarque a pu se croire attaqué par ce que j'ai dit. Je supplie la cour, dans l'intérêt de ma cause, de l'indépendance et de la dignité même de ma profession, de l'engager à s'expliquer.

M. le général Lamarque. J'ai entendu l'avocat dire que le propos attribué à M. Kœchlin n'avait pas été tenu tel que les témoins l'avaient déclaré : il aurait dû se rappeler que ce propos a été rapporté par M. Dupont de l'Eure, par M. Lafayette, et que j'ai déclaré moi-même l'avoir rapporté tel que je l'avais entendu de la bouche de M. Kœchlin.

M⁰ Lavaux. Je répondrai que la défense ne peut pas toujours suivre, admettre et reconnaître les dépositions des témoins : je n'ai jamais prétendu vouloir dire que les honorables témoins avaient porté atteinte à la vérité; mais j'ai le droit de dire la vérité comme je la conçois. (Rumeurs bruyantes dans l'auditoire.) Ecoutez-moi, s'écrie M⁰ Lavaux, en se tournant vers le public; car je ne cherche que la vérité : toute ma vie est là pour l'attester. Je le répète, je puis, acceptant les dépositions telles qu'elles sont faites, les discuter, les commenter. Si ces dépositions éprouvent des modifications résultant d'autres dépositions, je puis, sans porter atteinte au caractère du témoin, sans l'offenser en rien, établir ces rapprochemens et faire des interprétations. Je proteste, au reste, contre toute parole offensante pour les honorables témoins. (Le silence se rétablit lentement.) Je voulais donc dire, maintenant que ce fait est bien entendu, qu'il est bien caractérisé, qu'il faut dire la vérité sur ces marchés, puisque jusqu'à présent elle n'a pas été dite.

On a prétendu d'abord que le premier intérêt qui avait présidé à la confection de ces marchés avait été le désir de favoriser les puissances étrangères. Voilà pourquoi nous en avons appelé à des témoignages que nos adversaires ne récuseront pas. Ces témoignages vous ont appris que l'idée première d'acheter des fusils à l'étranger avait été conçue en septembre, sous le ministère de M. le maréchal Gérard. On doit le dire à la gloire du général Lafayette, c'est au désir qu'il avait de seconder l'empressement des citoyens à s'armer pour la défense de la patrie, qu'il faut attribuer l'idée première d'acheter des fusils à l'étranger. Ce désir, ce premier projet serait donc venu de la part même des témoins que nous avons fait entendre ici ; il serait étranger au maréchal Soult.

Le 17 septembre 1830, M. le général Mathieu Dumas, transmettant les inspirations du général Lafayette, demandait des armes à l'étranger, et les demandait dans les termes que je vais vous rappeler.

Mᵉ Lavaux donne lecture de la lettre où M. Mathieu Dumas insiste pour faire effectuer l'armement des gardes nationales par tous les moyens possibles.

Messieurs, continue l'avocat, il résulte des calculs faits au ministère de l'intérieur qu'il y avait un million quarante mille gardes nationaux à armer. On pouvait, en prenant et en réparant les armes que nous avons dans nos arsenaux, livrer environ 500 mille fusils. Je sens bien, messieurs, que cette discussion peut, en quelque sorte, sembler déplacée dans cette enceinte. Est-ce que par hasard le ministère serait aujourd'hui comptable devant une cour d'assises des faits de haute administration? Est-ce que la chambre des députés, qui peut accuser les ministres, la chambre des pairs, qui peut les juger, se trouveraient tout-à-coup transportées dans cette enceinte? Toutefois, messieurs, nous ne reculerons devant aucune explication. Nous desirons que la vérité remplace enfin les plus révoltantes calomnies.

La question de l'armement opéré à l'aide de fusils achetés à l'étranger était difficile à résoudre. Lord Wellington était alors ministre, et on ne pouvait savoir si en envoyant acheter à Londres 540 ou 560 mille fusils, on consentirait à les vendre, et à quel prix on les vendrait. Les négociations étaient donc difficiles. On eut recours à un homme dont le zèle et le patriotisme étaient connus. Je ne suis pas ici chargé, messieurs, de défendre M. Gisquet ; M. Gisquet, d'ailleurs, n'est pas en cause ; toutefois, je ne répudie pas la juste et légitime défense qui lui est due dans cette circonstance. Savez-vous, messieurs, ce que c'est que M. Gisquet? M. Gisquet, siégeant au tribunal de commerce, a concouru à ce jugement mémorable qui, rendu au milieu de la mitraille, a si bien servi et assuré le triomphe de la liberté. Hier, si je ne me trompe, quelqu'un lui demandait la cause de la décoration qui orne sa poitrine ; il ne lui appartenait peut-être pas de le dire lui-même ; mais quand il n'aurait que le titre que je viens de rappeler, il faudrait reconnaître que l'étoile de l'honneur brille sur la poitrine d'un bon citoyen. (Sensation.)

Ainsi, lorsque, dans l'intérieur du conseil, où siégeaient alors, je le répète, messieurs Laffitte et Gérard, le choix est tombé sur M. Gisquet, il est tombé sur un homme honorable, sur un homme dont la conduite a toujours été irréprochable. Le gouvernement ne voulut pas se faire connaître ; il ne voulut pas que M. Gisquet allât à l'étranger comme son agent ; il voulut que M. Gisquet se présentât comme simple spéculateur. Des instructions rigoureuses lui furent, à cette époque, adressées par M. le général Gérard, alors ministre de la guerre. On a voulu dans les débats équivoquer sur la qualité de M. Gisquet, et dire qu'il n'avait pas agi en simple fournisseur, mais bien en agent du gouvernement. Il n'en était rien, vous en êtes désormais convaincus.

Voyons maintenant comment il a accompli sa mission : M. Gisquet a été à Londres. On pense, ainsi qu'il vous l'a dit hier, qu'on trouve là des armes avec une extrême facilité. Cependant les commandes d'armes du gouvernement anglais avaient totalement cessé depuis la paix : M. Gisquet se trouva dans un embarras extrême pour remplir le but qu'il s'était proposé dans son voyage.

Il se rend à Birmingham et réunit tous les fabricans de fusils. Ceux-ci comprennent fort bien qu'il leur est impossible, dans un espace de quatre mois, de fournir une quantité de 300,000 fusils. L'un d'eux se rappelle qu'il a eu un procès avec le gouvernement anglais, qui avait rompu un marché de fabrication de fusils. Il propose d'offrir au gouvernement de vendre 300,000 fusils renfermés dans la Tour de Londres, à la charge de les remplacer par un nombre égal de fusils sortis des ateliers de Birmingham. Cette offre devait convenir au gouvernement anglais : car, d'une part, il donnait pour un temps considérable du travail à ses ouvriers de Birmingham, et, de l'autre, il remplaçait ses vieux fusils par des neufs. On a beaucoup parlé de ces fusils. Un honorable général est venu, à la fin de l'audience d'hier, jeter dans la balance le poids de son opinion. Il a répondu à ceux qui semblaient appeler la dérision sur ces fusils, qu'ils étaient bons à mettre entre les mains de nos soldats, et qu'ils avaient déjà servi en Espagne et à Waterloo même contre nous.

M. Gisquet, après avoir entendu les propositions du négociant de Birmingham, conclut ce premier traité du 6 octobre, dont tout-à-l'heure on demandait la lecture : vous allez voir à cette lecture une chose curieuse, c'est que la mission de M. Gisquet était tellement peu celle d'un fournisseur, que le prix des fusils n'était pas fixé.

« Entre les soussignés, M. Gisquet, de Paris, de présent à Birmingham, d'une part, et MM. Wheeler, Iron et Fairfax, fabricans de fusils à Birmingham, d'autre part ; il a été convenu ce qui suit : M. Gisquet, desirant acheter une certaine quantité de fusils de munition, sur les modèles et calibres anglais, de première qualité, messieurs Wheeler, Iron et Fairfax ont proposé à M. Gisquet d'acheter pour son compte, au gouvernement anglais, 300,000 fusils, avec la permission de les exporter dans tels ports de France que desirera M. Gisquet, et aussi de faire tout leur possible pour les obtenir au plus bas prix.

« Afin de dédommager MM. Wheeler, Iron et Fairfax de leurs peines et soins dans cette affaire, il a été convenu qu'il leur serait accordé par M. Gisquet *un tiers* des bénéfices nets qui seraient réalisés sur cette opération ; mais dans le cas où ledit tiers ne leur produirait pas une somme de six mille livres sterlings, alors les bénéfices seraient partagés entre eux et M. Gisquet. Que M. Gisquet aura un délai de quinze jours pour refuser ou accepter le marché conclu entre lesdits sieurs Wheeler, Iron et Fairfax, et le gouvernement anglais, et ce à partir du jour de la signature dudit traité par le gouvernement anglais. En cas d'acceptation dudit marché par M. Gisquet, il s'oblige d'en remplir toutes les conditions, et d'en payer le montant directement au gouvernement anglais. Si à l'expiration des quinze jours de délai accordés à M. Gisquet, il n'acceptait pas le marché, le présent traité serait nul; les parties respectives ne pouvant répéter l'une envers l'autre aucun frais ni dépenses causés pour cette affaire.

Dans le cas où le marché recevrait son exécution, M. Gisquet promet de compter à M. Wheeler, tant pour sa part que pour celle de MM. Iron et Farfaix la portion des bénéfices à eux ci-dessus accordée, et ce dans les quinze jours qui suivront la dernière livraison de la partie de fusils. Il a été convenu de même, que les correspondances et comptes pour cette opération auront lieu entre M. Gisquet et MM. Wheeler et fils, agréés à cet effet par ses co-associés ci-dessus désignés.

Les parties font élection de domicile, savoir : M. Gisquet, chez M. Andelle aîné, et Cᵉ, à Londres, et MM. Wheeler, Iron et Farfaix, chez M. Wheeler et fils, à Birmingham.

De plus, il a été convenu entre les parties que MM. Wheeler, Iron et Farfaix n'accepteront ni ne se prêteront à l'exécution d'aucun marché de ce genre, et ce sans le consentement exprès de M. Gisquet, avec aucun particulier et puissance d'Europe, au-delà de 5000 fusils seulement, et ce pendant l'espace de six mois. M. Gisquet s'oblige à ne transmettre aucun marché du même genre à d'autres personnes qu'à MM. Wheeler, Iron et Farfaix.

« Fait double, à Birmingham, le 6 octobre 1830.

« Signé : *Gisquet, Robert Wheeler, Thomas Iron, Ch. Fairfax*. — Et comme témoin : *Andelle aîné et Cᵉ*. »

M. Gisquet revint à Paris avec ce premier traité et le soumit au maréchal Gérard. Les prix n'étaient pas encore fixés, et le bureau d'artillerie, à Londres, interrogé, répondit la lettre suivante, à la date du 15 octobre 1830.

« Bureau de l'artillerie, 15 octobre 1830.

« Messieurs,

« Ayant mis sous les yeux du bureau d'artillerie votre lettre datée du 12 courant, donnant votre acquiescement au sujet de l'arrangement que vous avez proposé d'après leur ordre du 11 courant, et par laquelle vous demandez d'être informé du prix auquel les fusils échantillons, dit *des Indes* sera fixé, fusils dont il est question de disposer aujourd'hui, et si quinze jours peuvent être accordés pour recevoir une réponse de la part des parties avec lesquelles vous êtes en train de négocier à ce sujet.

« J'ai reçu l'ordre de vous informer, de la part du bureau d'artillerie, en réponse à votre lettre, qu'il perdra le moins de temps possible pour arriver à une conclusion pour cette affaire. Mais en même temps il vous prie de lui dire à quel prix vous entreprendrez de monter ou fabriquer un pareil nombre de fusils du nouveau modèle de terre, en fournissant à votre charge tous les matériaux.

« Je suis, messieurs, votre très humble, etc.

« Signé A. Biham. »

Je n'ai pas besoin de dire, messieurs, que M. le maréchal Soult fit beaucoup de difficultés. Le zèle des citoyens pour s'armer était extrême, les ressources du gouvernement n'étaient pas en harmonie avec cette effervescence. Ces difficultés n'arrêtèrent point le zèle et le patriotisme de M. Gisquet. Il écrivit au maréchal ministre de la guerre une lettre dans laquelle se trouve précisément le compte du prix que coûteront les fusils.

Telle est , M. le maréchal , la série des actes et des faits qui se rattachent à la mission que vous avez daigné confier à mes soins. Il ne me reste plus qu'à vous soumettre un aperçu du prix auquel ces fusils reviendront, rendus dans les entrepôts français :

25 schellings font , au change actuel de 25 fr. 5o c. par liv. sterling, 31 fr. 87 cent.

FRAIS.

« Les frais d'emballage, 10 schellings par caisse de 20 fusils ; les frais d'embarquement, les droits de sortie, le frêt pour Dunkerque, Calais, Dieppe, le Havre et Cherbourg, les primes d'assurance, les frais de débarquement, la commission de banque à Londres sur les paiemens qui doivent être faits, le courtage de change , le bénéfice promis aux fabricans de Birmingham, mes frais de voyage avec M. Andelle, et notre commission, peuvent être évalués dans l'ensemble à 3 fr. 7 cent. par fusil, prix auquel j'offre de m'en charger à forfait.

« Prix d'un fusil dans un port français : 34 fr. 94 cent.

« L'abonnement que j'ai l'honneur de vous proposer à raison de 3 fr. 7 c. par fusil pour tous ces frais, vous paraîtra sans doute modéré, et je me flatte, M. le maréchal, que vous y verrez une preuve du désinteressement que je dois apporter dans une affaire d'intérêt national ; mais je n'ai pas besoin d'ajouter que si vous préférez faire courir à votre ministère les chances de perte ou d'économie sur mes évaluations, j'en serai également satisfait, et je m'en rapporte entièrement à vous du soin de fixer, dans ce cas, la commission que vous croirez devoir m'allouer : quelle qu'elle soit, M. Andelle et moi, nous nous estimerons heureux si vous approuvez notre conduite et si vous y trouvez les preuves de zéle que vous aviez le droit d'attendre de nous. »

Je vous demande pardon, messieurs, de ces lectures prolongées qui peuvent fatiguer l'attention ; mais comme il s'agit d'un pot-de-vin, honteusement concerté et stipulé entre M. Gisquet et les deux ministres, l'avis de l'un et de l'autre n'est pas sans quelque considération dans ce procès. Il faut que le débat nous apprenne si M. Gisquet a été un fournisseur avide ou un bon citoyen.

M. Gisquet hésite : il reçoit des lettres de toute nature. J'en ai les originaux dans les mains, et je pourrai vous les soumettre. Je veux seulement vous donner lecture d'une lettre du 9 novembre 1830, ainsi conçue :

« Quant au prix, j'ai trouvé moi-même un peu élevé celui de 25 schellings ; mais il a fallu subir la loi de la nécessité, et c'est d'ailleurs le cas de répéter que les agens spéculateurs dont les renseignemens inexacts jettent aujourd'hui quelques doutes, quelque hésitation dans votre esprit, ont rendu , par leurs démarches et par la révélation des besoins de la France, le gouvernement anglais plus exigeant qu'il ne l'eût été. Les personnes honorables qui sont auprès de vous, M. le maréchal, les intermédiaires de ces informations erronées, sont animées des intentions les plus louables ; elles veulent avec raison économiser les deniers de l'état ; mais en se reposant sur la vérité des notes qui lui sont fournies, en accordant à des hommes que le seul intérêt personnel fait agir, une confiance trop étendue ; enfin, M. le maréchal, en vous engageant à refuser l'occasion opportune, la seule qui puisse s'offrir, d'armer promptement la garde nationale, elles peuvent compromettre le repos, la gloire et les destinées de la France.»

Voilà cette première partie du marché ; la pensée en était aux hommes que vous connaissez. M. le maréchal Gérard, en dirigeant cette idée première, en donnant une mission à M. Gisquet, n'a pas voulu que l'affaire fût connue dans les bureaux de son ministère. M. le colonel Tugnot n'en a pas eu connaissance ; c'était là un moyen pris pour déjouer l'intervention des spéculateurs. Les choses en étaient là lorsque M. le maréchal Soult arrive au ministère. Lord Wellington tombe, le ministère Grey lui succède. Dans cette intervalle, le gouvernement anglais, qu'on suppose avoir fait un si bon marché, avait refusé. On pensa que les négociations que ce refus avait rompues pourraient être renouées avec le ministère Grey. M. le maréchal Soult se fit rendre compte des négociations que M. Gisquet avait entamées par l'ordre du maréchal Gérard ; ce rapport et celui de M. Gisquet lui furent présentés. Le ministre écrivit en marge du rapport :

« Faire appeler M. Gisquet, traiter avec lui au sujet des fusils anglais ; mais à condition que ses livraisons auront lieu par 100,000 ou 50,000 dans les ports, et acceptés par les officiers d'artillerie. Quant au paiement, il sera écrit (la convention étant faite et toutes les garanties exigées) à M. le ministre des finances, pour le prier de vouloir bien recevoir le soumissionnaire pour convenir avec lui du mode de paiment.   Ce 27 novembre au matin.

Par suite de ces ordres, M. Gisquet fit de nouveau ses propositions, et vous allez voir, messieurs, quelle a été la conduite du maréchal. On vous a dit qu'il hésita long-temps : oui, sans doute, il hésita. L'idée d'aller chercher à l'étranger des armes pour des Français n'entrait pas dans son cœur français, et bien qu'il eût été harcelé par des hommes qui se disent la représentation de l'opinion publique, et qui parlaient à chaque instant de la nécessité d'armer 500,000 gardes nationaux, il avait d'abord refusé. La répugnance qu'il avait pour un pareil marché se manifesta également lorsque le marché fut consenti. On lui proposait un marché pour 300,000 fusils ; à peine put-il consentir à signer un marché pour 200,000, dont, remarquez-le bien, 100,000 ayant un calibre français. Il y a eu des soumissions pour 1,200,000 fusils, et, sur ce nombre, il n'y a eu que la soumission de M. Gisquet qui ait eu pour objet des fusils étrangers ; le million de fusils a été confié à l'industrie française, aux fabriques françaises. Il n'y a eu que le marché imposé par la plus absolue nécessité qui ait été conclu avec l'étranger. Voilà ce marché, il faut le lire. C'est le dernier acte d'attention que je demanderai à votre obligeante patience.

«Nous soussignés, Henri-Joseph Gisquet, négociant, demeurant à Paris, rue Bleue, n° 5, et Antoine Haas, propriétaire, demeurant rue Laffitte, n° 15, à Paris.

« Nous engageons, envers M. le ministre de la guerre, à livrer, d'ici au 31 mai 1831, la quantité de 300,000 fusils de ceux appelés *India patern*, qui appartiennent au gouvernement anglais, ou en qualité pareille. Ces fusils seront conformes aux quatre échantillons que M. Gisquet, l'un de nous, a fait venir de Londres, et qui sont déposés dans les bureaux du ministère de la guerre. — Le prix de ces fusils est fixé à 34 fr. 90 c. par fusil. — En outre, nous nous obligeons à livrer, d'ici au 30 juin 1831, 200,000 fusils des fabriques anglaises, en première qualité, modèle anglais, mais de calibre français, au prix de 34 fr. par fusil.

« Tous les frais en Angleterre, même l'emballage, toutes les dépenses, tous les risques jusqu'à la réception à Calais seront à notre charge.

« Tous ces fusils seront livrés à Calais successivement et partiellement.

« M. le ministre de la guerre les fera reconnaître et recevoir à mesure de leur arrivée et avec assez de promptitude pour qu'une quantité de 20,000 fusils soit reconnue et livrée dans les quinze jours qui suivront leur débarquement ; les délais pour des quantités plus ou moins fortes seront calculés dans cette proportion.

« Le montant de chaque livraison partielle sera payé comptant sur des ordonnances que M. le ministre de la guerre fera délivrer pour chacune de ces livraisons, et dans les dix jours qui suivront les dates où elles auront été faites.

« Ces ordonnances seront remises à M. Antoine Haas, l'un de nous, et payées sur sa simple quittance.

« Lesdits fusils ne pourront être frappés d'aucun droit de douane à leur entrée en France.

« Ceux qui seraient rebutés aux visites qui seront passées par les officiers d'artillerie et les contrôleurs d'armes désignés à cet effet, resteront pour notre compte ; mais nous aurons la faculté d'en opérer la vente en France. Nous aurons la faculté d'augmenter le nombre de l'une ou de l'autre des deux parties de fusils mentionnés dans la présente soumission, en réduisant l'autre partie d'une quantité égale à l'augmentation que l'une d'elles aurait subi, de manière que toutes nos livraisons n'excèdent pas ensemble le total de la vente faite par nous à M. le ministre de la guerre. Nous ne serons pas responsables des cas de force majeure qui s'opposeraient à l'exécution totale ou partielle de nos engagemens. Dans le cas où le gouvernement anglais refuserait de livrer les fusils qui lui appartiennent, la présente soumission ne serait valable et obligatoire que jusqu'à concurrence de 200,000 fusils, sans rien changer à ce qui est dit ci-dessus de la faculté de livrer deux qualités de fusils dans des proportions inégales.

« Paris, le 9 décembre 1830.

« Approuvé l'écriture,

« Gisquet.

« Approuvé l'écriture. A. Haas.

« Approuvé pour une forniture de cent mille fusils *india patern*, et une de 100,000 fusils de modèle anglais, mais du calibre français, avec réserve d'augmenter, s'il y a lieu, cette fourniture après la livraison des 200,000 fusils en question.

Paris, 9 décemb. 1830. » Le ministre secrétaire-d'état de la guerre,

« Maréchal duc de Dalmatie. »

Ainsi, voilà la proposition de M. Gisquet, 34 fr. 90 cent., c'est-à-dire 31 fr. 87 cent. payés au gouvernement anglais, et 3 fr. 7 cent. pour les frais indispensables, dans les détails desquels vous n'irez pas descendre à cette audience.

Assurément, messieurs, un ministre qui veut gagner un pot-de-vin, devra accepter la condition de laquelle résulte l'achat le plus considérable ; plus cet achat sera considérable, plus le pot-de vin le sera lui-même. Or, M. le général Lafayette demandait 560,000 fusils ; M. le ministre de l'intérieur en demandait 540,000 ; un cri général s'élevait de tous les points de la France pour réclamerun armement semblable ; si M. le maréchal Soult y eût consenti, qui aurait élevé la voix ? qui aurait ajouté foi à l'indigne supposition que vous faites qu'un ministre du roi a pu se traîner ignominieusement dans l'ornière dans laquelle on l'a fait descendre ? J'ai déjà eu l'honneur de vous dire, messieurs, quelle avait été la pensée du maréchal Soult, vous allez la voir tout entière dans sa réponse. Voici comment il répond :

« Messieurs, j'ai reçu la lettre que vous m'avez écrite le 5 avril, pour me proposer d'augmenter de 60,000 fusils anglais la fourniture de 225,000 que l'on doit livrer au département de la guerre, par suite du marché que vous avez passé à ce sujet :

« Je vous remercie de cette offre ; mais mon intention n'est pas d'augmenter cette fourniture. »

On insiste : un nouveau rapport est fait, le 15 août 1831. — Le ministre inscrit de sa main sur ce rapport : Refusé.

Ainsi, messieurs, ce ministre, ce maréchal de France, dont la vie militaire est assez connue, a été indignement traduit devant l'opinion publique, pour avoir volé les deniers de l'état. Il aurait pu traiter pour trois cent mille, pour cinq cent mille fusils, puisqu'on me met dans la nécessité de me traîner jusqu'à ces détail-là : eh bien non ! il n'autorise le marché que pour 200,000 fusils; il exige que la moitié de ces fusils, de fabrique anglaise, soient de calibre français. Il a fait pour l'industrie française tout ce qu'il était possible de faire; il a ménagé autant qu'il a pu nos intérêts; le prix de 34 fr. 90 c. n'est pas une évaluation en l'air. Il est prouvé, par le marché, que 31 fr. 87 c. ont été payés au gouvernement anglais.

Vous allez voir maintenant le caractère énergique de M. le maréchal ministre de la guerre se montrer tout entier dans l'exécution de ces marchés. M. Gisquet vous a dit hier que le maréchal Soult s'était montré à son égard sévère jusqu'à l'injustice : vous allez juger ce ministre, si déjà tout ce qu'il a fait pour son pays, si nos places fortes armées, et approvisionnées, notre armée mise sur un pied formidable, ne parlaient pour lui dans tous les cœurs véritablement français. Les fusils arrivent ; vous verrez comment ils ont été examinés. On écrit au maréchal que les fusils étant examinés à Calais, et que plusieurs d'entr'eux étant refusés, il serait beaucoup plus simple d'envoyer à Londres des officiers français qui examineraient les fusils sur les lieux ; que les fusils rebutés resteraient en Angleterre, et que les fusils acceptés entreraient en France, sans être soumis à une nouvelle vérification. La réponse du ministre est que le traité détermine que les fusils seront vérifiés en France, qu'il ne veut rien changer à ses termes, qu'il ne veut donc pas que des officiers français aillent en Angleterre.

M. Gisquet, que la *Tribune* accuse d'intelligence avec le ministre, M. Gisquet se plaint avec amertume, il demande avec instance et supplication qu'on lui accorde une indemnité ; il dit qu'il perd 37,000 fr. Le ministre lui répond la lettre suivante :

« Monsieur, vous m'avez adressé une demande tendante à obtenir une indemnité pour les dépenses de voyage et de séjour en Angleterre, que vous annoncez avoir faites avec M. Andelle pour traiter de l'achat de 300,000 fusils anglais, d'après la mission que vous en avait donnée M. le maréchal Gérard. Je vous ferai observer, monsieur, que si vous êtes allé en Angleterre pour traiter de l'achat de ces fusils, il est vrai aussi que vous avez renoncé volontairement à être l'agent du gouvernement, puisque vous avez pris pour votre compte la fourniture de ces fusils, et que vous en avez fait l'objet d'un traité particulier avec le département de la guerre. Il est donc évident que vous n'avez aucun droit à l'indemnité que vous réclamez. Vous êtes devenu fournisseur ; et par cela seul vous ne pouvez réclamer une indemnité pour une affaire qui vous est devenue personnelle, et qui doit probablement vous couvrir de vos dépenses par les bénéfices qu'elle vous offre.

« *Le ministre secrétaire d'état de la guerre,*
« Maréchal DUC DE DALMATIE. »

Ainsi donc M. Gisquet n'a rien obtenu. Voyons comment les armes ont été reçues : le marché devait recevoir son exécution un mois après sa date ; il était du 9 décembre, il devait donc être exécuté en janvier. On avait à cet égard donné des ordres à M. Foucault, officier supérieur d'artillerie à Saint-Omer. Celui-ci écrit sur-le-champ au ministre que l'examen d'une aussi grande quantité d'armes lui est impossible par son seul concours ; il demande que trois capitaines d'artillerie, pris dans diverses places, et cinq contrôleurs d'armes, lui soient adjoints. Des ordres sont donnés pour que cette commission d'examen soit nommée sur-le-champ. Je vous le demande, à moins que votre mission, M. Marrast, ne soit d'attaquer tout le pays, viendrez-vous nous dire que ce conseil présidé par M. Foucault, composé de trois capitaines et de cinq contrôleurs, ait partagé avec M. Gisquet ?

Les officiers d'artillerie émettent très nettement leur pensée, et pour vous prouver que leur opinion est laissée entièrement libre, je vais vous donner une idée de la manière dont M. le maréchal Soult correspond avec ces officiers : on lit en marge d'un rapport qu'ils ont adressé au ministre :

« La commission a bien opéré. — Prévenir le colonel que le modèle-type envoyé à Calais ne doit être considéré que comme indiquant la forme des armes ; mais qu'il n'a point été examiné sous le rapport de la fabrication, et que tous les défauts que la commission reconnaîtrait doivent être soigneusement appréciés par elle pour motiver son opinion, qui doit être entièrement libre. Il sera nécessaire aussi d'éprouver tous les canons des fusils, sans exception, qui ne parviendront pas de la Tour de Londres.

Vous le voyez, messieurs, nous en sommes en quelque sorte réduits à apporter ici tout le ministère de la guerre ; mais vous reconnaîtrez en même temps qu'il faut que le ministre soit vengé de ces misérables imputations. J'apporte ici toutes les correspondances, tous les états émanés de cette commission d'examen. (Me Lavaux montre au jury un énorme dossier.) Vous pourriez , en y jetant les yeux, voir quel était le nombre des fusils rejetés. J'ajouterai qu'une demande fut adressée par la commission afin qu'on ne continuât pas à perdre de la poudre pour éprouver ces fusils, alors que sur vingt-sept mille pas un n'avait éclaté. Le ministre continua à exiger l'entière et stricte exécution du traité, et ordonna que les épreuves continuassent.

Je pense, maintenant, messieurs, que ma tâche est remplie, que vous êtes tous, comme je l'étais hier, saisis d'une indignation profonde, en pensant à ce mandat que des écrivains semblent vouloir réclamer à la face de la France. Eh quoi ! la mission de M. Marrast serait-elle placée si bas qu'elle consistât à rechercher, recueillir, enregistrer les propos les plus absurdes, et à ramasser les bruits les plus fangeux ? (M. Marrast se lève, et se dispose à interrompre.) Laissez-moi achever, s'écrie Me Lavaux, en élevant la voix ; quand on accuse quelqu'un d'avoir volé un million, la défense doit être libre et la justification complète ; il faut que l'honnête homme diffamé puisse aussi frapper de manière à atteindre le calomniateur.

Quant à moi, je considère la mission du journaliste d'un point de vue plus élevé. Aux termes de la Charte, chacun a le droit de publier ses opinions et de discuter les actes des dépositaires de l'autorité. Mais à côté de ce droit est placé le principe salutaire déposé dans les lois de 1819 et de 1822, qui flétrissent la diffamation et lui infligent les peines que nous requérons aujourd'hui. Le devoir des journaux est d'être les échos de l'opinion publique; mais, je le demande, qu'est-ce donc que l'opinion publique ? Est-ce ce cette rumeur du genre de celle qui naît des ouï-dires de M. Bremont, ou des lettres d'Angleterre annoncées par les prévenus, reçues par M. Mauguin et brûlées par lui? Sont-ce donc des documens de ce genre qui formeront l'opinion publique ? Je ne le pense pas. Vous êtes, MM. les jurés, les gardiens de la liberté de la presse, vous saurez la garantir contre les dangers de la licence. Croyez-le, nous aimons autant que nos adversaires, plus qu'eux peut-être, la liberté; mais nous l'entendons autrement.

Apprécions maintenant les débats qui ont eu lieu devant vous , et voyons si aucune des promesses faites par M. Marrast ont été remplies. Il a annoncé dans son journal qu'il apporterait à l'audience des témoignages irrécusables, des paroles d'hommes d'honneur, des lettres affirmatives venues de Londres. Nous sommes encore en droit de lui demander où sont ces témoignages , ces paroles d'hommes d'honneur, et s'il possédait enfin pour admettre de pareilles imputations, s'il possède aujourd'hui ces lettres affirmatives arrivées de Londres. Voyons d'abord ce qui a été dit sur l'opportunité des marchés. Nous avons sur ce point les dépositions de MM. Guizot, Dupont de l'Eure, Lafayette ; nous avons celle du général Gourgaud, si éclairé dans la matière. Rien n'est ressorti de ces dépositions qui pût motiver ou excuser l'accusation.

M. le général Lamarque avait proposé une chose qui certainement avait son utilité. Il s'agissait d'acheter des fusils en Vendée. J'admets que la soumission faite à cet égard par M. Chenard pouvait avoir d'utiles résultats. Mais qu'est-il résulté des faits? c'est que ces résultats étaient extrêmement minimes. Le marché conclu avec M. Chenard fut résolu en 1834. Il le fut, parce que ce marché contenait une clause résolutoire, et que les autorités civiles, les maires et les sous-préfets avaient sollicité de faire eux-mêmes ces rachats. Il est encore constant que les rachats opérés par les autorités civiles, l'étaient à un taux beaucoup inférieur à celui de la soumission Chenard, puisqu'au lieu de 18 et 20 fr., les fusils ne coûtaient que de 5 à 10 fr. Mais, qu'ai-je besoin de rappeler ces faits, d'énumérer ces preuves? Il me suffit de dire: Y avait-il dans tous ces faits quelque chose qui autorisât M. Marrast à dire que les deux ministres avaient partagé un pot-de-vin de plus d'un million.

M. de Corcelles, dans sa déposition, vous a parlé de la vente de 200,000 fusils faite par la maison Vandermeth. Vous savez que M. le colonel Tugnot n'en a pas même eu connaissance. Je n'en dis pas plus long; cela s'explique suffisamment par la répugnance invincible qui, malgré l'urgence, éloignait le maréchal ministre de la guerre d'acheter des fusils à l'étranger. Quant à l'incident élevé à la chambre des députés par M. de Corcelles et aux deux fusils qu'il y apporta, la chambre des députés en a fait justice. M. Gisquet a répondu surabondamment en affirmant que ces fusils ne faisaient pas partie de sa fourniture, et n'avaient pas même été à Calais. Vous parlerai-je, messieurs, de M. Sauquaire-Souligné, homme de lettres industriel, qui avait conçu le projet de fournir aux besoins d'armement de la France en achetant des fusils dans les magasins anglais? Je me bornerai à rappeler que ses propositions aux ministres étaient du 11 décembre, tandis que le marché avec M. Gisquet avait été signé le 9.

Quant aux soumissions de la maison Clarck frères, vous savez qu'elles n'étaient pas admissibles; ils ne proposaient pas, en effet, des fusils, ils offraient des canons, de platines, des bayonnettes; ils n'offraient pas de bois... Il aurait fallu ouvrir des ateliers, former des ouvriers pour monter ces fusils et les rendre propres au service. Au reste, messieurs, je demanderai encore si tous ces faits pouvaient autoriser M. Marrast à imprimer que MM. Soult et Casimir Périer avaient reçu un pot-de-vin d'un million. J'ai à m'occuper maintenant de quelques autres marchés, et netamment de celui de MM. Courvoisier et Ganneron; comme ce marché a donné lieu à quelques explications, on a recherché au ministère la correspondance qui eut lieu à ce sujet; ces fusils, disait-on, étaient magnifiques, admirables; on les donnait pour rien, je me fais encore un devoir de vous lire les propositions de ce négociant; elles suffisent à expliquer la déposition de M. Ganneron.

Me Lavaux donne lecture d'une lettre de M. Courvoisier à M. Ganneron, en date de Hambourg, 16 février 1831.

« Veuillez encore agréer notre bien sincère reconnaissance pour vos bons offices, monsieur, envers nous; nous avons lieu de croire que ledit fusil de munition arrivera peu de jours après la présente, vu que celui qui en est chargé doit courir jour et nuit.

» Les prix fixés jusqu'à présent avec tous les frais quelconques, rendus a bord du navire sont à vingt, nous disons vingt francs par pièces que nous recevrions du gouvernement au comptant en chargeant la marchandise. Ou enfin votre ministère voudra bien, si la chose a lieu, nous assurer notre remboursement de toute autre manière, vu que dans l'incertitude d'une paix ou d'une guerre avec vos voisins, nous ne pourrions courir les chances auxquelles nous pourrions être exposés par les circonstances, quoique nous ne croyions pas à la guerre, par suite de la sagesse de votre gouvernement. Nous désirons également ne pas être tenus à livrer un nombre déterminé de fusils, quoique avec le plus grand espoir de fournir la partie proposée. Il est possible qu'il peut nous réussir de recevoir la partie en entier, pour être à même de la charger, en frêtant un navire de 100 tonneaux environ, que l'on accorderait à bon compte pour le port du Hâvre, et sans doute, au prix le plus élevé, environ à 60 fr. par tonneau, et peut-être au-dessous. Dans le cas qu'il ne pût nous réussir de recevoir en masse la partie précitée, mais seulement pas 4 à 5 mille pièces ensemble, nous aurions constamment les moyens d'en soigner l'expédition par les navires réguliers qui font le cabotage entre notre port et le Hâvre, ou pour d'autres ports de France, si nous y étions autorisés.

« Il est plus qu'entendu que si l'affaire a lieu vous demeurez étranger à tout ce qui pourrait en résulter, mais très confiant à votre puissant gouvernement, nous ferons cette affaire avec la plus grande tranquillité, persuadés, sommes-nous, de sa grande loyauté. En attendant l'événement, et votre chère réponse ou enfin de votre ministère de la guerre, au plus tôt possible, pour être à même de prendre nos mesures en conséquence, nous avons l'honneur de vous présenter l'hommage de nos respects et nos civilités les plus empressées.

« Aug. Courvoisier et comp. »

Quelques passages de cette lettre ayant été accueillis par des murmures dans la partie la plus reculée de l'auditoire, Me Lavaux ajoute : C'est là, messieurs, l'opinion d'un étranger ; elle n'a rien d'offensant pour nous, et je suis fâché que ce soit dans le sein d'une assemblée française que des réclamations s'élèvent contre des assertions de ce genre.

Vous le voyez donc, continue Me Lavaux, il ne s'agit pas d'une fourniture de 200,000 fusils ; il ne s'agit que de 50 mille ; il y a plus, il n'est question que de 4 ou 5 mille fusils par mois, qu'il fallait payer comptant sur les lieux, et sans qu'un examen fût possible ; une réponse a été faite immédiatement. Le 14 mars 1831, on répond à M. Ganneron :

« Monsieur, vous m'avez communiqué une lettre que vous avez reçue de MM Courvoisier et comp, de Hambourg, qui vous offrent une partie de 20,000 fusils que vous me proposez pour le compte du département de la guerre.

« Je vous remercie de cette offre ; mais les marchés d'armes déjà passés suffisent quand à présent, au gouvernement, et je ne puis contracter de nouveaux engagemens à ce sujet. »

C'est ici, messieurs, que doit se placer la discussion de ce singulier propos attribué à M. Ganneron, il aurait dit, d'après un témoin : J'ai pour ma part d'autres griefs contre le ministère, je lui ai offert des fusils, et il n'en a pas voulu, parce que je suis un homme avec lequel on ne fesait pas de tripotage. C'est à l'occasion de ce propos que les adversaires nous ont parlé d'hommes d'honneur ; et moi aussi j'ai confiance dans le témoignage d'hommes d'honneur, certifiant des faits d'une manière positive , incontaestble. Les paroles d'hommes d'honneur dont on vous à parlé sont celles de MM. Bremont, Ganneron et Arrago.

C'est M. Arrago qui déclare que M. Ganneron a tenu le propos de *tour de bâton*. De notre côté nous avons l'affirmation de M. Ganneron dont vous connaissez tous le caractère et la loyauté. Or, messieurs, entre celui qui allègue un propos qu'on a tenu et dont la mémoire doit être infidèle et celui qui nie avoir tenu ce propos, il y a nécessairement doute. Or, était-ce avec un doute que M. Marrast devait se croire autorisé à accuser MM. Casimir Perier et Soult d'avoir volé un million.

J'arrive au propos qu'on attribue à M. Kœchlin, qui aurait dit qu'un pot-de-vin de 40,000 fr. aurait été stipulé. Ce propos aurait été tenu en présence d'un assez grand nombre de députés. Je commence par dire comment ces honorables députés n'ont pas insisté pour faire expliquer M. Kœchlin. Je suis content de trouver parmi les députés qui ont rapporté ce propos l'honorable M. Dupont (de l'Eure,) Vous avez entendu son intéressante déposition à l'égard de la déclaration de M. Poubel. Il est bien certain que si cet honorable député eût attaché au propos de M. Kœchlin, ou au propos de M. Poubel l'importance qu'on semble leur attacher, il n'eût pas manqué de s'y arrêter, de les signaler au conseil où on sait qu'il avait l'habitude de faire entendre toute la vérité.

MM. Salverte, Thiars, Podenas, Gaétan-Murat, étaient présens. Ils n'ont pas entendu ce propos, ou n'y ont pas attaché une importance qui l'ait gravé dans leur mémoire.

J'arrive à M. de Bremont. Quant à celui-ci, que voulez-vous que j'en dise? Je ne le connais pas, je ne sais pas quelle est la mission que lui a confiée M. Cauchois-Lemaire ; mais ai-je besoin d'approfondir ici ce qui a excité la sollicitude de M. le procureur-général? M. Poubelle aurait entendu dire à M. de Bremont qu'on avait fait des marchés qui compromettaient gravement le ministère. M. Poubel aurait fait part de ce propos à M. Dupont (de l'Eure). Je regarde M. Poubel comme un homme d'honneur, incapable d'avoir trompé le ministre ; mais, ce qu'il y a de bien certain, c'est que ce propos n'avait pas l'importance que lui attachait M. Poubel, car l'homme qui, comme M. Dupont (de l'Eure), avait l'habitude de dire les vérités les plus dures dans le conseil du roi, n'aurait pas manqué d'y répéter ce propos, s'il l'eût cru digne de fixer l'attention.

Lorsque nous arrivons maintenant à ces preuves positives qu'on avait annoncées , à ces lettres affirmatives venues de Londres , nous tombons dans M. Lavalino, ce médecin italien, qui est arrivé à l'audience avec un lambeau de lettre sans authenticité que l'on n'a pas même voulu lire.

J'arrive ensuite aux lettres qui étaient , disait-on , en la possession de M. Mauguin. La rigueur de mon ministère me force de m'expliquer ici franchement. Cet honorable confrère , que j'estime et que j'aime tendrement, vous a déclaré qu'il avait eu ces lettres entre les mains. Mais quelles sont ces lettres ? Emanent-elles de fournisseurs mécontens ? Sont-elles des documens diplomatiques ? Les prévenus ont dit , au commencement de ces débats , qu'ils ne voulaient pas déclarer où étaient ces lettres. M. Mauguin, dit à son tour, que ces lettres ne sont plus entre ses mains , qu'il les a brûlées. S'il fallait faire mystère de ces lettres , si le secret devait être gardé', ne devait-il pas l'être surtout à l'égard des journaux , explosion bruyante et souvent dangereuse de l'opinion publique. Disons-le donc, ces preuves, ces lettres affirmatives dont on nous menaçait, ce n'est pas le lambeau informe de lettre de M. Lavalino, ce ne sont pas les lettres de M. Mauguin. Nous avons sommé les prévenus de produire ces lettres qu'ils avaient annoncées ; ces lettres devaient arriver dans les débats : vous pouvez juger si elles doivent désormais y figurer. La diffamation reste donc seule dans la cause ; elle pèse de tout son poids sur la tête des prévenus.

Messieurs les jurés, vous êtes les vengeurs de la société. Comme nous sans doute vous aimez ardemment la liberté ; vous voulez que la presse soit libre, mais aussi vous voulez que cette liberté ne soit pas de la licence. Si la vie des citoyens était livrée sans défense aux plus perfides insinuations, il n'y aurait pas d'homme assez énergique pour lutter contre cette puissance.

Me Dupin jeune, avocat de M. Casimir Perier, se lève et dit : J'ai dû laisser au défenseur de M. le maréchal Soult le soin d'entrer dans tous les détails nécessaires pour expliquer tout ce qui concerne les marchés de fusils. Je n'ai en ce moment qu'un mot à ajouter pour M. le président du conseil. Ainsi que vous le savez, deux marchés ont été conclus, l'un provisoire - l'autre définitif et qui a reçu son exécution. A l'époque ou le premier marché a été conclu, M. Casimir Perier fesait partie du cabinet ; il était simple ministre d'état, appelé à prendre part aux délibérations du conseil ; mais il n'était chargé d'aucun acte d'exécution. Il n'a donc coopéré ni directement ni indirectement à ce premier marché. Comme d'ailleurs ce marché a été abandonné, ce n'est pas à lui que se reportait le reproche d'avoir reçu un million pour pot-de-vin. A l'époque où le second marché a été conclu, il avait le bonheur de n'être plus ministre, et dès-lors il n'a pu participer en rien à ce marché. Comment se fait-il donc que la haine ait pu l'atteindre ? Je l'ignore : j'attendrai les explications que donneront les défenseurs des prévenus, et je demanderai la permission d'y répondre.

M. Persil, procureur-général, prend la parole.

Messieurs les jurés, dit ce magistrat, les débats et les plaidoiries des parties civiles rendent facile la tâche du ministère public. Le ministère public n'a pas à juger, encore moins à vous soumettre les actes de l'administration ; les questions que ces actes peuvent faire naître seront appréciées par d'autres juges, et le temps n'est pas éloigné où, dans l'examen des comptes de 1831, la chambre des députés appréciera les marchés de fusils et la conduite des ministres ; le ministère public n'a qu'une accusation à examiner.

Deux ministres, deux hommes d'honneur, l'un s'est couvert de gloire dans les camps, et qui par son administration a acquis des droits à la reconnaissance du pays : l'autre qui, dans une opposition de quinze années, a conquis une popularité qui (j'en suis sûr, et l'histoire nous l'apprendra), n'aura fait que s'accroître par sa conduite dans le poste élevé où la sagesse du roi l'a placé ; ces deux hommes se plaignent de diffamation. Comme partie publique dans l'intérêt de la société, qui ne permet pas que le premier magistrat du pays, après le roi, soit soupçonné, nous sommes obligés de justifier l'accusation qui a déjà subi deux degrés de juridiction, la chambre du conseil et la chambre des mises en accusation.

Qu'avons-nous à faire ? Nous devons expliquer d'abord ce qu'on doit entendre par *diffamation* : car le langage des lois n'est pas toujours le langage du monde : nous devons ensuite rapprocher de l'article incriminé dans lequel les parties civiles voient une diffamation , les principes de la loi sur la diffamation , nous devons enfin discuter les excuses, les défenses des prévenus. Qu'est-ce d'abord que la diffamation ? C'est, aux termes de la loi , toute allégation ou imputation d'un fait qui porte atteinte à l'honneur ou à la considération de la personne ou du corps auxquels le fait est imputé. Les termes de cette définition sont bien précis et facilement saisissables. Ainsi, d'abord la loi indique *l'imputation d'un fait?* c'est-à-dire l'énonciation d'un fait déterminé , positif ; la loi va plus loin ; elle ne demande seulement qu'un fait soit *imputé* ; il lui suffit qu'un fait soit *allégué* ; ainsi il n'est pas nécessaire pour diffamer de dire qu'on accuse telle personne de tel fait positif, il suffit d'une simple allégation. Je publie que j'ai entendu dire que M. un tel s'est rendu coupable d'une action malhonnête ; je commets une diffamation.

La loi dit, d'un autre côté, que la diffamation réside dans l'énonciation d'un fait qui porte *atteinte à l'honneur ou à la considération* d'un individu ; ainsi il ne faudra pas avoir formellement deshonoré quelqu'un ; si seulement vous avez répandu des soupçons, si par suite de ces soupçons la société ne peut plus être tranquille sur le jugement qu'elle a à porter sur telle personne que vous lui avez dénoncée ; si vous avez élevé un doute sur cette personne , vous avez porté atteinte à sa considération. Ainsi non-seulement il ne faut pas l'affirmation d'un fait , il suffit d'une allégation qui puisse faire naître des doutes. Dès qu'il y a un doute sur l'honneur d'un homme , la considération est altérée, il est diffamé.

Après avoir posé ces principes, M. le procureur général passe à l'examen de l'article , dont il donne lecture :

Ainsi, continue-t-il, le bénéfice *serait* , pour chaque ministre , de plus d'un million ; c'est sous forme d'interrogation que cette imputation est présentée ; en est-elle pour cela moins répréhensible? On demande *s'il n'est pas vrai* qu'un million de pot-de-vin a été reçu ; verrons-nous là l'imputation ou l'allégation que la loi exige pour qu'il y ait diffamation ? Oui , messieurs , il y a de là imputation formelle d'un acte méprisable ; car la forme sous laquelle la pensée est rendue est tout-à-fait indifférente : on peut aussi bien affirmer par la voie de l'interrogation qu'autrement. Si par exemple je dis : oseriez-vous nier que vous vous soyez trouvé hier à la cour d'assises, c'est tout-à-fait comme si je disais : vous ne nierez pas sans doute que vous vous êtes trouvé hier à la cour d'assises. La forme de la phrase n'y fait donc rien ; les deux ministres sont très positivement accusés d'avoir stipulé à leur profit et reçu un million de pot-de-vin.

Mais au surplus , s'il n'y a pas imputation précise d'un fait de la part du rédacteur de *la Tribune* , il y a tout au moins *allégation d'un fait*. Il est bien clair qu'on allègue (sauf à vérifier plus tard) que MM. Soult et Perier, ont touché chacun un pot-de-vin d'un million ; c'est tout ce qu'il me faut pour établir un délit. Si MM. Soult et Perier n'eussent pas porté plainte, pourrait-on affirmer qu'il ne resterait dans *la pensée de personne,* qu'enfin , il serait fort possible qu'un pot-de-vin eût été reçu? Il suffit que la stipulation de ce pot-de-vin puisse être crue par quelqu'un, pour que la considération des deux ministres en souffre, et pour qu'il y ait eu, par conséquent , diffamation de la part de *la Tribune*. J'ai déjà justifié deux des propositions que j'avais énoncées. J'ai défini la diffamation ; j'ai appliqué cette définition au texte de l'article. Maintenant, comment les prévenus se défendent-ils? De deux manières. Ils se sont jusqu'à présent justifiés, en disant qu'ils n'avaient pas avancé un fait, mais qu'ils avaient seulement provoqué une explication ; ils ont ajouté qu'ils allaient prouver la vérité de l'inculpation.

Examinons : Est-il exact de dire que les prévenus n'ont pas avancé un fait, mais simplement provoqué une explication ? Je ne crains pas de le dire, cette distinction à laquelle le prévenu a recours repose sur une équivoque indigne du caractère qu'il a essayé de se donner. (Murmure.) C'est une équivoque ; car M. Marrast ne peut nier que, dans son article, il eût avancé un fait *tout au moins pour provoquer une explication.* Déjà M. Marrast avait, dans la *Tribune*, provoqué les ministres ; plusieurs articles avaient paru dans ce journal, où les actes du ministère étaient critiqués. Les ministres ne répondaient pas : M. Marrast voulait une réponse ; il voulait que le ministère discutât ses accusations, afin de pouvoir lui-même répondre. Que fait M. Marrast ? Pour amener les ministres sur le terrain où il voulait les voir? il avance un fait. Il faut donc voir dans l'article, non pas seulement l'intention de provoquer une explication, mais l'articulation d'un fait. Le rédacteur de la *Tribune* dit aux deux ministres : Nous vous accusons d'un *vol*, nous nous attachons à votre personne ; nous verrons si, comme individus, vous serez plus accessibles à nos coups que vous ne l'avez été comme hommes publics. Voilà la pensée de M. Marrast : elle se retrouve partout, partout il la répète. Comment a-t-il pu essayer de la nier devant vous?

M. Marrast ne pouvait réussir à amener cette discussion qu'il désirait. Il s'est attaché à la personne des ministres ; il les a (si je puis me servir de cette expression) saisis au collet. Je m'étonne d'autant plus des dénégations actuelles de M. Marrast, que je lis dans son interrogatoire ces paroles, qu'il est important de rappeler ; « J'ai pris le chemin le plus direct de la personnalité. » Qu'il ne dise donc pas aujourd'hui qu'il n'a point avancé un fait. L'intérêt de sa défense trompe son jugement. Il est positif que M. Marrast a avancé un fait qui porte atteinte à la considération des ministres. En d'autres termes, il est positif que M. Marrast a diffamé. M. Marrast se présente comme le censeur des œuvres du ministère et de tous ceux qui ont eu le malheur d'y coopérer. Eh bien ! il faut qu'il ait le courage de l'avouer. Il doit avoir eu de bonnes intentions, je ne les examine pas ; mais je vois dans l'article incriminé un fait qui ne peut être nié. Et d'ailleurs la conduite de M. Marrast, pendant les débats, le prouve encore.

En quoi les débats consistent-il? dans l'audition des témoins. Quel est le but de l'audition des témoins ? c'est la justification d'un fait allégué. Si, dans la réalité, M. Marrast n'eût pas voulu publier un fait attentatoire à la considération de MM. Casimir Périer et Soult. M. Marrast n'avait qu'à le dire dès le principe. Si M. Marrast n'avait pas voulu diffamer, en appelant des témoins devant vous, il ne pouvait que rendre sa position plus désastreuse. Si le fait n'était ni dans les articles ni dans la pensée de M. Marrast, il n'avait point à établir d'enquête, il pouvait dire tout simplement : Je n'ai voulu et demandé que des explications. Il est donc bien établi que M. Marrast a voulu publier un fait, celui du pot-de-vin qu'il prétend avoir été reçu par MM. Périer et Soult. Ses réponses devant le juge d'instruction en font foi. Il a voulu (ce sont ses expressions), il a voulu, par *le chemin de la personnalité,* arriver à ce qu'il désirait ardemment, c'est-à-dire a une controverse entre lui et les ministres. L'enquête qu'il a engagée ici avait le même but.

Avant d'examiner les témoignages, j'ai, comme partie publique, un autre devoir à remplir. Je dois encore vous rappeler quelques principes. Hier, j'ai dit qu'en général on ne pouvait pas *prouver* la vérité d'un fait diffamatoire. Ainsi, quand on impute à un citoyen un fait portant atteinte à son honneur, on n'est pas admis à le prouver, et ceci répond à une erreur de droit commise par un des défenseurs des prévenus. J'ajoute qu'alors même qu'on a en main la preuve d'un fait portant atteinte à la considération de quelqu'un, on ne peut pas rendre cette preuve publique. Vous avez connaissance qu'un individu a commis un vol ; vous avez en main l'expédition du jugement où la condamnation est consignée; eh bien, vous n'avez pas le droit de dire que cet individu est un voleur. Si vous le dites, vous êtes coupable de diffamation.

La loi a fait une exception au profit, *en faveur* des hommes publics : je me sers du mot *en faveur*, qui me paraît répondre à l'intention qu'a eue le législateur ; la loi n'a pas voulu que l'honneur, la considération de l'homme public pussent être suspectés ; et faisant exception à la règle générale, elle a admis à leur égard la preuve du fait imputé ; « ainsi, dit la loi, nul ne sera admis à prouver la vérité des faits diffamatoires, si ce n'est en cas d'imputation contre les dépositaires ou agens de l'autorité. »

Remarquez bien les expressions du législateur : s'ils s'agit d'hommes publics, on est autorisé à prouver *la vérité du fait*. Ainsi, un homme prévenu de diffamation envers un dépositaire de l'autorité, est traduit devant vous ; il ne peut se contenter de présomption, d'adminicules de preuve ; il faut qu'il prouve *la vérité du fait*. Comment la prouve-t-il ? Par tous les moyens qui s'offrent à lui ; il la prouve par les écrits, par les témoignages, par tout ce qui peut enfin conduire à la conviction de *la vérité du fait*. Si l'on n'a pas la conviction de la vérité du fait, on n'a pas justifié innocente l'accusation, on a diffamé.

Examinons maintenant l'enquête. Lorsque M. Marrast a écrit son article, avait-il des preuves, des témoignages, du moins des présomptions ?... Si nous nous reportons au numéro de la Tribune du 10 juillet, nous voyons que M. Marrast n'avait point alors ce que lui appelle des preuves ; mais qu'il prétendait avoir des témoignages, la déclaration de gens honorables, des présomptions. Pour nous, nous irons plus loin ; si M. Marrast avait tout ce que je viens de dire, des témoignages, des présomptions, des lettres, il avait *des preuves*; M. Marrast, en disant qu'il n'avait point de *preuve*, n'a point parlé en jurisconsulte; les preuves que la loi demande, c'est tout ce qui peut établir la vérité ; toutes preuves sont acceptées par la justice; on ne demande point de preuves écrites; on sait bien que plus un crime est honteux moins celui qui l'a commis en a laissé de traces derrière lui. Si donc, je le répète, ce que M. Marrast a dit posséder en fait de documens, il le possédait réellement, il avait des preuves. Mais en avait-il réellement? Non, messieurs, il n'en avait aucune, et, je suis en droit de le dire, il trompait le public.

Ici je ne puis juger que d'après le débat ; ni le jury ni moi nous ne pouvons chercher ailleurs les élémens de notre conviction. Hier j'ai interrogé M. Marrast sur les preuves qu'il avait entre ses mains ; je lui ai demandé s'il avait, le 10 juillet, en sa possession, les correspondances qu'il a invoquées, et s'il les avait encore actuellement. M. Marrast n'a plus ces lettres; il ne les a pas conservées. Au mois de septembre dernier, l'affaire s'est pré-

*entée ici. M. Marrast demanda la remise, et l'un des motifs énoncés par son avocat fut qu'il avait une multitude de pièces à examiner, et qu'un certain temps était nécessaire pour cela. Où ces pièces sont-elles ?

J'ai demandé hier si on avait le droit, bien plus c'était mon devoir, que ces pièces fussent représentées ; elles devaient être signifiées il y a un mois ; on aurait pu opposer la prescription légale à une production tardive ; mais comme il s'agissait de la justification ou de la flétrissure de deux ministres, je passai par-dessus l'irrégularité, je compromis ma responsabilité ; la loi dit que si les justifications ne sont pas faites dans les huit jours qui suivent l'arrêt de renvoi, il y a déchéance ; je n'ai point eu égard à cela, j'ai consenti et je consens encore à la production de pièces ; ces pièces ne sont point produites. Pourtant M. Marrast disait le 10 juillet qu'il avait des lettres importantes venues de Londres ; il n'en a pas. Hier j'ai entendu M. Bascans dire que depuis trois jours il était arrivé de Londres ; sans doute il y était allé pour y chercher des preuves ; je suis autorisé à dire qu'il n'en a trouvé que de contraires, puisqu'il n'en fournit aucune.

M. Bascans. Ce n'est pas depuis trois jours, mais depuis hier seulement, deux heures avant l'audience, que je suis arrivé de Londres. Je vous dirai quand vous voudrez ce que j'ai été y faire, et ce que j'y ai fait.

M. le président. N'interrompez donc point ; laissez parler M. le procureur-général.

M. Persil, continuant :

Hier, à la suite de nos interpellations, une lettre a été produite ; d'après ce que je viens de dire tout à l'heure, nous aurions pu rejeter cette lettre ; nous l'acceptons, au contraire, et nous recherchons ce qu'elle contient et de quel poids elle est au procès. Quel est le caractère de cette lettre ? Que dit-elle ? Elle n'a aucune authenticité ; elle ne porte pas même le timbre de la petite poste de Paris ; pour la justice, elle est donc tout-à-fait insignifiante, et déjà, à l'occasion d'une pareille lettre, un de MM. les conseillers a fait observer qu'une lettre sans authenticité était comme nulle. Mais quel est son contenu ? C'est la déclaration d'un homme qui aurait offert des fusils à un prix moindre que celui convenu dans le marché ; mais qu'est-ce à dire ? qu'importe. Vous avez à décider s'il est prouvé que MM. Soult et Perier aient reçu un pot-de-vin ; est-il question le moins du monde de pot-de-vin dans la lettre que je discute ? M. Marrast s'est plaint qu'on le ramenait toujours à cela ; mais il le faut bien ; les ministres se plaignent, non de ce qu'on dit des marchés ; à cet égard se sont d'autres juges qui prononceront. Ils se plaignent de ce qu'on dit qu'ils ont reçu un pot-de-vin ; or, votre lettre prouve-t-elle ce pot-de-vin ? Aucunement. Je résume donc en peu de mots la position de M. Marrast. Il n'avait aucune pièce entre les mains le 10 juillet ; il disait cependant qu'il en avait ; il altérait la vérité.

M. Marrast aviat-il au moins des témoignages ? Etait-on venu lui dire que MM. Perier et Soult avaient reçu un pot-de-vin ? Non ; il a fait citer trente-six ou trente-sept témoins : un seul de ces témoins a-t-il déposé avoir dit à M. Marrast qu'un pot-de-vin avait été payé ? Non. Quelques témoins ont inculpé les marchés, ou trouvé qu'ils n'avaient pas été faits comme ils auraient dû l'être ; ils ont pu même laisser leur esprit s'abandonner à quelques soupçons vagues. Mais aucun n'a dit sur le pot-de-vin d'un million un seul mot qui pût vous être présent comme justifiant l'énonciation de M. Marrast.

Maintenant, je le demande, la réputation d'homme d'honneur peut-elle être ainsi livrée à la merci d'un journaliste? Sans doute la mission des journalistes est grande et élevée, comme l'a dit un des avocats des parties civiles. Ils exercent une magistrature immense, qui peut produire pour l'état un bien immense aussi; mais cela seulement quand ils se renferment dans les questions de politique générale. Avoir une opinion contraire à celle d'un ministre n'autorise point à inculper son honneur. Il faut, même en politique, admettre que l'on peut trouver des gens d'honneur parmi ses adversaires. Quant à moi je n'hésite point à proclamer la probité de tel homme dont je blâme d'ailleurs les opinions; je puis dire qu'il se trompe, qu'en allant plus vite que moi il risque de bouleverser l'état, mais je ne salirai point son honneur par des imputations flétrissantes.

Ainsi, dites du président du conseil qu'il se trompe dans son système d'administration; qu'en achetant des fusils en Angleterre il a fait une chose impolitique; attaquez, si vous le voulez, son jugement, son esprit, mais son honneur jamais; l'honneur est une chose sacrée à laquelle vous ne devez pas toucher.

Disons donc que M. Marrast n'a produit aucune preuve à l'appui de son allégation, pas même une présomption. Il ne reste donc qu'une diffamation. Il ne reste que la circonstance d'avoir attenté à la considération de deux citoyens honorables. Quant aux présomptions, qui se réduisent à quatre points, je dis que quand même toutes seraient vraies, quand MM. Perier et Soult auraient acheté en Angleterre des fusils qu'ils auraient pu acheter en France : lorsqu'ils auraient négligé de retirer les fusils de la Vendée : lorsqu'ils auraient acheté en Angleterre les fusils plus chers qu'en France ; lorsqu'ils auraient repoussé des propositions plus avantageuses. Tout cela prouverait-il ce qui est à prouver dans la cause?

Il faut reconnaître que M. Marrast se plaît à faire sa cause beaucoup plus grande qu'elle n'est; c'est nous qui appelons ici M. Marrast, oui, c'est nous qui vous appelons ici ; nous ne vous avons pas cités devant la cour d'assises pour y soutenir des théories : nous vous avons traduits devant la justice pour nous plaindre à elle du pot-de-vin d'un million dont vous avez parlé.

Si vos présomptions étaient établies, cela prouverait tout au plus une mauvaise spéculation, une faute politique dont les ministres seraient responsables. Je ne veux point ici les justifier : dans une autre qualité cela pourra me regarder, à la chambre des députés ; nous examinerons les marchés lors de la discussion des comptes de 1834. Toute l'opération des marchés sera scrutée, critiqué ; comptez sur la justice de la chambre, qui ne permettra pas que les deniers publics soient dilapidés. Si l'opération a été mauvaise, si les intentions ont été perverses, les juges sont là.

Maintenant, examinons chacun de ces faits ; voyons s'il en résulte autre chose que ce qui peut être parfaitement honorable pour un ministre.

1° Les ministres ont acheté les fusils à l'étranger au lieu de les acheter en France. M. Marrast a voulu joindre hier à ce reproche celui de n'avoir pas organisé des fabriques pour confectionner des fusils français. Or, vous avez entendu hier les témoignages des membres du conseil et de l'honorable général Lafayette. Que vous a dit M. le général Lafayette? un mot qui qui le caractérise, et qui justifie de la manière la plus complète l'opération. En septembre et en octobre, vous a dit M. de Lafayette, je ne voyais qu'une chose, des fusils ! Je ne regardais point à l'argent, il fallait avant tout des fusils ! En effet, il y avait bien des citoyens pleins d'ardeur et disposés à se réunir, mais il n'y avait pas d'armes. Y en avait-il en France qu'on pût acheter? non. Pouvait-on en faire confectionner en France? Alors on les aurait eues beaucoup trop tard. Il n'est donc pas extraordinaire qu'on ait été chercher ces armes en Angleterre.

En deuxième lieu, on aurait négligé de retirer les fusils de la Vendée. M. le général Larmarque a dit avec une grande vérité, qu'il n'y avait pas d'opération plus politique; car non-seulement elle procurait des fusils à bon marché, elle désarmait encore des ennemis. Mais le ministère a-t-il commis la faute grave qu'on lui impute? vous avez entendu expliquer ce qui s'était fait. Le gouvernement mériterait en effet les plus graves reproches s'il n'avait pas continué l'opération dont il s'agit; mais il l'a continuée; et comment? par l'intermédiaire des autorités locales. Le gouvernement ne pouvant pas se passer d'intermédiaires, or, comment s'assurer de la moralité de ses agens? M. Lamarque en a connu un très honorable; mais le gouvernement pouvait-il être sûr que tous le seraient? Il lui a paru plus simple d'employer les agens tout naturels que lui offrait l'administration civile : l'événement justifiera lequel des deux modes devait être préféré. Il y aura là un acte d'administration à juger; on peut différer d'opinion sur la manière dont l'opération aura été continuée; mais voilà tout.

En troisième lieu, les fusils ont été achetés plus cher en Angleterre qu'en France. Ici une explication est nécessaire. On perd de vue l'époque à laquelle le marché s'est fait. Pouvait-on, en octobre, en novembre, se procurer des fusils en France? On a acheté tout ce qui était livrable en France. Il en fallait de tout prêts; il fallait donc absolument prendre les fusils de l'Angleterre. En quatrième lieu, des propositions plus avantageuses ont été rejetées. On a préféré le marché Gisquet. Non, messieurs, presque toutes les propositions dont on vous a entretenus ont été faites et rejetées postérieurement à la conclusion du marché Gisquet.

Voilà donc les faits expliqués. Mais souvenez-vous, messieurs les jurés, que vous n'avez point à juger les marchés faits par le ministère : vous avez à juger une calomnie, une diffamation. Nous avons suivi la défense jusque dans ses élémens les plus minces; nous avons démontré qu'il n'y avait ni preuves écrites, ni témoignage; on a invoqué un bruit populaire, et nous avons vu ce qu'il était; enfin toutes les présomptions, nous les avons passées en revue et détruites. Il nous reste à entendre la défense des prévenus; j'espère qu'ils ne voudront pas ajouter une nouvelle diffamation à celle qui leur est imputée, ils sortiraient de leur caractère de prévenus qui doivent se défendre, mais ne doivent pas accuser.

M. LE PRÉSIDENT. M. Marrast a la parole. (Vif mouvement de curiosité dans l'auditoire. — Les huissiers crient : *Silence!*)

M. MARRAST se lève et improvise le discours suivant :

Messieurs les jurés, je suis peu fait aux habitudes de la cour d'assises; c'est la première fois que j'y viens, et les usages suivis dans cette enceinte me sont absolument étrangers. Je sais seulement que c'est la conscience qui juge, c'est aussi la conscience qui parlera.

Ceci même, messieurs, détermine d'avance la nature de ma défense : elle est très simple, car elle se borne, pour moi, à tâcher de placer chacun de vous dans la position où je me trouvais moi-même au moment où j'écrivis la *phrase* incriminée.

M. le procureur-général disait tout-à-l'heure que je n'avais aucune preuve, aucun témoignage, aucune lettre, aucune présomption; et, se contredisant lui-même immédiatement, il a discuté mes preuves, combattu les témoignages, examiné les lettres, et discuté, une à une, toutes les présomptions.

M. le procureur-général a donc rendu ma tâche bien facile, car il a pris soin de détruire ses propres paroles. Je ne connais pas d'autorité plus forte à opposer à M. Persil que M. Persil lui-même. (Mouvement dans l'auditoire.)

Cette observation , que je fais pour M. le procureur-général, s'applique en général à tout le système d'accusation ; et tout le monde aura remarqué sans doute dans quel défilé et la cour, et le parquet, et les parties civiles, ont voulu nous engager.

En effet, quel est l'objet de l'article? Vous l'avez entendu, et non pas une fois, mais dix fois, mais toujours : c'est de provoquer une explication sur des faits graves, sur *un point délicat*; c'est là ce que j'ai dit dès le premier jour, ce que j'ai répété le lendemain dans le journal, ce que j'ai répondu au juge d'instruction. Jamais je n'ai varié. Cependant, qu'a fait l'accusation? elle a pris pour affirmation ce qui était doute ; au lieu d'une explication, elle a voulu un procès ; le procès est venu. J'ai dit : Tant mieux! Je le dis encore.

Mais, à l'audience , M. le président a tout-à-fait épousé la querelle de l'accusation! Quelle question posait-il? Toujours la même : *Avez-vous connaissance qu'un pot-de-vin ait été donné à MM. Périer et Soult?* Mais cette question supposait une chose, c'est que ce que j'avais écrit était une affirmation absolue, et voilà précisément ce qui était à prouver. Ce cercle vicieux a renfermé la défense dans un sentier étroit, d'où on ne lui a jamais permis de sortir. Ainsi, mes droits de prévenu ont été, dans cette cause, indignement méconnus, et la loi fort peu respectée. (Nouveau mouvement.)

Quel était pour moi le bénéfice de la loi ? De prouver ce que j'ai avancé. Mais qu'ai-je avancé? un fait? Non ; mais un doute. Et quelles sont les preuves du doute? — Quand j'ai voulu les fournir, on s'y est opposé.

Ainsi, j'avais fait assigner M. Blaque-Belair, député, afin qu'il parlât d'un marché de plomb qui lui a paru très onéreux pour l'état. On ne lui a pas permis de parler. J'avais assigné M. Chenard pour qu'il vous entretînt qu'un marché de sabres avait été conclu à des conditions inouïes. — On nous a dit que c'était étranger au procès. — M. Chevalier devait vous exprimer ce qu'il sait bien des trafics incroyables pratiqués presque publiquement à la bourse et ailleurs pour d'autres marchés encore. On a fermé la bouche à . Chevalier. Il y avait des témoins assignés à l'occasion des marchés de couvertures, de draps, de chevaux... Que sais-je? Il y a eu pour 200 millions de ces marchés de toute nature passés à la guerre, sans concurrence, sans publicité, sans aucune des garanties que prescrit la loi. — Eh bien! on n'a voulu rien entendre : on a impitoyablement coupé, brisé toutes ces dépositions. — Est-ce là de la justice ? (Mouvement prononcé d'approbation.)

Et quand les témoins assignés à la requête des ministres ont voulu au contraire disserter, plaider, émettre à l'aise leur opinion , loin de les interrompre, on leur a laissé prendre aisément leurs coudées !

Qui n'a remarqué, par exemple, qu'une chose importante au procès, c'était de savoir s'il y avait urgence à faire un marché de fusils avec l'Angleterre, un marché à 34 f. 90 c. , tandis que l'industrie française fabriquait à 24; tandis que d'autres *négocians* français offraient à 26, à 28, à 30, à 31 50 c., exactement les mêmes fusils ? Eh bien ! sur cette question d'urgence on a écouté avec toute complaisance les témoins des ministres, et quand j'ai voulu faire interroger MM. Lamarque, Mauguin, Salverte, etc., sur cette question, on s'y est obstinément refusé. Vous avez entendu MM. Gourgaud et Tugnot, tous deux militaires en activité, haut placés , et tenant de près à l'un des ministres mes adversaires , vous entretenir de la qualité des armes fournies par M. Gisquet. J'ai voulu opposer l'opinion du général Lamarque, de M. de Corcelles, de M. Thiars, de M. Bricqueville, de plusieurs autres officiers supérieurs à l'opinion de ces messieurs ; on ne me l'a pas permis davantage. (*Au banc des avocats*. C'est vrai !...)

Cependant vous me demandez des preuves, et vous ne voulez pas les entendre quand elles arrivent! Cependant la loi veut que les jurés forment leur couviction par tous *les indices*, et vous empêchez ces indices d'arriver jusqu'à eux ! Cependaut il y a dans toutes les affaires de la nature de celle-ci un point élevé de *moralité* qu'il s'agit de prouver à tous ! J'aurais voulu, pour fixer ce point important, interroger plusieurs témoins sur les opérations de bourse qui ont fait tant de bruit ces jours derniers ; j'aurais voulu faire établir par mille autres moyens quelle devait être la confiance du jury dans la délicatesse de ces messieurs, qui s'est montrée si chatouilleuse. Tout cela était mon droit, le droit le plus sacré , le plus respectable, celui de la défense; on n'en a tenu compte. Le droit, c'est la puissance qui le revendique pour elle , et la puissance qui accuse vient fixer elle-même les bornes dans lesquelles la défense doit se renfermer. (Vif mouvement d'approbation, rumeur. — M. le président réclame le silence. — M. Marrast reprend au milieu de l'intérêt toujours croissant de l'auditoire :)

Dans une telle position, messieurs, il importe du moins de rassembler avec soin les faits si graves qui vont sortir de ces débats ; et d'abord posons nous en face des ministres et déterminons notre situation respective.

On a parlé tout-à-l'heure des dangers de la presse, des ravages de la calomnie; on a dit sur ce point et l'on répétera sans doute beaucoup de lieux communs sur lesquels personne ne conteste.

Et moi aussi, je m'indigne de la calomnie, moi aussi, je la repousse, comme indigne de mon caractère et de ma dignité.

Mais qui donc êtes-vous, ministres, qui vous prétendez calomniés? — Vous êtes des hommes publics. En cette qualité, tous vos actes sont de mon domaine. Vous avez entre vos mains la fortune publique : c'est mon devoir de vous surveiller, de vous demander compte de l'usage que vous en faites : et ce droit, il appartient à chaque citoyen; car c'est du trésor de chacun que se compose le trésor de l'état; vous êtes nos intendans : chaque jour, à chaque heure, vos actes peuvent inspirer ces soupçons, et ces soupçons, votre devoir est de les dissiper. (Applaudissemens.)

De quoi donc vous plaignez-vous? De ce qu'on vous interroge sur des marchés scandaleux? Mais c'est l'obligation de tout homme qui peut exercer sur les affaires du pays une influence directe ou indirecte. Et sans cela, où seraient nos garanties?

Me LAVAUX, interrompant : Dans la chambre des députés!

M. MARRAST, reprenant vivement. Oui, sans doute; mais chambre des députés résume l'opinion, elle juge, elle décide, elle formule les plaintes et l'accusation contre les ministres; mais il faut auparavant que ces plaintes aient eu leur cours; les députés trouvent les ministres face à face, c'est leur voix qui les attaque : la presse ne peut les atteindre qu'avec la plume. Le droit est le même au fond, il ne diffère que par la forme; les garanties sont dans le doute, dans les soupçons, dans *l'examen*, dans *la publicité*. (Approbation marquée. M. le président donne des marques visibles d'impatience en regardant l'auditoire.)

Il faut en convenir, messieurs, si toutes ces inquiétudes n'existaient pas au sein du pouvoir, il aurait en conscience trop de douceurs. Quoi! ils auront à leur disposition l'armée, l'argent, toutes les forces nationales; à un signe ils feront mouvoir tous les fonctionnaires, ils agiront sur les destinées d'un pays par des moyens si puissans; au moindre mouvement de leur pensée ils auront pour écraser ceux qui les combattent et les parquets, et les huissiers, et les gendarmes, et cet immense fléau de la police. Et quand ils se présentent à nous avec tout ce cortége, nous n'aurions pas, nous, simples écrivains, le droit de les questionner, de nous défier d'un pouvoir si menaçant, de croire à des abus si faciles? Nous ne pourrions pas répéter ces rumeurs de l'opinion qui a un instinct si droit et si sûr?... Nous ne pourrions parler à **ces** messieurs qu'avec des ménagemens qui sentiraient ou la faiblesse ou la dépendance?... Non, messieurs, non! notre devoir est plus **fort**; la liberté vit de défiances : prenez le pouvoir, si vous voulez, mais sachez que dès ce moment même vous tombez sous le domaine de la publicité, vous, votre présent, votre passé, tous vos actes connus, tous vos actes mêmes projetés. Honte à celui qui va de sang-froid arracher malignement un simple citoyen à ses habitudes privées, et qui le traduit du foyer de sa famille dans l'arène publique! Mais honte aussi à l'écrivain timide qui déserte ses devoirs parce qu'un danger quelconque s'y attache! Honte à celui qui se courbe devant le puissant, parce qu'il est fort! (Bravos dans le fond de la salle.)

Vous m'opposez une loi spéciale de diffamation? Et moi je vous oppose cette loi suprême que vous avez faite à votre gré; c'est sous son égide que je me place : elle m'accorde le droit de vous accuser de trahison et de concussion. Votre position de ministre est dans une position exceptionnelle. Plus vous pouvez commettre d'abus, plus la loi nous arme de défiances. (Nouveau mouvement.)

Ainsi donc, ce qui serait coupable de la part de la presse, à l'égard des hommes privés, est nécessaire envers des ministres. La charte a réglé jusqu'où pouvaient aller à cet égard les organes de l'opinion : jusqu'à *la trahison* et *la concussion*, c'est à dire jusqu'aux deux plus grands crimes dont l'homme peut se rendre coupable.

Par conséquent, s'il s'élève des bruits fâcheux, des soupçons graves, ayant trait à la trahison ou à la concussion, non-seulement mon droit, mais mon devoir est de les recueillir, de les signaler à la France!..... Tout-à-l'heure M. Lavaux disait : *Si toutefois la France s'occupe de la* Tribune : l'avocat de M. Soult aura pris sans doute sur lui ce ton de dédain. Je ne sais pas si l'opinion s'occupe de nous, ou plutôt je le sais bien, et ces débats le prouvent; mais ce qu'il y a de certain, c'est que M. le ministre de la guerre *s'en occupe beaucoup!* (Hilarité générale et prolongée.)

M. Marrast, reprenant : Pardon, messieurs, de cette courte digression.

Mes droits étant donc fixés d'après la Charte, reste à savoir si j'en ai abusé. Et pour cela, messieurs, je ne vous offrirai que des argumens extrêmement simples, que je jette au hasard avec tout ce que l'improvisation semble autoriser de confus et de désordonné.

Messieurs, supposez qu'il n'y eût pour moi dans ce procès aucun témoignage, aucune lettre, aucun indice; eh bien ! alors même vous ne pourriez juger si j'ai dit faux. Et en voulez-vous une preuve? vous l'avez dans le journal même; que dis-je? dans l'article que j'ai publié... En effet, cet article renferme une très grande quantité de faits... Aucun n'a été démenti, tous se sont trouvés justes. Eh bien ! qui me les avait rapportés? Et qu'importe?... ils sont vrais, voilà tout. J'ai rapporté le lendemain une circulaire de MM. Soult et Perier qui était grave et secrète; elle n'a pas été démentie ;

elle était positive. Qui me l'a dite?... Ces jours derniers encore je rapportais que des dépêches positives, venues de Berlin, adressées à M. Perier par un chancelier de ce pays, l'avertissaient des dispositions très hostiles de la Russie envers la France , et des hésitations de la Prusse... Qui m'en a informé? Je ne vous le dirai pas. Un journaliste a aussi ses confidences : elles partent de haut bien souvent, mais elles n'existent qu'à une condition, celle de la discrétion sous laquelle se cache leur auteur. Et voudriez-vous, vous, hommes d'honneur, que je vinsse ici compromettre les personnes qui se sont reposées sur ma loyauté? Si ces personnes ont des places qui les font vivre et un patriotisme dont l'expression les ruinerait, voulez-vous que je vienne les trahir, pour me sauver ainsi par une lâcheté ?

Qu'est-ce donc qui importe pour nous? c'est de savoir si les personnes dont nous tenons nos informations sont placées en position d'être elles-mêmes bien instruites, ou si elles ont intérêt à nous tromper. Je ne suis pas dans l'intérieur de mon cabinet un juge d'instruction , qui cherche des preuves légales; je suis là , messieurs, ce que vous êtes ici, un juré qui cherche des présomptions et qui me fie à des témoignages honorables.

Eh bien ! dans l'article qui est incriminé, étais-je placé sous des inspirations vraies ou fausses ?...

Dans l'un et l'autre cas je suis innocent ! — Si elles sont vraies , nul doute : si elles sont fausses, nul doute encore , car je vous indique la source où j'ai puisé.

M. le procureur-général, équivoquant sur les mots avec une subtilité malheureuse, car elle est maladroite, me disait tout-à-l'heure : « Vous avez avancé un fait, vous êtes obligé d'apporter la preuve « PRÉCISE de ce fait. »

Ainsi je pourrai prouver que l'opinion publique était nourrie de soupçons; que tout bas on parlait de pots-de-vin ; que dans une réunion grave de plus° de cinquante de ses collégues, un député qui est ministériel aura tenu un propos dans lequel ce même mot de pot-de-vin a été employé ; je prouverai qu'un secrétaire de ministère a été averti, pour qu'il en donnât avis à ce ministre lui-même, qu'un marché se préparait, dans lequel il y aurait un tripotage entre MM. Gisquet et Perier; je prouverai en outre que plusieurs lettres reçues de Londres parlent de deux marchés de fusils , l'un patent, l'autre secret; que M. Mauguin m'a affirmé ce fait; que le général Dubourg m'en a dit autant; que M. Raspail est venu l'attester encore ; je prouverai que le scandale de ces marchés était publiquement avéré à Londres ; je prouverai que l'on a acheté des fusils à un prix exorbitant, alors que d'autres soumissions à meilleur compte étaient offertes ; je prouverai que ce marché a été repoussé par la probité de M. Gérard, et accepté par M. le maréchal Soult ; je prouverai que ce marché est conclu avec M. Gisquet, qui a été pendant vingt-cinq ans l'associé, et qui est aujourd'hui encore le commanditaire de M. Casimir Perier ; je prouverai que M. Gisquet était en déconfiture avant le marché, et qu'il s'est très haut relevé depuis ; je prouverai que M. Perier avait le plus grand intérêt de sauver du naufrage une première commandite de 250 mille francs faite en son propre nom par acte devant notaire, en 1825, et une somme de 950 mille francs faite au nom de la maison Périer en 1830 (acte du 2 juillet, constant au procès) ; je rassemblerai toutes les probabilités, j'accumulerai les présomptions, et quand cette masse accablante de preuves aura été réunie, on viendra me dire que je n'ai rien prouvé, qu'il faut avoir une personne qui parle *précisément* de tel pot-de-vin très-précis !! C'est donc la quotité qui vous importe et non le fait !... Mais voler dix mille francs à l'état est une action aussi infame que voler un million !... (Mouvement d'approbation dans toute la salle. M. Persil fait un signe affirmatif.)

Ce n'est donc pas sur la quotité du pot-de-vin, c'est sur le bénéfice illicite, sur l'opération onéreuse à l'état, profitable aux ministres, qu'il faut s'expliquer. — Eh bien ! que savais-je au moment où j'ai écrit mon article ? Je savais qu'un marché de fusils avait été fait à raison de 55 fr., et j'avais eu communication des lettres venues de Londres, qui donnaient le prix de ces mêmes fusils à 22 fr., première qualité. M. Sauquaire-Souligné vous a montré deux de ces lettres. Rien n'est plus certain. Je savais que les fusils renfermés à la Tour de Londres étaient très mauvais. — M. Billard vous l'a dit.—Je savais que ceux qu'on avait payé si cher, et qu'on envoyait ici, étaient détestables. Vous avez, à cet égard, les dépositions de MM. Thiars, Bricqueville, Paulin, Chevalier, etc., etc., c'est un fait de notoriété publique. — Je savais que, *avant* M. Gisquet, M. Vandermeth avait proposé les *mêmes fusils* à 26 fr., et qu'on l'avait refusé. Voyez sa lettre et les dépositions de M. de Corcelles, et de MM. Bamelle et Ancelin. — Je savais, qu'*après* M. Gisquet, on avait fait un autre marché de fusils anglais au prix de 28 fr. Voyez la déposition de M. Tugnot lui-même. — Je savais que le commerce tout entier de Saint-Étienne et des autres villes manufacturières d'armes en France avaient offert de fabriquer à raison de 26 fr. d'abord, de 28 fr. ensuite. Voyez la déposition de M. Baude et celle de M. Lamothe. — Je savais que tout cela avait été refusé par le ministère, et je voyais, entre toutes ces offres répoussées, une offre, une seule acceptée sous le manteau, avec mystère, et à un prix énorme ; une offre de 200,000 fusils à 55 fr. !

Mais si vous repoussez l'industrie française, quoique ses produits, de votre propre aveu, soient bien préférables, recevez au moins les offres des négocians français, qui vous offrent les fusils anglais à meilleur compte. Sur ce seul point vous avez cinq propositions différentes. Vous avez accepté celles de l'homme le moins habile et au prix le plus élevé.

Eh bien! y a-t-il là assez de motifs de défiance et de soupçons ? Et cette offre, d'où partait-elle? d'un négociant en déconfiture. En sorte que vous n'aviez pas même la garantie de solvabilité ! (Mouvement.)

Or, je le demande au bon sens, à la conscience publique, moins l'homme était habile, plus il fallait que la recommandation qui le fesait accepter fût puissante et haut placée. Je cherche cette recommandation dans le conseil, et j'y trouve M. Casimir Perier, l'ami, *l'associé-commerçant* de M. Gisquet.... J'examine tous les marchés ; je prends la proposition la plus forte des autres négocians : c'est 28 fr. ; je la compare à celle de M. Gisquet, qui est de 35 fr. Quelle est la différence? 7 fr. — Comptez : sur 200,000 fusils, cela fait *quatorze cent mille francs.* Qui les a perdus? l'état. Qui les a gagnés?... M. Soult, c'est vous qui avez signé le marché ; M. Perier, c'est votre associé, votre ami intime de vingt-cinq ans, votre commanditaire, votre préfet de police enfin aujourd'hui, qui l'a fait.... Répondez-moi, car je vous interroge.... (Vif mouvement d'approbation.)

Messieurs, voilà tout mon article ; voilà tous les motifs qui l'ont dicté.

M. Marrast se tourne ici vers l'auditoire et il s'écrie : Il y a ici un grand nombre de députés, d'écrivains, de journalistes : Eh bien ! je les adjure de déclarer si jamais il y eut un article de journal appuyé sur autant de documens, muni d'autant de preuves, renforcé de témoignages plus nombreux, plus honorables (Des applaudissemens éclatent avec force dans la salle.)

M. LE PRÉSIDENT, en frappant sur son pupitre. Huissiers, faites faire silence.

Et cependant on a osé vous dire que j'étais l'*inventeur* de ces bruits; on a parlé de mauvaise foi et de bruits fangeux.

Ces bruits fangeux, ce sont ceux que j'ai recueillis et dans les couloirs de la chambre, et dans une réunion de députés! y a-t-il quelque part une source plus pure ?

Quant à la mauvaise foi, messieurs, ces débats, je l'espère, ont mis à couvert la loyauté de mon caractère et la franchise de mes opinions. Je n'ajouterai qu'un mot. Je sais bien ce qu'on gagne à être ministre de l'intérieur ou de la guerre ; mais savez-vous ce que nous a rapporté jusqu'à présent l'opposition? Des querelles, des haines, des duels, des procès, des amendes, de la prison, des préventions stupides ou violentes, et, je le dirai même, l'injustice souvent outrée d'une certaine portion de l'opinion, égarée par le pouvoir et soulevée contre nous par des déclamations que la peur accueille et que l'imbécillité propage.... Cependant nous avons persisté, nous persisterons toujours dans la ligne de la conscience. Dites-le donc , hommes du pouvoir, s'il n'y a pas dans nos âmes une conviction, où la trouverez-vous ? (Ce morceau, prononcé avec une très vive chaleur, produit un mouvement général de satisfaction dans toutes les parties de la salle. — Plusieurs jurés donnent des signes d'approbation.)

Mais on nous dit , discutez tant que vous voudrez, faites de la théorie, agitez les questions sociales, les intérêts généraux.—Fuyez la personnalité.—Thèse commode en effet ; ainsi je vivrai dans les abstractions , au milieu de cette métaphysique dont MM. les doctrinaires ont voulu nous infatuer. (On rit.) Non ! les intérêts généraux ne sont que des collections ; ce sont les intérêts spéciaux , les intérêts un à un qu'il est nécessaire d'examiner.—C'est l'intérêt de l'industrie, c'est l'intérêt du commerce que j'ai examiné et défendu dans cette circonstance. Les personnalités ! Et oui , sans doute , je les emploie et je les emploierai, car elles renferment tout. Les doctrines se croisent sans se toucher ; mais un système prend le corps d'un homme, et alors vous le faites mouvoir ; on peut le heurter et l'abattre ! Là seulement il y a profit pour le pays : le reste n'est que jeu d'esprit.

La vie que nous menons est une vie de combats journaliers. Un fait se présente , je l'examine et je le saisis : c'est de l'histoire. Un homme arrive sur la scène politique , je le découpe et l'analyse , c'est de la personalité. Mais pourquoi ? Parce que cet homme porte avec lui un système , que ce système à mon sens peut être fatal au pays.

C'est là ce que j'ai fait pour MM. Périer et Soult ; c'est ce que nous faisons pour tous les ministres.

Oui, quand j'ai écrit j'étais pénétré d'indignation contre ces hommes ! Je ne les ai pas seulement accusés de concussion , mais de trahison. Cependant, c'est à la première de ces accusations qu'ils ont répondu.

Ils ont négligé l'autre, et pourquoi donc , je vous prie ?

Un traître serait-il donc plus honorable qu'un commissionnaire ? Quand j'ai écrit, j'ai cru que le ministère *trahissait...* (Mouvement.) Je suis bien indulgent de mettre la chose au passé... (Sensation prolongée dans l'auditoire.)

Eh bien ! il y avait aussi diffamation dans tout ce que je vous avais reproché... mais la diffamation se trouvait dans vos actes , et mon devoir était de la relever pour l'écrire sur vos fronts. (Bravo! bravo! — M. le président réclame de nouveau le silence.)

Pour la trahison, j'ai affirmé ; pour la concussion, je n'ai exprimé qu'un doute, et vous avez vu s'il était légitimé par tout ce que vous avez entendu ici.

Où en êtes-vous à cette heure, messieurs ? Une discussion bien longue vient d'avoir lieu : on a lu des marchés, discuté des prix ; on a cherché à justifier tout le monde. Je vous le demande, cependant : êtes-vous bien sûrs, dites-moi, que tout le monde a fait son devoir, qu'il n'y a pas eu de bénéfices exhorbitans, que tout a été réglé par la probité, l'honneur, le patriotisme?... (Profond silence.)

Vous avez entendu le principal intéressé dans cette affaire, M. Gisquet, qui s'est livré à une dissertation longue, détaillée, faite avec soin, complétée autant qu'il l'a pu ; et certes, il a eu le temps et la facilité de l'arranger à sa guise, et de la façonner même d'après ces débats ; car, vous ne l'avez pas oublié, messieurs, et le public tout entier s'en est indigné : M. Gisquet, au lieu de se trouver avec les autres témoins, a obtenu le privilége de rester chez lui. Or, il est préfet de police, et de quart d'heure en quart d'heure ses agens, qui sont en grand nombre dans cette salle, pouvaient le mettre au courant de toute la discussion. Vous l'avez entendu, dis-je ; eh bien ! même après sa déposition, dites-le-moi, tout ce mystère est-il éclairci? Les ministres et leur agent sortent-ils bien purs de tous ces débats?

Et moi, journaliste, je n'aurais pas rempli un devoir en appelant l'attention publique sur des faits aussi graves ! Quand les soupçons sont partout, quand la tribune nationale en a retenti, quand les députés me parlent de pots-de-vin demandés au ministère de la guerre, quand il y a eu des lettres publiées dans le *National*, des réclamations de toute nature de la part des fournisseurs, vous voulez que je suppose que tout cela est erreur, rumeurs méprisables ; que les députés m'ont trompé, que ce qu'ils ont entendu n'a pas été dit ; que les discours de M. Baude et de M. de Corcelles ne méritent aucune foi, qu'il faut se garder d'exprimer des soupçons dont l'atmosphère que je respire est tout imprégné.

Malheur à moi, si j'avais ainsi compris cette mission d'homme public que M. Persil définissait naguère d'une manière honorable.

Oui, votre jugement peut me frapper, il ne me rendra jamais infidèle à ma conscience. (Approbation générale.)

M. Marrast reprenant. Je vous prie de m'excuser si je ne suis pas avec ordre toutes les idées qui naissent de cette importante discussion. Notre habile défenseur suppléera à mon insuffisance : c'est à lui que je laisse le soin de vous faire connaître avec détail ces marchés, où la spéculation la plus éhontée est venue se glisser sous prétexte de patriotisme. Une chose pourtant vous aura frappés, c'est que personne n'a osé défendre ces marchés, excuser la cherté des prix.... Aux yeux de tous, les conditions du marché sont onéreuses pour l'état. On cherche à les expliquer, et il n'y a qu'un motif, la nécessité, l'urgence.

L'urgence ! Mais si vous êtes si pressés, pourquoi accorder un délai de 7 mois? Si vous avez besoin de tant de fusils, pourquoi repoussez-vous la concurrence?

L'urgence ! Mais le général Lafayette peut en parler, lui, puisqu'il croyait à la guerre ! Vous ne le pouvez pas, vous, car vous nous avez toujours dit, que vous n'y croyiez pas. Ainsi, vous répétiez à la tribune que la paix était assurée, et en même temps vous fesiez des sacrifices énormes, comme si vous prépariez à la guerre ! Vous mentiez donc ou dans vos marchés, ou à la tribune ? Choisissez.

Voulez-vous l'urgence ? d'accord. Eh bien elle vous commandait d'agir contrairement à ce que vous avez fait ; l'urgence vous commandait de donner une grande activité à nos fabriques, de détruire le monopole, d'écouter, de discuter toutes les propositions ; l'urgence supposait la crainte de la guerre, et la crainte de la guerre vous défendait d'aller vous confier à une puissance étrangère... C'est là pourtant ce que vous avez fait.

Ce que vous avez fait est donc inexplicable par un motif honnête ? Que conclut la logique ?.... Vous allez dire que c'est une diffamation ?.... A la bonne heure. Mais c'est la logique qui la fait... C'est donc la logique que vous avez à poursuivre ; c'est elle seule qui peut être condamnée. Or, un jugement qui condamnerait la logique serait, je crois, fort insensé. — Vous avez trop de raison, MM. les jurés, pour que nous ayons à craindre une telle décision. (Rumeur approbative.)

Messieurs, je vous ai exposé dans quelle situation je me trouvais en écrivant mon article. Un mot encore.

Vous savez de qui me venaient tous ces bruits, ou plutôt toutes ces présomptions ; mais à qui s'appliquaient-ils ? Vous le savez aussi.

Je ne veux pas me placer en dehors de cette ligne de modération d'où les provocations des parties civiles voudraient me faire sortir. Aussi ne croyez pas qu'en parlant de MM. Soult et Perier je veuille remonter le cours de leur vie, et charier de loin leurs existences avec tout ce qu'elles emportent...

Non, sans doute ; mais enfin, ces hommes ont des précédens, et quoi qu'on puisse faire, on se rencontre avec des gens qui les connaissent dès long-temps ; on sait les habitudes financières de l'un, l'étrange fortune de l'autre. Qui n'a entendu cent fois conter à cet égard des histoires dont le piquant amuserait, si ce qu'elles ont d'immoral n'affligeait pas. (Mouvement d'approbation au banc des avocats.)

Tous ces faits me sont connus. Ces hommes ont une biographie que nul ne dissimule. En appréciant donc l'authenticité des faits qu'on leur attribuait, je pouvais croire ces faits d'autant plus probables que ces messieurs étaient plus suspects.

Encore ici, messieurs, je n'ai fait que de la logique, de cette logique, qui, heureusement pour l'humanité, n'est que le bon sens de tous—de cette logique aussi fatale à l'improbité qu'à l'extravagance.

Messieurs les jurés, ma conscience est tranquille : quel que soit pour moi le résultat de ce procès, j'y souscris d'avance, car j'ai la certitude d'avoir rendu un véritable service au pays.

Désormais la fraude ne se croira plus tranquille dans ses souterrains. Elle saura que le jour vient tôt ou tard, où la publicité la prend et la montre telle qu'elle est, hideuse et repoussante !

Désormais aussi la chambre a de grands élémens de discussion : la gravité des faits, la nature des témoignages, la solvabilité des divers fournisseurs, les offres de tout le commerce français repoussées et méprisées, les conditions les plus onéreuses, une perte de plus de deux millions pour l'état, des trafics honteux, et, planant au-dessus de tout cela, un mystère qui n'est pas moins honteux sans doute..... Tels sont, messieurs, les résultats de ce procès.

J'attache quelque honneur, je dois le répéter aujourd'hui, à courir quelques risques pour éclairer la France sur l'usage qu'on a fait des deniers publics.

Maintenant, j'attends votre justice, je me confie à elle, et plus encore à l'opinion qui est notre juge à tous. (Cette improvisation rapide, animée, est suivie des plus vifs applaudissemens. Une assez longue agitation succède à ce discours. M. Marrast, obligé de sortir pour se reposer un moment, passe auprès des témoins ; tous les députés lui serrent affectueusement la main et le félicitent avec empressement.)

M. LE PRÉSIDENT. Huissiers, réclamez le silence....

M. Antony-Thouret a la parole, et s'exprime en ces termes :

Messieurs les jurés, *la Tribune* et *la Révolution de* 1830, deux journaux dévoués à la défense des intérêts nationaux, si souvent méconnus, de la souveraineté du peuple, si souvent foulée aux pieds, sont depuis long-temps, mais séparément, l'objet des poursuites les plus multipliées et les plus rancuneuses du parquet, quoi qu'en dise Me Lavau, qui pense que le ministère garde le silence jusqu'à ce jour, et que nous avons eu la liberté de la presse la plus longue possible. J'aurais beaucoup à faire si j'entreprenais de vous rappeler tous les procès dans lesquels ils ont succombé ou triomphé ; il me suffira de vous dire, ainsi qu'à Me Laveau, que ces deux journaux, et cela dans une seule année de *notre monarchie républicaine*, ont eu à répondre à plus d'attaques, qu'ensemble tous les journaux de Paris n'ont eu à le faire depuis le règne de Louis XVIII, jusqu'à celui de Charles X inclusivement.

On pourra aisément se convaincre à la Bibliothèque des réquisitoires, de l'exactitude du chiffre que je vais poser. Depuis l'avénement de Louis-Philippe au trône *populaire*, depuis le jour où il répondit à quelqu'un qui lui parlait de garanties pour la liberté de la presse : *Est-ce qu'il y aura jamais de lois sur la pensée? ne sera-t-elle pas entièrement libre ?* depuis ce jour-là, *la Tribune* et *la Révolution* ont soutenu trente-neuf procès. Mais d'un autre chiffre, que je me hâte de poser en même temps, ressort le plus bel éloge que l'on puisse faire de l'institution du jury.

De ces 39 procès, le ministère n'a pu tirer que cinq condamnations.

Une pour mon honorable confrère de *la Tribune*, une pour mon malheureux ami M. Fazy, qui, après avoir combattu dans les journées de 1830, s'est vu forcé d'aller, sa décoration de juillet à la boutonnière, chercher un refuge en pays étranger; enfin, trois pour moi; qui serais aussi comme expatrié dans une prison, si je n'avais pas trouvé, à Sainte-Pélagie, 100 patriotes, 100 Français réunis là, comme dans un champ d'asile au milieu de la capitale.

Il appartenait aux ministres, qui dictent les réquisitoires du ministère public, d'être plus terribles encore que ce dernier, et d'amener à la fois devant vous les deux journaux déjà frappés en détail, dans le dessein de les abattre d'un seul coup. Les ministres prennent ici le nom modeste de parties civiles! Est-ce qu'ils viennent en simples citoyens mettre sous la protection des lois leur honneur outragé? Ne vous y trompez pas, messieurs, c'est l'irrascible président du conseil, c'est le fier maréchal ministre de la guerre; habitués à parler en maîtres, ils viennent demander à grands cris une condamnation pour la jeter en réponse à toute la France qui les accuse.

Mais combien ils se trompent s'ils pensent trouver ici, comme au vestibule des cours, des adulateurs empressés, des courtisans de toutes les opinions qui sont au pouvoir! Dans cette salle si simple et pourtant si majestueuse, il faut qu'ils déposent leurs habits chamarrés d'or et d'argent; il faut que l'éclat de la grandeur presque royale disparaisse devant la majesté souveraine du grand peuple que vous représentez.

Nous autres journalistes, nous veillons au salut du pays, et nous croyons lui être plus utiles que tous ces grands fonctionnaires dont les hauts appointemens contrastent d'une manière si indécente avec la misère du peuple. (Explosion de bravos dans toutes les parties de la salle.)

Nous ne sommes donc pas effrayés de paraître ici avec les ministres du roi : dans ce monde, chacun est appelé à faire le bien; celui qui en fait le plus est le seul que nous reconnaissions au-dessus de nous, et, à ces conditions, les ministres ne sont pas à notre hauteur.

Quant à nous, on sait ce que nous sommes prêts à faire pour le pays. Quant à eux, voilà ce qu'ils ont fait : ils ont pris entre les mains une révolution, la plus belle, la plus généreuse, la plus décisive qu'une nation puisse faire, une révolution qui a électrisé d'enthousiasme les peuples les plus reculés en civilisation; ils l'ont prise entre les mains, ils l'ont façonnée à la petitesse de leur génie, ils l'ont rendue si égoïste et si mesquine, que c'est une honte!

Le peuple, après avoir tout conquis, a fait nos hommes d'état ce qu'ils sont : voyez maintenant ce que nos hommes d'état ont fait du peuple jetez un regard autour de vous : vous y verrez la censure des théâtres, la censure de lac presse, la misère des masses, et qui pis est encore, la cause du vieil honneur français, et notre indépendance nationale, sacrifiés à l'autel de la peur; la Vendée, jetant des cris de détresse, et appelant à son secours le brave général Lamarque; en un mot, le despotisme le plus universel, et d'autant plus corrompu qu'il se cache sous les couleurs nationales, comme un mouchard de la police sous la décoration de juillet. (Nouveaux bravos.)

Et vous ne voulez pas que tout cela soit de la trahison! Eh! que m'importe à moi que vous fassiez de bonne foi et pour le bien du pays précisément tout ce que ferait un traître pour nous ramener une troisième restauration! l'état n'en marche pas moins à sa ruine; mais nous n'en mourrons pas moins s'il le faut pour l'empêcher d'y arriver!

Deux grands hommes d'état n'ont pas dédaigné de nous traduire à votre barre : le jour est arrivé, nous voici : nous porterons la tête haute, certains, quoi qu'il arrive, de sortir de cette enceinte avec une âme qui sera toujours émue aux seuls mots de patrie et liberté !

Nous voici donc ! Mais où sont les ministres qui nous accusent ? j'ai beau jeter les yeux autour de moi, je ne les vois pas à cette audience solennelle, sur laquelle tant de patriotes ont les yeux fixés ! Ont-ils craint, en venant ici, d'entendre le rude langage de la vérité ? Tremblent-ils de se mettre en regard de la nation ? ou bien est-ce l'image de la Pologne expirante qui les poursuit sans cesse, et qu'ils craignent d'avoir face à face dans cette enceinte où ils ne sont plus que de simples citoyens ?

Cependant, quand on se fait proclamer par toute la France fort et puissant, quand on sait se passer de popularité, on doit savoir aussi répudier de semblables craintes ; c'est en personne qu'on doit venir défendre son honneur, car l'estime publique et la popularité ne se gagnent point par des fondés de pouvoir, quel que soit d'ailleurs leur talent !

Mais je conçois que, pour des puissances habituées à faire mouvoir du doigt des majorités dociles, c'était quelque chose de trop peu noble que la présence de douze citoyens-juges, devant lesquels il faut rendre compte de ses actions, de ses pensées : quant à nous, qui ne sommes pas ministres, qui ne sommes pas forts, et qui cependant n'avons pas besoin qu'un agent de police nous accompagne pour protéger nos personnes, nous acceptons de tels juges. Pour mon compte, je n'aurai à donner que de simples explications, mais des explications franches, entendues et jugées franchement.

MM. Marrast et Bascans, citoyens d'un patriotisme reconnu, publièrent, sur le ministre de la guerre et sur le président du conseil, hommes publics, qui doivent compte de leur conduite à toute heure, et à tout Français, des articles qui excitèrent au plus haut degré l'attention générale. J'ai pour principe de dire tout ce qui est vrai ; je vous dirai donc l'effet que produisirent ces articles.

La gravité des faits politiques, bien plus encore que des faits financiers, reprochés aux ministres, excita chez tous les patriotes, de l'alarme d'abord, et ensuite peut-être une secrète joie.

L'alarme, parce que la position critique de notre France était trop clairement démontrée.

De la joie, parce que tous espéraient avoir à en finir avec un ministère qu'ils considèrent comme anti-national. Quant à nous, quoique nous partagions les principes politiques de nos collègues de la *Tribune*, nous avons cru qu'il était de notre délicatesse et de notre honneur de rester neutres tout d'abord, de ne pas mêler notre voix aux voix qui accusaient, avant que le ministère eût répondu.

Nous attendions cette réponse, que notre intention était de mettre en regard de l'attaque, pour les livrer au bon sens national ; mais le ministère ne répondit pas ; au lieu d'accepter franchement, dans les journaux qui lui appartiennent, le duel politique qu'on lui offrait, il alla dénoncer aux tribunaux des citoyens français qui ont le mandat spécial de veiller aux intérêts de la nation, et qui, pour exécuter plus sûrement ce mandat sacré, ne peuvent pousser trop loin leurs craintes, leurs précisions et leurs attaques,

Le ministère, dans cette circonstance, fit comme ce créancier qui, ayant un rendez-vous d'honneur avec son débiteur, le fit arrêter et écrouer à Ste-Pélagie avant d'aller lui-même sur le terrain.

Les ministres gardèrent donc le silence, et un silence si absolu , que le *Messager* seul, dans sa sollicitude ministérielle, s'empressa de faire connaître à ses confrères qu'ils iraient aux assises; mais déjà nous avions pensé que ce silence donnait aux faits reprochés un caractère d'authenticité alarmant. En nous taisant plus long-temps, nous aurions cru trahir les intérêts du peuple, dont nous sommes les sentinelles.

Nous avons donc crié *Qui Vive?* mais le ministère ne répondit pas s'il était Français ou Russe et , je le répète , il alla porter plainte au parquet. Toutefois, quels ménagemens n'avons-nous pas gardé dans cette affaire , où il était si facile de se laisser exalter , dans un moment où l'alarme est si génale : et les bruits de trahison si répandus.

Je vous lirai plus tard, messieurs, les phrases qui servent de titre aux articles reproduits : vous aurez à vous demander s'il nous a été possible de mettre dans notre conduite plus de modération, de justice et d'impartialité;

L'auteur des articles est devant vous. Je ne doute pas un seul instant de son triomphe. Quant à moi, quoique appelé à jouer un rôle tout-à-fait secondaire dans cette cause, je n'en fais pas moins appel à vos lumières et surtout à votre indépendance. C'est un appel que vous entendrez, messieurs : vous aurez à prononcer entre des écrivains qui n'ont d'autre intérêt que l'intérêt du pays, et des ministres qui ne craignaient pas encore hier protester contre l'explication de notre révolution donnée par Lafayette. lui-même qui repent peut-être aujourd'hui d'avoir conclu un marché si vite avant d'avoir reçu les arrhes, un marché dont on veut nier ses conditions.

Les ministres viendront vous dire ; Nous sommes à la tête des affaires , vous avons besoin de considération , nous sommes les ministres du roi ; mais vous, impassibles, vous répondrez : Nous sommes la justice du peuple. (Marques nombreuses d'approbation. Sensation profonde et prolongée.)

M. Michel (de Bourges), prend ensuite la parole. (Vif mouvement d'intérêt ; profond silence.)

Messieurs les jurés, l'heure de la passion est enfin expirée. Maintenant que des débats trop vifs ne peuvent plus exciter ni indignation, ni colère, nous allons nous livrer à une discussion froide, sévère, trop longue peut-être : puisse-t-elle n'être pas fastidieuse ! (Murmure approbateur.)

Nous verrons d'abord quelle est, en droit, la position de mon honorable client , qui est en même temps mon digne ami. Nous déterminerons ensuite le véritable caractère de l'accusation ; enfin, suivant pas à pas le ministère public et les avocats de la partie civile, nous chercherons si monsieur Marrast, en publiant l'article incriminé , a fait autre chose que remplir un devoir de bon et loyal citoyen.

La corruption est un legs de l'empire et de la restauration : ce funeste héritage, il faut le dire, n'a pas été répudié assez énergiquement par les hommes de la révolution de juillet. La corruption, c'est la lèpre qui nous dévore ; le devoir le plus important des journalistes , je parle de ceux de l'opposition, est de poursuivre, partout où elle se montre, de démasquer, sous quelque forme qu'elle se cache, cette corruption qui avait même altéré , sous le directoire, le plus pur de tous les principes de gouvernement, le principe démocratique.

Tous les journaux de l'opposition remplissent leur devoir, je le reconnais. Les uns attaquent les hommes par leurs doctrines, les autres combattent les doctrines par les hommes. Ces deux manières ont chacune leur avantage, et peut-être la seconde est-elle d'un effet plus sûr : le but est le même, les moyens seuls diffèrent. Je me trompe, il y a une différence immense entre les dangers attachés à chacun de ces systèmes.

Nous sommes dans une époque d'apathie profonde et même de dégoût pour les doctrines. Est-ce un bien ? est-ce un mal ? Je n'ai pas à l'examiner; c'est un fait que je constate. Voyez les ministres! ils laissent proclamer sans se plaindre les droits de Henri V, parce qu'ils croient apparemment, j'aime à l'expliquer ainsi, que l'on ne se passionnera guère pour ces théories du droit divin. Mais qu'un écrivain hardi attaque avec persévérance la personne même des ministres; que, par les soins d'une main courageuse, la goutte d'absinthe tombe chaque matin dans la coupe du pouvoir, alors les ministres se réveillent, s'irritent, et leur colère se manifeste par des poursuites judiciaires. *La Tribune* en a fait une triste expérience : la voilà à son vingt-deuxième procès ! Heureusement, ces persécutions mesquines sont venues expirer presque toujours devant l'admirable sagacité et l'instinct patriotique du jury. Vous avez compris que le plus mauvais gouvernement est supportable quand la presse est libre, et que le meilleur gouvernement, en apparence, est détestable, en réalité, si la presse est esclave.

La Tribune n'a pas reculé devant ces continuelles persécutions. Ce journal fut fondé par des patriotes purs et désintéressés, parmi lesquels je rappelerai un homme honorable, enlevé trop tôt aux lettres dont il était l'ornement, et à la liberté dont il fut le constant défenseur : je veux parler de Victorin Fabre.

Parmi les autres rédacteurs de *la Tribune*, il en est un que vous connaissez maintenant : c'est mon client, monsieur Marrast. M. Marrast est entré dans la carrière de l'opposition franchement, avec cette chaleur que donne la jeunesse, avec l'espoir qu'inspire la conviction, avec la supériorité d'un talent auquel ses adversaires eux-mêmes n'ont pu s'empêcher de rendre hommage.

Il a publié, le 7 juillet dernier, un article sévère, il faut le dire, intitulé : *Situation grave*. Dans cet article, il accusait le ministère d'une trahison flagrante envers le pays. En présence d'une telle inculpation, le ministère a cru devoir garder le plus profond silence. Il était libre de se taire; mais, cependant, s'il me plaisait d'expliquer ce silence ?.... Il y a de nos jours des hommes qui prévoient l'avenir de fort loin. (Profonde sensation).

Cependant M. Marrast insiste, il veut faire expliquer le pouvoir, et pour l'y contraindre, il l'interroge sur un pot-de-vin d'un million, résultant de marchés conclus en Angleteterre. Que fait ce ministère ? il nous attaque sur un seul point; sur la concussion; mais il se tait sur le crime de trahison.

Avant d'entrer dans le fond de la discussion, je me permettrai, à l'exemple du ministère public, de vous dire un mot sur notre situation légale.

En droit, quelle est notre position? permettez-moi, avant tout, suivant en cela l'exemple du ministère public, de vous soumettre quelques considérations. Ainsi, par exemple, il est évident que le système de la loi actuelle n'offre aucun des avantages de l'ancienne, et qu'elle en a de plus tous les dangers. Je m'explique.

La loi nous impose l'obligation de faire la preuve du fait que nous avons reproché à des fonctionnaires publics. Sous l'ancien droit, cela était bien ; car ces preuves se fesaient à la réquisition du ministère public. Mais sous la législation nouvelle, notre position est bien plus difficile : on ne nous accorde aucun moyen pour arriver à cette preuve. Ce n'est pas devant nous que s'ouvriront les archives des ministères ; aucun dépôt public ne nous offrira des moyens de justification ; si le ministère public nous accuse, il pourra puiser partout les preuves de son accusation; mais nous, quelle différence ! on nous dit : Prouvez, prouvez donc la vérité des faits imputés ! et vous savez ce que c'est que la vérité, messieurs ; mais nous, nous sommes obligés de la chercher dans des témoignages plus ou moins vagues, dans des correspondances particulières, dont on se réserve même de contester l'authenticité. Serait-ce que je viens plaider contre la loi? Eh non! En demander l'abrogation? Ce n'est pas ici qu'il faudrait le dire; mais j'ai voulu seulement vous faire comprendre notre position, afin que, si dans l'administration des preuves nous restions au-dessous des exigences du ministère public, vous dussiez, dans votre impartialité, attribuer ce résultat plutôt à l'insuffisance où nous place la loi, qu'à l'inefficacité des preuves.

Sous un autre point de vue, l'on ne vient pas vous demander si messieurs Soult et Casimir Perier ont volé un million. Messieurs les ministres sont tout-à-fait en dehors des conséquences légales du verdict du jury. Ecartez donc toute préoccupation, et gardez-vous de vous dire: Si nous acquittons M. Marrast, M. Soult et M. Casimir Perier sont coupables. Ecartez ces craintes de votre esprit: elles offriraient un grave danger.

La seule question du procès est celle-ci. Moi, journaliste, organe de l'opinion publique, ai-je pu dire sans être criminel, et dans la position où je me trouvais, qu'un pot-de-vin avait été partagé? Voilà toute la question. Maintenant le terrain est fixé, la lutte s'engage; nous entrons dans une ère toute nouvelle, et nous verrons quels en seront les résultats pour la France.

Sans doute, si M. Marrast était un simple particulier, et qu'il eût publié un libelle diffamatoire, je renoncerais à le défendre, et je réclamerais contre lui toute votre animadversion. Je le déclarerais coupable, pourquoi? Parce qu'il n'aurait pas rempli un devoir de position, parce qu'il aurait calomnié par passion, par habitude, par spéculation peut-être. Ce serait un vil calomniateur.... il faudrait le condamner.

Mais il n'en est rien. M. Marrast, sentinelle avancée, comme l'a dit M. Cabet dans sa brochure, s'est dit: « Il vaut mieux pécher par méfiance que périr par une trop grande sécurité. » M. Marrast fait un journal, mais non pas un journal ministériel. S'il en était ainsi, il ne manquerait de rien; il puiserait à toutes les sources; l'administration lui communiquerait ses renseignemens, ses statistiques, ses nouvelles et même souvent des articles tous faits. Mais les journaux de l'opposition, ils n'ont pas même de ces agens accrédités, nouvelle création de cette audience.

Dans cette position, à quelle source doit-il puiser ses renseignemens? dans l'opinion publique. Définissons donc cette opinion publique dont on nous a tant parlé; elle se compose de l'ensemble de tous les bruits qui circulent dans les salons, dans la société, et non de bruits ramassés dans la boue, comme on l'a dit. »

Maintenant fixons-nous bien, messieurs, sur l'état de la question. Le journaliste a-t-il inventé le fait consigné dans sa feuille, ou bien, simple rapporteur de ce fait, l'a-t-il puisé à des sources impures? enfin le fait révélé au public, bien qu'emprunté à des autorités graves et respectables, est-il destitué de toute vraisemblance, de toute probabilité. Dans chacun de ces cas, le journaliste est coupable: il y a dans sa conduite, méchanceté, irréflexion, légèreté; il doit subir une peine dont la gravité variera selon les circonstances. (Bravo! Bravo!)

Mais si le fait rapporté par le journaliste est un bruit public, si ce bruit lui est arrivé de bonne source, s'il lui a été transmis par des voies honnêtes, communiqué par des hommes respectables, si le fait qui a donné lieu à l'article repose sur de grandes probabilités, sur des présomptions graves, dans ce cas, c'est-à-dire quand ces trois circonstances se réunissent, la conduite du journaliste est non-seulement à l'abri de toute inculpation, mais encore digne d'éloges, digne du caractère public dont il est revêtu.

Me serais-je fait illusion? De bonne foi et en conscience, ce n'est pas la licence que j'entends défendre, c'est la liberté de la presse que je veux protéger: je cherche à concilier les exigences de l'intérêt public, dont la défense est plus spécialement confiée à la vigilance des journaux avec les droits personnels des citoyens, garantis aussi par les lois. Il faut renoncer à la presse, répudier les avantages qu'elle nous assure, ou lui accorder une latitude, un certain laissez-aller, dont les limites me semblent suffisamment restreintes par les conditions que je viens d'énumérer.

L'application de cette théorie est facile. M. Marrast a-t-il inventé, comme on le dit, le bruit du tripotage des marchés ? Les sources auxquelles il a puisé sont-elles impures, suspectes, peu rassurantes ? Enfin suffisait-il de la sagacité dont un journaliste doit être naturellement doué, pour reconnaître que ce bruit était un mensonge, une absurdité, une calomnie ? Frappez M. Marrast sans pitié, montrez-vous inexorables, il est indigne de votre indulgence : si au contraire son article n'est que l'écho d'une opinion universellement répandue, si cette opinion a circulé, s'est propagée dans le monde, après avoir pris naissance dans des lieux élevés ; si elle s'est trouvée dans des bouches respectables ; si enfin, examiné de près, le fait rapporté dans l'article n'est pas invraisemblable, s'il est plus que possible, s'il est probable, alors, tout en déplorant l'erreur du journaliste, vous reconnaîtrez qu'elle était involontaire, qu'elle était une condition de sa position, et vous ne lui ferez pas un crime d'un événement, fâcheux sans doute, mais auquel la méchanceté et la mauvaise foi n'eurent aucune part.

M. Marrast n'est point l'inventeur de la nouvelle renfermée dans son article. — Ses autorités étaient graves.

Le 18 janvier 1831, une discussion s'engage à la tribune nationale, et cette discussion avait pour cause le marché des fusils, passé avec monsieur Gisquet. Certes, la chambre des députés était un lieu d'où il pouvait émaner des bruits dignes de toute confince. M. de Corcelles monte à la tribune, et se plaint du marché comme d'un acte scandaleux et déplorable. Voilà déjà un fait susceptible d'exciter nos soupçons.

Quelques jours après, un journal, *le National*, discute longuement sur le marché des fusils. On comparait le marché Gisquet et le marché proposé par M. Clarke; l'article était ainsi terminé :

« Il ne nous convient pas d'en donner la solution; nous sommes forcés de laisser le champ libre à toutes les conjectures ; une foule de versions circulent dans le public à cet égard, aucune n'est favorable au bon emploi ni à l'économie des deniers publics. »

Comparons cet article avec le nôtre ; n'en dit-il pas autant, et monsieur Marrast ne devait-il pas encore puiser dans le silence du ministère de nouveaux motifs de défiance?

M. Mauguin est un homme honorable ; il a déposé devant vous ; eh bien ! il vous a dit que des lettres lui avaient été adressées de Londres, et que son correspondant lui parlait de deux marchés, l'un clandestin, l'autre patent.

On s'est plaint de ce que M. Mauguin n'a pas dit le nom de son correspondant, de ce qu'il ne reproduit pas ses lettres. Eh ! qu'est-ce que cela nous fait, à nous ? Faut-il donc qu'un journaliste, à chaque instant, à chaque nouvelle qu'il apprend, quitte sa plume et aille procéder à une enquête pour remonter à la source des bruits, surtout quand il a confiance en celui qui les lui annonce ? Supposez qu'en sortant de cette audience, M. Mauguin rencontrât l'un de vous, et lui dit: J'ai reçu telle nouvelle ; le croiriez-vous? ne feriez-vous pas comme M. Marrast a fait? Iriez-vous dire à M. Mauguin : Montrez-moi la lettre ; porte-t-elle le timbre de la poste? Nommez-moi votre correspondant? Votre correspondant est-il un honnête homme ? M. Mauguin trouverait la demande un peu impertinente peut-être. Que faut-il en conclure?

Le journaliste ne doit s'assurer que d'une chose, de la moralité de ceux qui lui annoncent les faits. Dans le système de l'accusation, il aurait donc fallu aller, même à Londres, demander des renseignemens sur la moralité, sur la position de tous les correspondans qui donnaient des documens aux députés et aux autres citoyens qui venaient nous communiquer leurs lettres et nous signaler le scandale des marchés Gisquet. Cela ne peut être, à moins de rendre impossible la profession de journaliste. Le général Dubourg est venu raconter les mêmes faits ; il vous a fait connaître ces bruits qui circulaient à Londres, l'existence de ces deux marchés, attestée par une nombreuse correspondance.

M. Lavalino, dont on a parlé avec une sorte de dédain, est un médecin portugais ; par cela seul qu'il était malheureux, il méritait plus d'égards qu'un autre. On a paru rejeter ce qu'on a appelé un chiffon de papier. Eh bien ! il vous a dit : « Ne consultez pas cette lettre ; mais moi, j'arrive de Londres, et à la Bourse, dans la ville, l'opinion publique était unanimement soulevée contre ces marchés consentis au nom du ministère français. »

M. Paulin, gérant du *National*, qui a déposé avec un accent de probité et de conviction qui caractérisent un bon citoyen et ne peuvent laisser place au doute, a dit : « Tout bien considéré, je n'ai pu m'empêcher de rester convaincu qu'il y avait de vilaines choses sous ce marché. » Ne vous a-t-il pas aussi déclaré que sa conviction était née d'une multitude de détails qu'il recueillit partout dans l'opinion ? Commencez-vous à comprendre maintenant que M. Marrast a bien pu ne pas être l'inventeur du bruit ? Comprenez-vous maintenant ce qu'il vous a dit lui-même, que ces bruits, il les rencontrait partout, et dans des bouches honorables ?

M. Dupont (de l'Eure), cet homme qui est la probité même, ennemi irréconciliable de la corruption, qui contraste avec notre époque, il est inquiet, il a quelque chose qui le tourmente, non pas qu'il ait touché à cet or ; il est pauvre, il mourra pauvre, laissant un nom honorable à ses enfans. Mais quelque chose l'oppresse : c'est qu'il était ministre d'état quand on lui fit cette confidence. Voici les raisons qui alarment la conscience de cet homme de bien. J'ai confiance en monsieur Poubel ; il est incapable de mentir ; ma mémoire n'a pas conservé le souvenir de l'avertissement qu'il me donna ; mais il est sincère ; il m'a averti. Or, si des marchés scandaleux ont été conclus, moi j'étais chargé d'empêcher des dilapidations, comment voulez-vous que je dorme en repos quand des bruits de cette nature circulent de toutes parts ?

Et M. Kermorial n'a-t-il pas déclaré aussi que les bruits les plus scandaleux circulaient au sujet de ces marchés de fusils ?

Énumérons donc les présomptions qui se présentaient en foule à l'esprit de M. Marrast : les discussions de la chambre des députés, la polémique du *National*, les lettres de Londres reçues par M. Mauguin, M. Dubourg, les dires de M. Lavalino, les craintes de M. Dupont (de l'Eure), la conviction de M. Paulin, les avertissemens de M. Poubel, les propos entendus par MM. Cauchois-Lemaire, Kœchlin et Arago, et alors si vous trouvez que j'ai créé ce bruit ; eh bien ! je le veux, quel qu'il soit, j'en prends la responsabilité ; elle sera honorable.

L'on remet en ce moment un billet à M. Marrast qui le communique à son avocat.

M. Marrast. Monsieur le président, je demanderai que pendant l'interrogatoire on veuille bien entendre un témoin, qui me dit avoir des explications importantes à donner.

M. le président. En effet, M. Baude vient de me faire savoir qu'il se rappelait certains faits sur lesquels il désire être entendu.

M. Baude est appelé.

M. Baude. J'ai juré de dire toute la vérité. Dans l'intérêt de la vérité, je crois devoir rappeler l'attention de la cour et de messieurs les jurés sur une circonstance qui m'était complètement échappée. Cette circonstance est relative à une conversation que j'ai eue avec M. le colonel Tugnot. Il est dans l'auditoire, je crois devoir prier M. le président de le faire appeler près de moi.

M. Tugnot est appelé.

M. Baude. Messieurs, pendant que j'étais sous-secrétaire-d'état au ministère de l'intérieur, j'entendis parler des marchés de fusils, et j'eus connaissance du marché Gisquet, par M. le colonel Tugnot. Il peut se rappeler la conversation très vive que j'eus avec lui à cet égard, et dans laquelle il s'est agi de faits importans que je crois utile de rappeler.

Je connais depuis long-temps M. le colonel Tugnot, c'est un homme de cette probité rigide qu'on se plaît à remarquer dans le corps de l'artillerie, auquel il appartient. Si je me trompe, je le prierai de relever les erreurs que je pourrai involontairement commettre.

Comme député de l'arrondissement de Saint-Etienne , que j'avais habité long-temps, la question de la fabrique d'armes était pour moi une grande question d'intérêt local; je dus m'en occuper. Je comparai le système de nos fabriques avec celui des fabriques anglaises. Cela vous expliquera comment, lorsque j'ai été informé qu'un marché venait d'être passé entre monsieur le ministre de la guerre et monsieur Gisquet, pour des fusils anglais, et que j'eus comparé les prix, je fus frappé de leur élévation.

Dans l'intérêt de l'arrondissement que je représentais , j'étais chargé de suivre la demande de certaine modification à introduire dans les lois sur la fabrication des armes de guerre. Comme j'étais conseiller d'état , il me parut impossible que dans le pays on pût croire que ces marchés se fussent passés à mon insu, moi, qui comme sous-secrétaire d'état étais chargé de l'armement des gardes nationales de France. Je témoignai à monsieur le colonel Tugnot ma profonde tristesse de ce qui s'était passé ; j'allai même dans cette première émotion jusqu'à considérer la chose comme honteuse pour moi, quoiqu'elle fût faite à mon insu, par les seuls soupçons de mes commettans. Je ne voyais d'autre moyen de leur prouver que j'étais étranger à ces marchés qu'en donnant ma démission. Je restai deux jours dans cette résolution. Cependant en examinant les faits et réfléchissant sur les explications de monsieur Tugnot, j'ai renoncé à mon projet et je suis resté avec le maréchal Soult, qui m'honore de quelque bienveillance , ce que je n'aurais pas fait si quelque chose avait pu lui être reproché dans le marché des fusils.

J'ai dit à la chambre des députés, j'ai répété à la cour d'assises, que le prix des fusils anglais parfaitement conformes et destinés pour arnier la garde royale, était de 19 schellings (23 fr. 94 c.). Je me demandai comment il était possible, lorsque des fusils anglais neufs et bien conditionnés se vendaient 23 f. 94 c., qu'un marché eût été fait pour des fusils anglais à raison de 34 f. 90 c. Je rapprochai cela du prix des fusils français n. 1, et je me demandai comment-il se pouvait qu'on eût passé un pareil marché, tandis qu'à Saint-Etienne on fesait des fusils pour 24 fr. M. Tugnot donna des explications qui calmèrent non pas ma conscience; mais du moins me rassurèrent sur ma position délicate de sous-secrétaire-d'état et député de l'arrondissement de Saint-Etienne, et me firent comprendre dans quelle position embarrassante M. le maréchal Soult s'était trouvé. M. Tugnot me raconta que M. Gisquet avait été envoyé à Londres comme agent du gouvernement francais; qu'à Londres il avait conclu avec les fabricans des marchés par lesquels, pendant un espace de temps assez long, les négocians anglais s'étaient obligés à ne faire aucune espèce de livraison de fusils à d'autres qu'à M. Gisquet ; qu'avant de conclure le marché avec M. le maréchal Soult, M. Gisquet lui avait dit en lui représentant ce marché : j'ai à ma disposition trois cent mille fusils anglais ; les négocians anglais se sont obligés à n'en fournir à qui que ce soit ; si vous ne voulez pas de ces fusils , je les vendrai à d'autres puissances. » (Mouvement marqué dans tout l'auditoire.)

Je n'affirme pas, continue M. Baude , que ces paroles aient été prononcées par M. Gisquet ; mais ce que j'affirme , c'est que c'était là la position exacte dans laquelle nous paraissait être M. le maréchal, par suite des marchés passés à Londres par monsieur Gisquet. M. Soult dut se faire cette réflexion : mais si je ne prends pas à monsieur Gisquet les fusils qu'il me propose, n'est-il pas à craindre qu'il aille les porter à une puissance aujourd'hui notre alliée , et qui demain nous déclarera peut-être la guerre? Dès lors il s'agissait d'une différence de quatre cent mille fusils, deux cent mille de moins pour la France , et deux cent mille de plus à nos ennemis.

M. le maréchal Soult , déterminé par cette haute considération politique, se décida alors à conclure le marché. Je déclare , quant à moi qui me suis élevé contre le prix des fusils, que j'aurais fait comme monsieur Soult , et que j'aurais pris les fusils de monsieur Gisquet , eût-il fait monter le prix à 50 francs.

J'ai cru qu'il était de mon devoir de rappeler cette circonstance à la cour.

M. Lavaux : Je ne suis pas le défenseur de monsieur Gisquet ; cependant je dois faire observer que si monsieur Tugnot confirmait ce que vient de dire monsieur Baude , ce serait une véritable diffamation contre monsieur Gisquet , et il serait juste qu'il fût présent pour répondre.

M. le président : M. Gisquet aura plus tard la liberté de s'expliquer.

M. Tugnot , interpellé , répond qu'il se rappelle cette conversation ; mais il déclare qu'il n'a pu dire à monsieur Baude que monsieur Gisquet aurait menacé monsieur le ministre de la guerre de vendre les fusils à une autre puissance, si le ministre ne les achetait pas.

M. Baude. J'ai dit que monsieur Gisquet avait passé, avec les fabricans anglais, des contrats dont je ne me rappelle pas les termes, au moyen desquels il a imposé des prix élevés au ministre de la guerre.

M. le conseiller Berny, avec vivacité. Ce n'est pas de cela qu'il s'agit. Je vous demande de répondre catégoriquement, de descendre dans vos consciences, et de dire s'il est vrai, oui ou non, que M. Gisquet ait dit au maréchal Soult : Si vous ne prenez pas mes fusils à tel prix , je les vendrai à d'autres puissances.

M. Baude. J'ai placé ce langage dans la bouche de M. Gisquet plutôt pour définir le droit dont il pouvait user, que comme déclaration faite par lui à M. Soult. C'était pour qualifier la position dans laquelle a dû se trouver le ministre de la guerre.

M. le président. Vous dites que c'est une conséquence que vous tirez?

M. Baude. Non : je dis que j'ai voulu définir la position du ministre de la guerre.

M. Lavaux. Quoique défenseur de M. le ministre de la guerre , et que cette déposition lui soit favorable, je ne dois pas laisser accuser M. Gisquet. Je demande positivement si cette menace a été faite.

M. Baude. Je n'ai pas dit que cette menace eût été faite par M. Gisquct ; mais dans la conversation que j'ai eue avec monsieur Tugnot, il a été question de cette nécessité où s'est trouvé le maréchal, mais je ne me rappelle pas si c'est monsieur Tugnot ou si c'est moi qui l'ai dit.

M. le président. Monsieur Tugnot, vous rappelez-vous avoir dit cela?

M. Tugnot. Non, je ne l'ai pas dit.

M. Baude. Je me suis appesanti sur le fait de monsieur Gisquet comme spéculateur. Je demandai comment on n'avait pas envoyé un officier d'artillerie, qui aurait acheté des fusils à 22 shellings, et ne les aurait pas fait payer 25.

Je disais que ce choix coûtait cher au gouvernement, car il était difficile que, pour passer avec les manufacturiers de Birmingham le contrat qui avait mis le ministre de la guerre dans cette position, il était difficile, dis-je, que monsieur Gisquet n'eût pas usé de la qualité d'agent du gouvernement.

M. le procureur-général. M. Baude doit connaître toute l'importance d'une déposition de cette nature. Si monsieur Gisquet avait tenu à monsieur Soult le propos qu'on lui prête , ce serait un mauvais citoyen; que le témoin s'explique donc bien catégoriquement sur ce fait.

M. Baude. J'ai dit que la question avait été posée entre nous, monsieur Tugnot et moi ; j'ai dit que le ministre s'était trouvé dans ce danger de voir vendre les fusils à des puissances étrangères, s'il ne les achetait au prix élevé qu'on lui imposait.

M. Persil. C'est un raisonnement qu'il aurait fait, ne voyant pas pourquoi le ministre avait acheté des fusils si cher.

M. Baude. Je répète que j'ai voulu fixer la position du maréchal Soult.

M. le président. Répondez par oui ou non.

M. Berny. Sans doute. Vous n'êtes pas appelé pour dire votre pensée.

M. Baude. J'ai dit que le contrat qu'il avait lui donnait le droit d'imposer un prix.

M. Dupin. Il y a trois choses à distinguer; La menace a - t - elle été faite par monsieur Gisquet? Est-ce l'opinion de monsieur Baude? Est-ce l'opinion de monsieur Tugnot ? Ces trois questions doivent se résoudre par oui et par non.

M. Tugnot déclare que cette opinion n'a pas été exprimée par lui, et qu'il n'a pas connaissance que la menace ait été faite par monsieur Gisquet.

M. Baude. Ce que j'ai voulu constater, c'est l'existence du contrat.

Un juré. Il faut remarquer que M. Gisquet a dit lui-même qu'il avait passé ce marché avec les fabricans de Birmingham, dans l'intérêt du gouvernement.

M. Marrast. Nous devons loyalement déclarer, qu'une pareille déposition serait de nature à changer, dans ces débats, notre opinion sur le maréchal Soult.

M. Lavaux. Vous reconnaissez-donc qu'il y a eu diffamation?

M. Marrast. Il ne peut pas y avoir eu diffamation, puisque je n'ai fait qu'émettre un doute. Je demanderai encore à faire une observation avant de passer outre.

Il importe de remarquer, que monsieur Baude, secrétaire du ministre de l'intérieur, a jugé que ces marchés présentaient un scandale tellement grave, que pour mettre son honneur à couvert il crut qu'il devait donner sa démission. Premier fait. Ensuite, quand il va trouver le colonel Tugnot, une conversation très vive s'élève entre eux, et il est dit que monsieur Gisquet a pu faire les conditions qu'il a voulues, au moyen de son traité. Second fait.

C'est une pensée qui a eu lieu au moment des explications entre messieurs Baude et Tugnot, à l'occasion des marchés.

C'est extrêmement grave. Vous jugerez, messieurs les jurés, si j'avais le droit d'élever des doutes sur la probité qu'on avait mise dans cette opération. (Vive approbation dans l'audience.)

Il est cinq heures et demie, l'audience est renvoyée à sept heures.

A sept heures et demie l'audience est reprise. M. Michel a la parole.

— Légitimité, fondement, probabilité de l'opinion émise sur les marchés.

Je réclame toute votre attention. Ce que je vais dire est important à retenir pour vous, pour le public, pour la chambre ; c'est le complément du système que j'espère justifier. Ceux qui l'approuvent ont donc intérêt à bien me comprendre, et pour ceux qui, plus exigeans que moi, chercheront la preuve rigoureuse de la vérité des faist articulés, ils pourront peut-être aussi trouver une complète satisfaction dans les considérations que je vais vous exposer.

Mon intention est d'établir : 1° qu'en examinant avec attention les circonstances au milieu desquelles les marchés ont été conclus, on est forcé de convenir que l'urgence seule pouvait les justifier ; 2° que cette urgence n'existant pas. La conséquence est qu'il faut, ou du moins qu'il est permis d'assigner, à la conclusion de ces marchés, une cause, un motif, un prétexte peu honorable. Ma proposition est claire, facile à comprendre, si elle est vraie, et encore plus facile à réfuter, si elle est fausse.

Procédons avec ordre.

Et d'abord, reconnaissons en fait l'existence de deux marchés, l'un en projet seulement, du mois de novembre 1830 ; l'autre réalisé, sous la date du 9 décembre, et dont l'exécution se continue encore en ce moment. Ces deux marchés, quoique différens en quelques points assez peu importans pour la question que nous examinons, sont la conséquence l'un de l'autre ; en ce sens, que si M. Gisquet n'avait pas été chargé de faire le premier pour le compte du gouvernement, il est probable qu'il n'eût jamais conclu le second pour son propre compte. Cela résultera des faits ultérieurement développés.

Avec qui le marché a-t-il été conclu? avec l'Angleterre.

Je le dis, à ma honte peut-être ; mais il ne m'arrive jamais de prononcer le nom de l'Angleterre sans éprouver de vives, d'amères douleurs. L'Angleterre ! que ce nom réveille de cruels souvenirs ! Les crimes de Pitt, la trahison de Waterloo, la double restauration, la captivité du grand capitaine, tout cela se lie indissolublement dans l'esprit avec l'idée de l'Angleterre. (Applaudissemens prolongés.) Quelle infamie ! le major-général de Napoléon à Waterloo a payé, avec l'or de la France, les fusils dont les habits rouges étaient armés dans cette désastreuse journée ! Nous ne serons donc jamais de notre pays ! (Bravo dans tout l'auditoire.) Je vous le demande, messieurs, qu'aurait dit le peuple anglais, qu'auraient dit leurs journaux, si les ministres de la Grande-Bretagne s'étaient adressés à la France pour avoir des armes ? Avec quelle juste indignation wigs et thoris se seraient élevés, dans les deux chambres, contre un ministère qui aurait fait cet appel à des industries rivales, chez des voisins jaloux !

Dans quel temps, à quelle époque, avons-nous acheté les fusils de l'Angleterre ? Quand le commerce français était aux abois ; quand nos manufactures étaient fermées, nos ateliers déserts, nos enclumes silencieuses ; quand le gouvernement était obligé, pour la première fois depuis longues années, de venir au secours de la classe industrielle, et de lui faire un prêt de 30,000,000 ; quand le peuple mourait de faim ; quand on jetait sur la côte africaine les héros de juillet, pour les arracher à une oisiveté forcée et dangereuse ; quand les ouvriers se promenaient dans les rues de la capitale, les bras croisés, les yeux éteints, l'estomac vuide, regrettant peut-être d'avoir montré de la générosité à ceux qui leur refusaient de la justice. (Bravo et applaudissemens dans l'auditoire. M. le président réclame le silence avec humeur.)

Et voilà les protecteurs du commerce français ! voilà ceux qui réclament à grands cris le titre exclusif de défenseurs de l'industrie ! voilà ceux qui ont si habilement, si astucieusement exploité à la tribune ces émeutes dont ils étaient les véritables auteurs ! (Murmures d'approbation.)

Mais peut-être les fabricans français se sont-ils montrés peu empressés à concourir à la fabrication des armes ; peut-être le commerce était-il peu jaloux de se livrer à ce genre de spéculation ; peut-être était-il sourd à la voix de la patrie alarmée. Ah ! vous n'en croyez rien, messieurs, et les faits attestés devant vous donneraient un démenti formel à ces injurieuses suppositions.

M. Ganneron avait offert une fourniture d'armes, au nom d'un négociant recommandable. Un Alsacien, connu de M. Kœclin, avait aussi fait des propositions ; vous savez les motifs pour lesquels toutes ces offres furent repoussées, il n'y avait là ni *tour de bâton*, ni *pot-de vin* à espérer. (Sensation.)

Les fabricans de Saint-Etienne, au nombre de 80, avaient envoyé à Paris leur syndic, chargé spécialement de demander pour eux la permission de fabriquer des armes pour le compte du gouvernement ; et croyez-moi, ils n'auraient pas, eux, Français avant tout, spéculé sur les besoins et la détresse de la patrie.

Dès le 8 novembre, M. Souquaire-Souligné, dont la capacité et le patriotisme ne seront révoqués en doute par personne, avait fait une soumission orale, renouvelée par écrit le 11 décembre suivant : le prix de chaque fusil était fixé à 26 fr.

M. Vigier écrivait de Londres, au ministre, qu'il fournirait une quantité considérable de fusils à un prix inférieur à celui de M. Gisquet.

De l'aveu même de nos adversaires, des soumissions pour plus d'un million de fusils avaient été faites au gouvernement.

On a senti toute l'importance de ces faits, et pour en atténuer la gravité, on a essayé de justifier le refus du ministère de diverses manières

Tantôt les soumissionnaires n'offraient pas toutes les garanties désirables, explication dérisoire, quand on pense que M. Gisquet suspendit un instant ses paiemens; tantôt leurs propositions arrivaient trop tard, parce qu'elles étaient postérieures de deux ou trois jours au marché conclu avec Gisquet, explication inconciliable avec le système d'urgence invoqué pour justifier cette spéculation (Rires approbatifs.)

Il est une seule soumission qu'on n'a pas osé attaquer, c'est celle de M. Wandermeck; celle-là, messieurs, a dû fixer particulièrement votre attention, car elle a été faite par un commerçant dont la solvabilité est placée hors d'atteinte, à une époque où le marché Gisquet n'était point encore conclu, à des conditions infiniment avantageuses, puisque le prix de chaque fusil était fixé à 26 fr. au lieu de 55, et dans des circonstances dont l'exposé a jeté un grand jour sur le tripotage des marchés anglais.

La lettre dans laquelle tous ces faits se trouvent relatés vous a été lue à l'audience; c'est au mois de mai dernier qu'elle fut écrite par M. Vendermeck à M. de Corcelles peu de temps après la discussion soulevée à la chambre par l'honorable député, à l'occasion des fusils Gisquet.

Cette lettre était destinée à la chambre des députés. Le fabricant honorable qui l'a signée demandait, en cas d'enquête, d'être appelé, et offrait d'apporter les pièces et documens propres à établir la vérité des faits allégués. Elle n'a pas été faite pour le procès. On y trouve des détails qui coïncident parfaitement avec les faits constatés par les adversaires eux-mêmes. Ainsi, par exemple, l'époque de la conversation avec monsieur Gisquet, et de la conclusion des marchés de ce dernier, fixée au 10 décembre *environ* par un homme qui n'a jamais vu les traités, s'accorde néanmoins parfaitement avec la date réelle de ces marchés. Le prix déterminé dans la lettre est le même qui figure dans le traité: d'où il suit que l'auteur de cette lettre raconte de bonne foi, avec naïveté, des faits conformes à la vérité et dont il a une parfaite connaissance.

Hé bien! que résulte-t-il de cette pièce?

Vers la fin de novembre, monsieur Wandermeck offre de fournir des fusils, au prix de 26 francs. M. Gisquet offre les siens au prix de 35 francs. La différence était grande. Sur 200,000 fusils c'était une économie de plus de deux millions. Malgré la faveur dont monsieur Gisquet jouissait, on ne pouvait se décider à conclure un marché dont les conditions étaient si disproportionnellement onéreuses, comparativement à celles de monsieur Wandermeck. La résistance qu'éprouvait monsieur Gisquet le tourmentait, l'irritait; il s'en ouvre à monsieur Wandermeck. Celui-ci, en homme d'honneur, et voulant répondre dignement à la confiance qu'on lui témoigne, fait part à monsieur Gisquet des offres qu'il a faites de son côté. Alors monsieur Gisquet s'alarme : il se dit prêt à prendre une résolution énergique : *Coûte qui coûte*, le marché dit-il, se fera, et en effet, dès le soir même un rendez-vous est donné avec monsieur Rostchild chez monsieur le ministre de la guerre, et les résistances disparaissent, et les obstacles s'effacent, et le marché est conclu à 34 fr. 90 c. Pauvre France ! Etonnez-vous après cela que nous ayons un budget de seize cent millions ; étonnez-vous que des soupçons s'élèvent de toutes parts sur des marchés conclus dans de telles circonstances.

Mais oublions ce qui précède, ou plutôt supposons qu'il y ait eu négligence, apathie, impuissance, avidité de la part du commerce français et des fabricans d'armes ; supposons qu'on ait été réellement dans la cruelle nécessité de s'adresser à l'Angleterre ; à qui aurait-on dû confier une semblable mission ? On vous l'a dit. M. Gisquet vous l'a répété, et cela se conçoit du reste, l'opération était délicate, difficile. Il fallait de l'habileté pour la traiter avec succès et des connaissances spéciales pour la traiter avec avantage, et c'est M. Gisquet qui en fut chargé?

C'est ici, messieurs, l'une des circonstances les plus importantes à signaler. D'une part, elle rattache monsieur le président du conseil aux marchés, quoique sa signature ne soit pas apposée au bas des actes, et de l'autre, elle explique à elle seule, elle justifie, elle légitime toutes les conjectures défavorable aux quelles les marchés ont donné lieu.

M. Gisquet vous a dit, en commençant sa chaleureuse déposition, qu'il regrettait beaucoup que son nom n'eût pas figuré dans l'article incriminé. Il serait intervenu avec plaisir dans le procès comme partie civile, ce qui atteste, d'un côté, l'impartialité avec laquelle monsieur Gisquet a dû déposer, et de l'autre, qu'il prend goût à la bonne compagnie. Il lui serait doux de plaider en communauté avec son ancien patron: ce que c'est que l'esprit d'association! Et nous aussi, nous regrettons sincèrement que monsieur Gisquet ne soit pas notre adversaire, nous aurions eu du plaisir à le voir expliquer certaines parties de ces marchés, que notre intelligence a toutes les peines du monde à comprendre. Nous n'aurions rien perdu à avoir un adversaire de plus, et la vérité y eût trouvé son compte, la justice aussi peut-être; voyons :

Quel est donc cet homme à qui l'on donné la mission d'acheter 300 mille fusils en Angleterre, pour le compte du gouvernement français?

Les défenseurs des ministres se sont constitués les apologistes d'office de M. Gisquet. Ils disent que M. Gisquet était sur le siége consulaire lors de l'apparition des fameuses ordonnances, et qu'il mit son nom au bas du jugement remarquable rendu à cette époque par le tribunal du commerce de Paris; soit. Je suis sans intérêt à contester ce fait. Toutefois, s'il était permis dans un procès de presse, d'invoquer le témoignage des journaux, il serait difficile de se défendre d'une certaine prévention contre M. Gisquet, à la manière dont ils ont annoncé son avènement au porte-feuille de la police. Je cite sans commentaire, je dirai plus, sans attacher beaucoup d'importance à la citation, mon dessein est seulement de mettre la critique à côté de l'éloge, sauf à vous de choisir.

Le *Courrier des Electeurs* s'exprime ainsi, dans son numéro du 17 octobre dernier :

« Un journal assure que le gouvernement a jeté les yeux sur M. Gisquet
« pour remplacer M. Saulnier dans les fonctions de préfet police. Nous rap-
« pellerons à cette feuille que si une opposition franche est permise, en re-
« vanche la calomnie est de mauvaise guerre ; or, nous avons encore assez
« bonne opinion du ministère pour croire que notre confrère l'a, dans cette
« circonstance, odieusement calomnié. »

Un journal, en qui le sentiment de son âge a refroidi l'humeur belliqueuse, *le Constitutionnel*, s'exprimait aussi énergiquement, quoique d'une manière plus laconique, dans son numéro du 16 octobre dernier : « On affirme « que M. Gisquet est nommé préfet de police; nous ne pouvons le croire. »

Cependant M. Gisquet fut nommé, et voici comment cette nomination fut saluée par *le Constitutionnel* du 18. « *Le Moniteur,* malgré notre incrédulité
« d'avant-hier, annonce la promotion de M. Gisquet à la préfecture de po-
« lice, et nous ne sommes pas gens à révoquer en doute une nomination
« officielle. Ce n'est pas non plus notre coutume d'attaquer un citoyen
« parce qu'il est en place, et de défendre un fonctionnaire parce qu'il a
« cessé de l'être.... M. Gisquet est, dit-on, très actif et très dévoué; il a
« montré du zèle et du patriotisme sous la restauration et au mois de juil-
« let. A la bonne heure! mais nous avons grand besoin que ses œuvres
« viennent nous éclairer sur la nature de son dévouement depuis cette épo-
« que. Nous souhaitons que sa conduite supplée au caractère du magistrat,
« et aux habitudes d'administrateur qui lui ont manqué jusqu'à présent, et
« que semblaient réclamer impérieusement les fonctions difficiles qui lui sont

« confiées. Il a aussi, comme homme d'affaires, des reproches sans doute
« calomnieux à réfuter. Nous attendons, avec impatience, sur un marché
« de fusils anglais, des explications que ses amis nous affirment devoir être
« tout à son honneur et à l'avantage du pays auquel il aurait procuré d'ex-
« cellentes armes à un prix modéré. Nous fesons les vœux les plus sincères
« pour que l'histoire de ces fusils se dégage de toute obscurité, et nous
« inspire, en cas d'organisation définitive des gardes nationales mobiles,
« toute la confiance que nous ne demandons pas mieux d'accorder au ma-
« gistrat chargé de la sûreté de Paris, non-seulement en temps de paix, mais
« aussi en temps de guerre. On voit que l'*intérim* ne nous paraît autre
« chose qu'une transition au définitif, comme le secrétariat n'était qu'un
« noviciat rapide pour la préfecture. »

Cette citation est précieuse, parce qu'elle nous ramène sur la voie du procès. Vous voyez que l'histoire des fusils n'est pas encore bien connue. Le sera-t-elle mieux après le procès, Dieu le fasse.

Quoi qu'il en soit de la considération dont M. Gisquet jouit aux yeux du public, il est certain qu'il a su captiver l'estime et la confiance de M. le président du conseil. Il a pris soin de nous dire lui-même que c'est à la recommandation de monsieur Casimir Perier qu'il dut l'honneur de la mission qui lui fut confiée. C'est monsieur Perier qui le désigna au maréchal Gérard.

La recommandation de monsieur Perier en faveur de monsieur Gisquet ne peut s'expliquer dans cette circonstance que par les liens, non d'amitié, mais d'intérêt qui unissent étroitement le client au patron, le protégé au protecteur. Comment concevoir en effet la conduite de monsieur Perier? Le maréchal Gérard, ou plutôt le conseil du roi demande un homme digne, habile et capable, à qui l'on puisse confier avec avantage une mission délicate et difficile ; c'est ainsi que monsieur Gisquet a qualifié l'opération dont il fut chargé.

M. Gisquet peut être un homme fort habile en opérations de commerce. On le dit et je le crois, puisqu'il jouit depuis vingt-cinq ans de la confiance de monsieur Perier. Mais il n'a aucune connaissance en diplomatie; il n'a jamais traité une affaire publique; il est sans crédit auprès du gouvernement anglais. De quelle consistance jouissait-il en France comme homme politique? Pour ma part, je l'avoue, son nom n'était jamais arrivé jusqu'à moi, et beaucoup de personnes, je le suppose, pourraient faire le même aveu. On assure qu'il fallait mener l'affaire avec prudence, s'environner de précautions, agir avec réserve, avec discrétion, ne pas mettre à découvert la situation précaire de la France ; et cependant, aussitôt arrivé à Londres et à Birmingham, monsieur Gisquet, accompagné de son frère, achète; monsieur Andel, appelle autour de lui les fabricans d'armes de ces deux villes : il leur fait part de l'objet de sa mission, et, chose inconcevable ! les charge d'acheter pour son compte, 300,000 fusils du gouvernement anglais. L'expédient était déplorable ! Apparemment monsieur Gisquet, en traitant par l'intermédiaire d'un tiers, voulait laisser ignorer au gouvernement anglais que c'était pour la France que l'opération était proposée. Or, en prenant pour agens des fabricans d'armes anglais, c'était mettre le gouvernement de ce pays sur la voie de la vérité. Il ne pouvait pas supposer, en effet, que des fabricans d'armes fissent une pareille demande pour leur propre compte; et, au besoin, ces messieurs étaient trop bons patriotes pour ne pas mettre leur gouvernement dans la confidence.

M. Gisquet ne manquait pas seulement de capacité diplomatique; il n'avait, et c'est son témoignage que j'invoque, aucune des connaissances spéciales et indispensables pour cette opération. M. Gisquet, banquier, marchand d'écus, chargé d'acheter 300,000 fusils ! Cela a presque l'air d'une *plaisanterie !* (On rit au banc des avocats.)

Ce n'est pas tout. A l'inexpérience, à l'incapacité, il faut ajouter le défaut de garantie. Vous vous rappelez la question qu'à mon grand regret et pour le besoin de ma défense, je me suis trouvé dans la nécessité d'adresser à

M. Gisquet sur la situation de sa maison au moment de son voyage en Angleterre. Il est convenu lui-même , et le fait d'ailleurs était notoire, qu'à cette époque il fut obligé de suspendre un instant ses paiemens. (Sensation.)

Ainsi, il fallait un diplomate habile pour conduire cette négociation importante, et l'on choisit M. Gisquet, simple commis il y a deux jours de la maison Perier; il fallait un militaire distingué, un officier d'artillerie , et l'on choisit M. Gisquet, banquier; il fallait tout au moins un négociant que la situation de ses affaires mit à l'abri de toute gêne et de tout soupçon , et l'on choisit M. Gisquet, dont la signature était en souffrance. (Sensation prolongée.)

Qu'est-ce à dire? c'est que le crédit de M. Perier était immense, et qu'il l'employait tout entier en faveur d'un homme qui était un autre lui-même.

Sortons des conjectures. M. Gisquet vous a dit : J'étais commis dans la maison Perier, j'en suis sorti pour me mettre à la tête d'un établissement : M. Perier est devenu mon associé commanditaire. Quelle est la somme versée par M. Perier dans la caisse sociale de M. Gisquet, cela importe peu; le bruit public la fixe à 500,000 fr. Il nous suffit de constater qu'au moment où M. Perier surmontait tous les obstacles qui auraient dû repousser invinciblement M. Gisquet, il avait un intérêt pécuniaire à lui faire confier une mission dont le résultat, en définitive, pouvait être de l'empêcher de faillir : car, dans la ruine de la maison Gisquet, M. Perier pouvait perdre 500,000 fr.

Voulez-vous que j'établisse d'une manière encore plus directe qu'il y avait une étroite liaison entre M. Gisquet et son puissant protecteur? J'ai dans mes mains un acte authentique répandu dans le public sous la forme de circulaire, portant formation d'une société pour l'établissement de magasins autour du bassin la Villette. La date de la société est le 2 juillet 1830. L'art. premier est ainsi conçu : « Il y a société entre messieurs Perier frères, Gisquet, Nay et Savoye; cette société est collective à l'égard de messieurs Gisquet, Nay et Savoye, et en commandite à l'égard de messieurs Perier frères. Art. 2. Le capital social sera de 3,000,000 divisés en 3,000 actions nominatives de 1,000 chacune. Art. 4. Messieurs Perier frères souscriront pour 950 actions, formant un capital de 950,000 francs. » Voilà donc M. Perier de nouveau commanditaire de M. Gisquet. Je me trompe : vous allez voir que M. Gisquet n'est autre chose que M. Perier lui-même, car l'article 11 est ainsi conçu : « En cas de décès de l'un des gérans, les survivans, d'accord avec les actionnaires, pourvoiraient à son remplacement : mais il est convenu que messieurs Perier frères, tant qu'ils resteront propriétaires d'au moins 300 actions , auront seuls le droit de nommer les successeurs des associés gérans décédés. »

Cette clause, en faveur d'un associé commanditaire, ne peut s'expliquer que par la supposition que M. Gisquet, et peut-être aussi ses autres associés, étaient les prête-noms de la maison Perier. Indépendamment, en effet , de ce que la loi défend aux associés commanditaires de prendre aucune part directe ou indirecte à l'administration de la société, à peine de devenir associés collectifs; on ne concevrait pas une semblable attribution, même en faveur d'un associé pur et simple. Si messieurs Perier, dans le cas prévu, avaient exclusivement le droit d'imposer un gérant à la société, c'est que la société leur appartenait.

Maintenant, je vous le demande : un homme, dans la position de M. Perier, pouvait-il recommander aux ministres de confier une opération importante, sous le rapport financier, à M. Gisquet, lorsque les bénéfices possibles de cette opération devaient lui arriver, lui profiter, n'importe dans quelle proportion. Il y avait là une violation manifeste de toutes les convenances, et j'adoucis l'expression, parce qu'il ne me convient pas d'accuser. Je pourrais dire qu'il y avait une infraction flagrante aux dispositions de la loi pénale : « Tout fonctionnaire, tout officier public, tout agent du gouvernement qui, soit ouvertement, soit par actes simulés, soit *par interposition de personnes*, aura pris ou reçu quelque intérêt que ce soit, dans les actes, adjudications, entreprises ou régies dont il a pu avoir, au temps de l'acte, en tout ou en partie, l'administration ou la surveillance, sera puni d'un emprisonnement de six mois au moins, et de deux ans au plus, etc., etc. » (Mouvement dans l'assemblée; les huissiers réclament le silence; MM. Dupin et Laveau paraissent stupéfaits, M. Persil paraît réfléchir, M. Moreau s'agite dans son fauteuil, les jurés sont impassibles, M. Scribe seul promène des regards scrutateurs sur l'auditoire.)

Ici trouve sa place une réflexion que les débats nous ont fournie. L'un des témoins, M. Chevallier, vous a dit avec infiniment de sagacité : « Je ne sais si M. Perier a touché quelque argent à la suite de la spéculation de M. Gisquet; mais je conçois fort bien qu'il avait intérêt à en protéger la réusite, parce que la maison Gisquet ne pouvait faillir sans que l'intérêt de son commanditaire principal ne fût gravement compromis. » Cette supposition résulte naturellement de la connaissance des rapports existant entre M. Perier et M. Gisquet, son associé. Il en est des fonctionnaires publics comme de la femme de César : Ils ne doivent pas même être soupçonnés ! C'est cette pensée qui inspirait M. Laffitte, ce citoyen dont le nom rappelle à la fois d'immenses sacrifices faits à la révolution et l'ingratitude proverbiale de la royauté, lorsqu'il vous a dit : « Vous concevez facilement, messieurs, pourquoi, dans ma position, je me suis soigneusement tenu à l'écart de toute opération semblable...... » (Profonde sensation.)

Il suit de tout cela que M. Gisquet était le dernier homme que M. Perier dût recommander au gouvernement dans cette circonstance. Que si le président du conseil a tenu une autre conduite, il ne doit s'en prendre qu'à lui-même des soupçons conçus par l'opinion publique, accueillis et propagés par les organes de cette opinion.

Une dernière réflexion avant d'arriver à l'examen des marchés. Vous savez que M. Rotschild figure dans cette affaire. On vous a dit qu'il était chargé de payer à Londres le prix des fusils ; le gouvernement français le remboursait à Paris. Quelle était le droit de commission de M. Rotschild dans cette affaire? nous l'ignorons. Il y a plus, l'intervention de M. Rotschild n'avait aucun caractère légal ; son nom ne se trouve point dans le traité conclu avec M. Gisquet ; il est donc impossible d'avoir aucune donnée sur les conditions de son entremise. Mais voici ce qui me frappe : si M. Rotschild payait à Londres en l'acquit du gouvernement français, apparemment il avait la garantie de l'Etat, car M. Rotschild se connaît en affaires. D'où il suit que M. Gisquet, sans débourser un centime, touchait la différence entre le prix d'achat et le prix de vente. Mieux eût donc valu pour le gouvernement français traiter directement avec l'Angleterre.---Passons aux marchés.

Il est temps de porter la lumière sur ce point capital de la discussion, et ici nous serons d'autant plus puissans que les élémens de l'accusation seront puisés dans les documens fournis par les adversaires eux-mêmes. Ils ne sont pas nombreux, vous le savez, mais ils suffisent.

Lisons la première pièce. C'est la lettre de M. le maréchal Gérard à M. Gisquet.

Copie de la lettre de M. le maréchal Gérard à M. Gisquet, du 2 octobre 1830.—Ministère de la guerre, cabinet du ministre, Paris, 2 octobre 1830.

Je vous prie de vous rendre, monsieur, à Birmingham, en vous fesant accompagner par monsieur Andel, à l'effet d'acheter, pour le compte du département de la guerre, la quantité de trois cent mille fusils de calibre anglais, en bon état, et de bonne qualité, pour le service militaire. Les marchés que je vous autorise à conclure ne seront obligatoires qu'après ma ratification, pour laquelle vous réclamerez un délai de dix jours ; ils devront stipuler que la livraison de ces armes sera faite successivement dans un délai qui ne devra pas excéder quatre mois. Vous prendrez des mesures convenables pour que cent mille fusils, au moins, soient expédiés avant le 15 novembre, et que les envois ultérieurs aient lieu dans la proportion de soixante-quinze mille par chaque mois. Vous me ferez adresser le plus tôt possible, et même avant toute ratification, quinze de ces fusils, et vous en ferez déposer un pareil nombre en main-tierce, en Angleterre, pour servir de termes de comparaison lors des livraisons ; il est entendu que tous les fusils devront être conformes à ces échantillons. Il serait à desirer que les négocians avec lesquels vous traiterez, prissent l'engagement d'effectuer les livraisons dans les ports français en se chargeant de tous les frais et des risques jusqu'à ces destinations ; mais cette clause n'est pas de rigueur, et vous êtes autorisé à consentir sur ce point aux conditions qui pourraient concilier les intérêts de mon ministère avec les convenances et les intérêts des fournisseurs. Les envois seront dirigés sur les ports de Calais, Boulogne, Dieppe, le Hâvre, Cherbourg et Brest. Le gouvernement se charge d'exécuter les traités que vous aurez faits dans les limites et aux conditions qui précèdent; d'ouvrir les crédits et de fournir les fonds qui seront nécessaires pour acquitter toutes les dépenses, de quelques natures qu'elles soient, mais toujours sous la condition que ces traités recevront mon approbation. En ratifiant, je ferai mettre à votre disposition une somme de cent mille livres sterlings pour premier à compte sur les dépenses. Je me réserve le droit de me servir, comme intermédiaire, de votre maison de commerce et de votre nom pour la direction de cette affaire, jusqu'à ce qu'elle soit consommée; il vous sera alloué une commission sur *le prix de cette acquisition et vos frais de voyage, à la charge par vous de rétribuer M. Andel;* cette fixation aura lieu au moment de la ratification du marché. Vous comprendrez, monsieur, que la mission dont vous êtes chargé est toute de confiance, je compte que vous la remplirez ; le zèle, la promptitude et le dévouement qu'elle exige, vos honorables antécédans, qui vous ont acquis la bienveillance de l'administration, me donnent l'assurance que mon attente ne sera pas trompée. J'ai l'honneur d'être avec la plus parfaite considération, votre très humble et très obéissant serviteur, le ministre de la guerre, MARÉCHAL GÉRARD. — A monsieur Gisquet, négociant, membre du conseil général du département de la Seine.»

Analysons cette pièce.

Elle est sous la date du 2 ctobre 1830, et le marché provisoire a été conclu le 6 du même mois.

Elle contient les clauses et conditions du mandat confié à M. Gisquet : l'achat de 300,000 fusils *pour le compte du gouvernement français.*

Elle porte allocation d'un salaire pour le mandataire : *Il vous sera alloué une commission sur le prix de cette acquisition et vos frais de voyage.*

Voilà donc un mandataire salarié, un agent rétribué du gouvernement chargé de stipuler au nom et dans l'intérêt de son mandant qui l'imdemnisera de ses peines et soins.

M. Gisquet est donc parti de Paris investi d'un caractère public qu'il n'a point repoussé, qu'il a accepté. Il est parti immédiatement après la commission délivrée, c'est-à-dire le 2 octobre; il est arrivé à Londres le 4. Dans cet intervalle il ne s'est opéré aucun changement dans sa position ; sa qualité est restée la même; aucun contre-ordre ne lui a été transmis. il a touché le sol de l'Angleterre avec le caractère d'agent du gouvernement français. Il aura donc fait un traité au nom de ce gouvernement. Lisons le traité du 6 octobre conclu entre lui et messieurs Wheeler, Iron et Fairfax, fabricans d'armes à Birmingham.

« Traité passé à Birmingham, le 6 octobre 1830, entre les soussignés, monsieur Gisquet, de Paris, de présent à Birmingham, d'une part, et messieurs Wheeler, Iron et Fairfax, fabricans de fusils à Birmingham d'autre part. — Il a été convenu ce qui suit : — M. Gisquet desirant acheter une certaine quantité de fusils de munitions sur les modèles et calibre anglais de première qualité, messieurs Wheeler, Iron et Fairfax ont proposé à M. Gisquet d'acheter pour son compte au gouvernement anglais trois cent mille fusils, avec la permission de les exporter dans tels ports de France que desirera monsieur Gisquet, et aussi de faire tout leur possible pour les obtenir au plus bas prix. Afin de dédommager messieurs Wheeler, Iron et Faïfax de leurs peines et soins dans cette affaire, il a été convenu qu'il leur serait accordé par monsieur Gisquet *un tiers des bénéfices nets qui seraient réalisés sur cette opération*, mais, dans le cas ou ledit tiers ne *leur produirait pas une somme de six mille livres sterlings*, alors les bénéfices seraient partagés entre eux et monsieur Gisquet; que monsieur Gisquet aura un délai de quinze jours pour refuser ou accepter le marché conclu entre lesdits sieurs Wheeler, Iron et Fairfax et le gouvernement anglais, et ce, à partir du jour de la signature dudit traité par le gouvernement anglais. En cas d'acceptation dudit marché par monsieur Gisquet, il l'oblige d'en remplir toutes les conditions, et d'en payer le montant directement au gouvernement anglais. Si à l'expiration des quinze jours de délai accordés à monsieur Gisquet, il n'acceptait pas le marché, le présent traité serait nul; les parties respectives ne pourront répéter l'une envers l'autre aucun frais ni dépenses causés pour cette affaire. Dans le cas où le marché recevrait son exécution, monsieur Gisquet promet de compter à M. Wheeler, tant pour sa part que pour celle de messieurs Iron et Fairfax, la portion des bénéfices à eux accordés, et ce, dans les quinze jours qui suivront la dernière livraison de la partie de fusils. Il a été convenu de même que les correspondances et comptes pour cette opération, auront lieu entre monsieur Gisquet et messieurs Wheeler et fils, agréés à cet effet par les co-associés ci-dessus désignés. Les parties font élection de domicile, savoir: M. Gisquet, chez MM. Andel aîné et compagnie, à Londres, et messieurs Wheeler, Iron et Fairfax chez messieurs Wheeler et fils, à Birmingham. — *De plus, il a été convenu entre les parties que messieurs Wheeler, Iron et Fairfax n'accepteront ni ne se prêteront à l'exécution d'aucun marché de ce genre, et ce, sans le consentement exprès de monsieur Gisquet, avec aucun particulier et puissance de l'Europe, au-delà de cinq mille fusils seulement, et ce, pendant six mois, pendant lequel espace de six mois monsieur Gisquet s'oblige à ne transmettre aucun marché du même genre à d'autres personnes qu'à messieurs Wheeler, Iron et Fairfax.* Fait double, à Birmingham, le 6 octobre 1830. Signé Gisquet, Robert Wheeler, Thomas Iron, Charles Fairfax, et comme témoin, Andel aîné et compagnie. »

Trois circonstances sont à relever dans cet étrange traité. Vous avez vu quel était le caractère de M. Gisquet en partant de France, et dans l'intérêt de qui il devait stipuler. Trouvez-vous dans toute cette pièce une seule phrase un seul mot qui ait trait au gouvernement français? Un homme sans prévention, je ne dis pas un jurisconsulte, pourrait-il, en jetant les yeux sur cette pièce, y apercevoir, y découvrir, y soupçonner l'existence d'un mandat confié à l'une des parties contractantes? M. Gisquet enfin stipule-t-il pour le gouvernement français ou pour lui-même? L'évidence ne comporte pas de démonstration.

Pourquoi ce changement de qualité dans la personne de M. Gisquet? pourquoi dépouille-t-il subitement un caractère qu'il avait accepté? le motif se trouve dans la clause finale du traité. Voici le raisonnement qu'a fait M. Gisquet.

J'ai devant moi quinze jours pour faire ratifier mon traité. Si le gouvernement l'accepte, j'ai eu soin d'y insérer des clauses tellement favorables à mes intérêts, que je puis reconnaître sans peine que c'est au nom du gouvernement en effet que je l'ai conclu. Si au contraire le gouvernement le répudie, alors je puis dans le délai de quinze jours qui m'est accordé, examiner par-devers moi si j'ai intérêt à le conclure pour mon propre compte. Or, ceci ne pouvait avoir lieu qu'autant que le marché était fait au nom de M. Gisquet. Si c'eût été en effet au nom du gouvernement que le marché a été projeté, le défaut de ratification de la part de celui-ci fesait tomber, *ipso facto*, le traité vis-à-vis des fabricants de Birmingham, qui n'ayant conclu avec M. Gisquet qu'en sa qualité de mandataire du gouvernement, n'eussent été tenus à rien envers lui personnellement, dès que son mandat ne ratifiait pas. — Poursuivons.

Vous ne l'avez pas entendue sans étonnement, cette clause du traité où il est dit qu'il sera accordé aux fabricans de Birmingham *un tiers des bénéfices nets* qui seraient réalisés sur cette opération.

Quand j'ai lu pour la première fois le traité du 6 décembre, je n'ai pu croire à l'existence réelle de cette stipulation. Comment, me disais-je, M. Gisquet peut-il promettre un tiers des bénéfices résultant de l'opération? Quels bénéfices peut-il donc faire dans une spéculation qu'il fait au nom et dans l'intérêt d'un tiers? Je conçois bien que le résultat de l'opération avantageuse ou défavorable profite ou nuise au gouvernement français; car c'est lui en fin de compte qui doit solder le prix des fusils : mais M. Gisquet, simple mandataire, simple agent, stipulant au nom d'un tiers, doit rester complètement étranger aux conséquences du marché.

Il y a plus : il est impossible de concevoir que le gouvernement ait voulu admettre les fabricans de Birmingham au partage d'un bénéfice quelconque; car un bénéfice, dans la circonstance, ne se concevrait qu'autant que le gouvernement aurait voulu vendre les fusils qu'il achetait, et assurément ce n'était pas là son intention.

M. Gisquet promettait donc une part dans les bénéfices qu'il espérait retirer du marché. Donc il dépouillait son caractère; donc il manquait aux devoirs impérieux de son mandat; donc il foulait aux pieds les obligations sacrées qu'il avait contractées!

M. Lavaux (interrompant M. Michel). Et la commission !...

M. Michel, vivement. Ah! je vous tiens; je vous attendais là. Vous dites que les bénéfices dont il est question dans le traité, c'est la commission promise à monsieur Gisquet par le général Gérard !... Mais quel rapport peut-t-il y avoir entre des bénéfices nets ou bruts résultant d'une opération, et l'indemnité promise au chargé d'affaires? La conscience publique repousse une pareille assimilation. C'est surtout le traité qui ne permet pas de l'admettre.

En effet, après avoir promis aux manufacturiers de Birmingham un tiers dans les bénéfices de l'opération, monsieur Gisquet ajoute : Dans le cas où ledit tiers ne leur produirait pas une somme de 6 mille livres sterlings, alors les bénéfices seraient partagés entr'eux et M. Gisquet. Entendez-vous, six mille livres sterlings! Comptez avec moi 6 mille livres sterlings ; c'est 150 mille francs. Si donc, vous promettiez à vos associés cette somme de 150 mille francs, comme devant être le tiers des bénéfices, le bénéfice total, à votre compte, était de 450 mille francs. Elle est modeste l'indemnité ! Et monsieur Gisquet est venu vous parler de son désintéressement, de son patriotisme ! (Profonde sensation.)

Voici donc le dilemme : où vous stipuliez pour vous-même, et vous manquiez aux lois de l'honneur, vous trahissiez les intérêts de la France ; ou bien vous stipuliez réellement au nom du gouvernement, et alors vous fixiez vous-mêmes votre indemnité à la somme énorme de 450,000 fr. !

La dernière circonstance que nous devons vous signaler résulte de la clause finale du traité, où il est dit :

« De plus, il a été convenu, entre les parties, que messieurs Wheeler, Iron et Fairfax n'accepteront ni ne se prêteront à l'exécution d'aucun marché de ce genre, et ce, sans le consentement exprès de M. Gisquet, avec aucun particulier et puissance de l'Europe, au-delà de cinq mille fusils seulement, et ce, pendant six mois, pendant lequel espace de six mois monsieur Gisquet s'oblige à ne transmettre aucun marché du même genre à d'autres personnes qu'à messieurs Wheeler, Iron et Fairfax. »

Veuillez, je vous prie, messieurs, rapprocher cette condition du traité de la dernière déposition de M. Baude. Cet honorable fonctionnaire, après avoir exprimé la répugnance que les traités Gisquet lui avaient inspirée, vous a dit qu'il croyait fermement que le maréchal Soult avait eu la main forcée par M. Gisquet; que M. Gisquet aurait menacé de vendre à l'étranger les fusils qu'il avait achetés, si le ministère n'acceptait point ses offres. Or, il est évident qu'il s'était ménagé, en traitant en son propre nom, le moyen de faire une semblable menace. Les manufacturiers de Birmingham, pouvait-il dire, sont liés avec moi par un traité formel; dans ce traité, ils se sont engagés à ne fournir des fusils à aucune puissance, à aucun particulier d'Europe. Je ratifierai ce traité, et ensuite, maître de mes fusils, j'irai les offrir au plus offrant et dernier enchérisseur.

Encore une réflexion, et je termine l'examen des marchés.

Les fabricans de Birmingham, en exécution du traité, s'adressèrent au gouvernement anglais pour l'achat des 300,000 fusils. Les ministres d'Angleterre consentirent à leur abandonner le nombre de fusils qu'ils demandaient pour des fusils neufs et d'un nouveau calibre. Tout était bénéfice dans cette opération. On remplaçait de mauvaises armes par des armes excellentes, et l'on fournissait un aliment précieux à l'industrie anglaise. La condition du gouvernement anglais fut acceptée. Alors les fabricans demandèrent quel serait le prix des fusils. La réponse du gouvernement était simple. Ce n'est pas à nous de fixer le prix des fusils; c'est un échange que nous fesons; c'est à vous, chargés de fabriquer les armes que nous recevrons en retour, à nous fixer votre prix.

Ainsi, remarquez-le bien, messieurs, c'étaient les manufacturiers de Birmingham qui étaient, d'un côté, chargés d'acheter au plus bas prix, et de l'autre, obligés dans leur propre intérêt de fixer un prix élevé. Hâtons-nous de quitter ces marchés : il y a dans l'atmosphère qui les enveloppe quelque chose qui fait mal.

Faut-il nous demander maintenant si le résultat de spéculations ainsi faites a été désastreux? Vous en savez là-dessus plus que moi, messieurs; et long-temps avant l'ouverture de ces débats, la notoriété publique, les réclamations des journaux, les explications de *la Tribune*, vous avaient appris ce que les témoignages les plus nombreux sont venus confirmer à cette audience. Les fusils étaient détestables. S'ils ne peuvent pas, vous a dit M. Paulin, faire du mal à ceux à qui on les a confiés, ils n'en feront pas non plus à ceux contre qui on s'en servira. Enfin, selon l'expression d'un honorable général, cité à la requête des parties civiles, ceci est à noter, ils valent toujours mieux que des manches à balai. Convenez, messieurs, qu'un manche à balai payé 35 fr. est un peu cher ; convenez qu'un manche à balai, placé aux mains de la garde nationale, est peu fait pour la flatter.

Pour résister à l'avidité dévorante des traitans, pour mettre le trésor à l'abri de l'incurie, de la collusion, de la fraude, la loi a déterminé certaines formalités auxquelles il n'est permis à personne de ne pas se conformer. Aucune de ces formalités protectrices n'a été remplie dans les marchés Gisquet.

Trois espèces de marchés sont connus dans l'administration : les marchés par adjudication ; ils n'ont pas besoin d'être définis : la concurrence et la publicité en sont l'âme ; les marchés d'urgence, ils ont lieu toutes les fois qu'un fournisseur ou un entrepreneur est en demeure de remplir ses engagemens : le gouvernement fait exécuter ces obligations aux risques et périls du traitant rétardataire ; enfin il existe des marchés de gré à gré : tels sont les marchés Gisquet. C'est de ceux-là qu'il importe de nous occuper.

M. de Gérando, dans ses *Institutes*, déclare de la manière la plus positive que les marchés de gré à gré ne doivent se faire que dans des cas exceptionnels fort rares, et pour des motifs qui ne se rencontrent pas dans la circonstance. (Tom. IV, pag. 369.)

Le même auteur professe qu'aucun soumissionnaire ne peut être dispensé de fournir un cautionnement dont la quotité est fixée au dixième du prix de la soumission. (Tom. IV, pag. 379.) M. Gisquet a eu le privilége unique d'être exempté de cette obligation.

Résumons cette discussion sur les marchés : ils ont été conclus avec l'Angleterre, au détriment du commerce français, à des conditions onéreuses, sans concurrence, sans publicité, sans précaution, au mépris des lois les plus positives par l'intermédiaire d'un homme qui n'avait ni capacité ni solvabilité suffisantes, et pour couronner l'œuvre dignement, les armes achetées si cher sont impropres à l'usage auquel on les destine.

Disons-le donc : Il est impossible de justifier les marchés, si ce n'est par l'urgence ; mais cette urgence existait-elle ? La meilleure preuve qu'on nous en ait donné jusqu'à présent a été puisée dans le témoignage du général Lafayette ; certes si la parole d'un homme peut faire autorité, c'est celle de l'illustre général ; que n'invoque-t-on aussi son expérience dans une foule d'autres circonstances ! On s'est appuyé aussi du témoignage de **M.** Dupont de l'Eure ; on a prétendu que ces deux honorables citoyens avaient eux-mêmes ouvert l'avis d'acheter des fusils en Angleterre ; je crois qu'on a confondu les dates.

Non, l'urgence n'existait pas au moment ou le marché Gisquet a été conclu, car autrement huit jours auparavant le maréchal Gérard ne l'aurait pas rejeté ; le conseil du roi composé en partie de vrais patriotes en aurait accepté les conditions quelque onéreuses qu'elles fussent ; rien ne leur eût coûté pour assurer l'indépendance du territoire ; s'il y avait urgence d'ailleurs, pourquoi laissiez - vous quelques jours après le marché fait avec **M.** Chenard, de Nantes, marché dont l'objet était doublement avantageux : on avait des armes à bas prix, et l'on désarmait le fanatisme monarchique. S'il y avait urgence, pourquoi refusiez-vous les offres d'armes dont on inondait, selon vous, les bureaux du ministère ? S'il y avait urgence, pourquoi n'acceptiez-vous pas les offres des fabricans français et liégeois, Ganeron, Kœchlin, Souquaire-Souligné, Wanderneck et Vigier, toutes plus avantageuses que celles de **M.** Gisquet, acceptées avec tant d'empressement dans la journée du 9 décembre ? S'il y avait urgence, comment osiez-vous faire avec l'Angleterre un marché qui vous mettait à sa discrétion ? (Mouvement dans l'auditoire, sensation marquée.)

L'urgence, c'était, je suppose, l'imminence de la guerre ; or, si elle avait éclaté, comment auriez-vous contraint l'Angleterre à exécuter son marché, à vous livrer des armes pour la combattre.

Il y avait urgence ! Lisez donc le discours prononcé à la chambre des députés par **M.** Decaux, ancien ministre de la guerre, dans la séance du 12 mars dernier ; vous y verrez qu'au moment de la révolution de juillet il y avait dans nos arsenaux et magasins militaires plus de douze cent mille fusils : et assurément il y avait là de quoi armer les gardes nationales au fur et à mesure de leur organisation, sans nuire aux besoins de la troupe de ligne, et c'est ce qui a été fait. Reportez-vous au budget de 1831 : vous y verrez qu'il n'a été distribué jusqu'à ce jour à la garde nationale que 860,000 fusils pris dans les dépôts militaires, sans compromettre en aucune manière le service de l'armée offensive.

Laissez donc à l'écart cette prétendue urgence ; elle est contraire à tous les faits connus ; disons mieux, elle est démentie par le système même de ceux qui l'invoquent.

Si l'urgence échappe aux ministres, je l'ai déjà dit, et je ne saurais trop le répéter, aucune justification des marchés n'est possible.

J'arrive au terme de ma carrière sans avoir épuisé mon sujet. Que de révélations j'aurais pu faire ! ou plutôt que de choses déjà connues de vous j'aurais pu rappeler à vos esprits ! mais je m'étais imposé l'obligation de ne puiser les élémens de conviction que dans les faits résultans des débats, dans les pièces produites à l'audience, soit par nous, soit par nos adversaires. J'ai fait plus, et vous avez dû vous en apercevoir, j'ai évité avec soin toutes les considérations générales de la politique qui n'auraient pas eu de rapport direct à la question du procès.

Je ne puis cependant résister au désir de vous rappeler en finissant un fait historique : il vous prouvera qu'à toutes les époques, la dilapidation des deniers publics a excité les justes plaintes des hommes de bien, des patriotes désintéressés.

Lors de notre première révolution, il y eut aussi urgence ; il fallut aussi armer à tout prix nos soldats. Un ministre de la guerre, monsieur Narbonne fit aussi des marchés avec l'Angleterre pour cinq cent mille fusils. il fut attaqué comme il devait l'être ; à la tribune, on lui demanda compte

de cette opération ; un député courageux consacra de longues veilles a c
vérifier les résultats. Je voudrais qu'il vous fût permis de jeter un coup
d'œil rapide sur ce travail ; vous verriez quelle analogie frappante il présente avec le marché Gisquet ; vous verriez qu'alors, comme aujourd'hui,
on plaida l'urgence : mais l'honorable député de Versailles démontra qu'elle
n'existait pas, et qu'en cas d'urgence, ce n'était pas à l'Angleterre qu'un
ministre devait s'adresser, parce qu'alors il y avait un Pitt, comme aujourd'hui il y a un Wellington ; il démontrait que les intérêts de la patrie
avaient été sacrifiés aux intérêts du commerce anglais ; et enfin il conclut à
l'accusation.

Narbonne prit la fuite comme Verrès. Nous ne demandons pas que les
ministres en fassent autant ; mais nous demandons, quand tant de documens nous assiégent, quand tout retentit du scandale de ces marchés,
quand l'indignation brûle notre plume, nous demandons qu'il nous soit
permis d'appeler la lumière sur les intérêts du pays, et c'est ce que nous
avons fait. Maintenant remplissez votre devoir. Si, cédant quoi qu'à regret
aux exigences d'une loi rigoureuse, vous nous condamnez, du moins, j'en
suis certain, en sortant de cette enceinte, vous ne craindrez pas de nous
tendre la main et de nous dire : « Juges, nous avons fait notre devoir ; citoyens, vous avez fait le vôtre. »

Des applaudissemens, que monsieur le président comprime aussitôt, éclatent dans le barreau et dans l'auditoire.

M. Moulin. M. le Président, M. Bascans ayant été interpellé par M. le
procureur-général, à l'occasion de son voyage à Londres, désirerait présenter la dessus quelques observations à MM. les jurés.

M. le Président. M. Bascans a la parole

M. BASCANS. Messieurs, par les motifs que j'ai déjà exprimés hier au
commencement de la séance, en répondant aux questions de M. le président, je ne crois pas avoir à prendre la parole dans ce procès pour ma
justification personnelle. M. Marrast vous l'a dit lui-même, dans l'un des
articles que vous a lus le défenseur du maréchal Soult : *La personne du
gérant doit ici s'effacer*, et telle a été son intention bien évidente, lorsqu'il lui a plu de signer l'article incriminé. Je n'ai donc rien à dire sur le
fond de l'affaire.

Mais je ne dois pas laisser sans réponse la réflexion de M. le procureur-
général sur mon voyage de Londres. Les détails de ce voyage ont par
eux-mêmes trop peu d'intérêt pour que je vous en eusse entretenu, messieurs, s'ils n'eussent été provoqués par M. Persil.

Vous avez entendu dans le cours de ces débats que, dans l'une des lettres
venues de Londres, où l'on annonçait qu'il existait deux marchés, l'un secret, l'autre patent, l'on nous fesait espérer que, au moyen d'une commission
rogatoire, nous pourrions faire assigner devant les magistrats de Londres les
négocians détenteurs des marchés, pour qu'ils eussent à produire leurs livres,
de manière à faire constater les divers prix du traité. Me Moulin consulta,
à cet égard, M. Perrault de Chezelle, l'un des substituts du parquet, qui lui
répondit que le délai était trop court pour suivre cette voie, et qu'il fallait
d'ailleurs s'adresser à la diplomatie.

Nous nous entretenions M. Marrast et moi de cette difficulté, il y a aujourd'hui dix jours. Je lui fis remarquer que la présence à Londres d'une
personne active pourrait suppléer, peut-être à la brièveté du temps, et
qu'à mon avis il valait bien la peine de tenter un voyage en Angleterre. Ce
voyage fut résolu à l'instant, et dès le lendemain j'étais en route. J'arrivai à
Londres lundi soir à onze heures. Je n'avais donc à y passer que quarante-

huit heures, et pas même ce temps là. M. Bascans rend compte ici avec beaucoup de détails de ses démarches à Londres, auprès de M. Rotschild, par l'entremise d'un agent d'affaires, pour qu'il voulût bien laisser voir ses livres, ou qu'il s'expliquât au moins sur le prix du marché. Cet agent d'affaire, dit M. Bascans, me répondit par la petite poste : « Je n'ai rien pu obtenir de M. Rotschild ; il m'a répondu avec ce ton de hauteur qui lui est ordinaire, que si j'avais des renseignemens à demander sur l'affaire des fusils, je n'avais qu'à m'adresser au gouvernement français. » La lettre qui rapporte ce fait est entre mes mains : la voilà, portant le timbre de la poste de Londres. Je fus d'autant plus contrarié du refus obstiné de M. Rotschild, que le temps était trop court pour recourir aux voies judiciaires.

M. Bascans termine en produisant une lettre importante de l'un des premiers fabricans d'armes de Londres, M. Beckwith, *auquel M. Gisquet avait confié l'inspection des fusils.*

Je supposai, dit M. Bascans, que j'étais chargé de faire un armement considérable ; j'envoyai un courtier de commerce chez M. Beckwith pour l'engager a me faire connaître ses prix.

M. Beckwith vint me voir : il me dit que des demandes de fusils étaient adressées de toutes parts à l'Angleterre dans ce moment, ce qui les rendait plus chers qu'ils ne l'avaient jamais été.

Je le priai de m'écrire pour me donner son prix, afin que je pusse communiquer sa lettre aux personnes intéressées à l'entreprise supposée. La voici, messieurs, cette lettre. Vous y lisez en propres termes qu'un fusil avec sa bayonnette *de la même qualité* sous TOUS LES RAPPORTS, que les fusils fournis à M. Gisquet pour le gouvernement français, me coûtera 26 fr. 50 c. avec un escompte de 5 p. 0|0.

Je vous laisse le soin, messieurs, de comparer ce prix à celui de M. Gisquet, et de *vous en expliquer* la différence. C'est tout ce que j'avais à vous dire.

M. Moulin, avocat du gérant de la *Tribune* prend la parole en ces termes :
Messieurs, je pourrais garder le silence. Chargé en effet de la défense du gérant de la *Tribune* et d'une partie de celle de son rédacteur en chef, je n'aurai pas l'imprudence de revenir sur l'une, et le silence du ministère public pourrait me dispenser de m'occuper de l'autre. M. Bascans, il est vrai, a été renvoyé devant vous par la chambre d'accusation ; mais monsieur le procureur-général n'a pas dit un mot à l'appui de la prévention, et j'ai dû penser dès lors que ce magistrat a cru de sa loyauté de la déserter.
A quel titre monsieur Bascans paraît-il devant vous ? Est-ce comme auteur de l'article incriminé ? Non, et sa plume y est demeurée étrangère. C'est donc comme signataire de la feuille qui le contient, comme gérant responsable, c'est-à-dire, comme auteur *présumé* d'un article dont l'auteur véritable n'est pas connu. C'est là une fiction légale : or, comme il est de la nature de toute fiction de disparaître devant la réalité, la responsabilité du gérant doit s'effacer devant celle de l'écrivain qui vient, en face de la justice, revendiquer son œuvre.
Cette doctrine s'appuie sur le bon sens, sur le texte et l'esprit de la loi, enfin sur l'application constante qu'en ont faite les jurés, vos prédécesseurs.
Sur le bon sens... N'y aurait-il pas de l'injustice à demander compte à un individu d'une action qui lui est étrangère ?
Sur le texte de la loi... s'il permet au ministère public de diriger des poursuites et contre l'auteur et contre le gérant tout à la fois, il laisse à la conscience des jurés la plus grande latitude pour l'acquittement du gérant.
Sur l'esprit de la loi... L'un des hommes qui l'ont faite la résumait ainsi en quelques mots : *Le signataire n'est accusé comme auteur qu'à défaut d'un auteur connu.*

C'est quelque chose sans doute, messieurs, que de pouvoir invoquer le texte et l'esprit de la loi, c'est plus encore que de pouvoir se baser sur l'interprétation constante que lui ont donnée vos devanciers. Ce n'est pas aujourd'hui pour la première fois (et je le regrette pour la liberté de la pensée), que le gérant est venu s'asseoir sur ces bancs, à côté de l'écrivain, et partager avec lui les dangers de la prévention ; mais je ne sache pas qu'un jury ait jamais confondu dans son verdict l'un et l'autre. Ce que n'ont pas fait vos prédécesseurs, j'ai la conviction que vous ne le ferez pas davantage....

M. Bethmont se lève ensuite, et présente assez brièvement, avec cette grâce et cette facilité d'élocution qui le distingue, la défense de M. Antony Thouret, gérant de la *Révolution*.

M. Dupin jeune, avocat de M. Casimir Perier, prend la parole, et s'exprime en ces termes :

Messieurs, dans les discussions qui viennent de vous être présentées, vous avez entendu de singulières prétentions, d'étranges doctrines, pour ne rien dire de plus ; et si quelque chose pouvait rendre plus sensibles les dangers de la diffamation, comme la nécessité d'y opposer une répression sévère, ce seraient les paroles proférées dans cette enceinte. Qu'il me soit permis d'y répondre.

Dans la dernière lutte électorale, la victoire était demeurée au parti de la modération : une majorité parlementaire se trouvait acquise au ministère.

Organe de l'opposition la plus hostile à ce ministère et à la ligne politique qu'il avait suivie, *la Tribune* s'irrita de l'avantage qu'il venait de remporter. On devait s'y attendre.

Les partis ne sont jamais plus violens qu'au jour de leur défaite ; aussi les violences habituelles de *la Tribune* prirent un nouveau degré d'énergie. Un premier article accumulait, sous la forme de questions, les accusations politiques les plus graves contre les ministres, et se terminait par cette interpellation aux électeurs : « Voilà à qui vous avez donné la victoire......... Electeurs, soyez fiers ; et vous, patriotes, défendez votre œuvre ! »

Ces attaques étant toutes politiques, les ministres dédaignèrent d'y répondre et de descendre dans l'arène où l'on voulait les entraîner. C'était à leurs juges naturels ; c'était aux chambres qu'ils devaient compte de leurs principes et de leur conduite.

La colère de *la Tribune* s'en accrut. L'article fut reproduit, et le silence du ministère présenté au public comme un aveu tacite, comme la preuve acquise de l'authenticité des faits qui lui étaient reprochés. On fit plus ; M. Marrast nous dit lui-même, dans son interrogatoire, que, pour forcer le ministère à rompre son dédaigneux silence, il prit ce qu'il appelle *le chemin plus direct de la personnalité*, et ce que j'appellerai, moi, le chemin odieux de la calomnie. En effet, aux premiers reproches on ajouta contre le président du conseil et contre le ministre de la guerre, les indignes accusations qui sont l'objet de ces débats.

Cette fois, messieurs, il n'était plus possible de se taire. Une accusation politique, vous le savez, n'entache point l'honneur des personnes : si elle vous compromet aux yeux des uns, elle vous élève aux yeux des autres ; si elle vous enlève l'estime politique de ceux-ci, elle vous rend l'estime politique de ceux-là ; elle laisse à l'homme l'estime de tous ; souvent même on l'accepte, on s'en énorgueillit, on s'en fait un titre de gloire. Cela explique le silence reproché au ministère.

Mais il n'en saurait être de même d'une accusation de concussion et de vol, il faut bien le dire. Les mots de vol et de concussion ont la même signification dans toutes les langues et dans tous les partis ; ils sonnent de même à toutes les oreilles ; partout et aux yeux de tous ils déshonorent, ils flétrissent.

Ce n'était donc pas assez du mépris pour faire justice d'une attaque de ce genre. Il fallait en demander une éclatante réparation à la justice. De là, le procès que vous avez à juger, messieurs.

Je ne crains pas de dire que les débats en ont été affligeans ; ils n'ont été qu'une longue diffamation continuée, organisée devant vous par nos adversaires.

Pour répondre, j'essaierai de comprimer l'indignation que j'en ai ressentie. Je n'oublierai pas que la modération est l'apanage de celui qui a raison ; c'est aussi le devoir de celui qui se porte accusateur ; et, dans ce rôle heureusement inaccoutumé pour moi, je m'efforcerai d'apporter la simplicité de langage qui convient à la vérité.

Fixons bien d'abord l'objet du procès, son caractère, les questions qu'il présente.

Ce n'est pas une question politique que vous avez à juger ; c'est une question judiciaire. Il ne sagit pas de savoir si l'on doit suivre le drapeau du ministère ou celui de *la Tribune* ; vous avez à décider si *la Tribune* a diffamé ou n'a pas diffamé M. Casimir Perier et M. le maréchal Soult.

Ici encore il ne faut point prendre le change. La question n'est pas de savoir si les achats de fusils anglais étaient ou n'étaient pas nécessaires, si les fusils étaient ou n'étaient pas de bonne qualité, si les prix étaient ou n'étaient point trop élevés. Il s'agit de savoir si M. Casimir Perier et M. le maréchal Soult ont eu l'infamie de se partager un pot-de-vin d'un million ; c'est-à-dire de s'emparer des deniers de l'état. Voilà le terrain que nos adversaires ont eu grand soin de fuir, car il est brûlant, il est mortel pour eux. Mais je saurai bien les y ramener et les y maintenir.

Il est d'abord un subterfuge auquel nos adversaires ont eu recours et qu'il faut leur enlever. J'aurais cru, je l'avoue, qu'ils l'auraient abandonné eux-mêmes comme indigne de cette franchise d'attaque et d'opposition qu'ils professent.

« Il n'a rien été affirmé contre messieurs Soult et Perier, vous a-t-on dit ; on leur a seulement adressé une question ; ce n'est point un fait qu'on a avancé contre eux, mais une explication qu'on leur a demandée ; » misérable sophisme dont votre sagesse fera justice.

En effet, messieurs, si un tel système de défense pouvait être accueilli ne serait-ce pas ouvrir une libre carrière à la diffamation ? Ne serait-ce pas mettre à la disposition des calomniateurs le plus facile moyen d'impunité ? Un point d'interrogation suffirait pour innocenter les lignes les plus fortement imprégnées du venin de la calomnie ! A l'aide d'une simple forme grammaticale, la loi serait foulé aux pieds, la justice frappée d'impuissance, la société entière livrée à toutes les mauvaises passions des hommes habitués à tremper leur plume dans le fiel.

Eh ! qu'importe que vous ayez pris la formule de l'interrogatoire pour jeter dans le pays des bruits attentatoires à l'honneur d'un citoyen, pour accréditer des faits qui entachent sa réputation ? En est-il moins blessé dans ce que tout honnête homme à de plus cher au monde ? En est-il moins calomnié ? Les faits injurieux en seront-ils moins accueillis et colportés par la haine, par l'envie, par la crédulité publique, par tous ces échos, les uns purs, les autres impurs dont l'ensemble forme ce qu'on appelle l'opinion publique ? opinion, hélas ! qu'il est si facile d'égarer, surtout dans les temps de trouble et d'agitation comme ceux où nous vivons !

Et pour rendre ceci plus sensible encore, je suppose qu'en parlant d'un négociant, un journal dise par forme de question : n'est-il pas vrai que M. un tel a laissé protester un billet, et qu'il est sur le point de manquer ? N'est-il pas vrai que tel autre a fait banqueroute, ou que, dans telle affaire, sa main criminelle a falsifié des livres pour tromper des tiers ? Croyez-vous que l'honneur et le crédit du négociant n'auront pas à souffrir de ces demandes ? Croyez-vous qu'il ne se hâtera point d'en demander justice ? Et suffira-t-il de lui dire alors : Je n'ai pas avancé un fait ; mais j'ai fait une question : si vous êtes ni failli, ni banqueroutier, ni faussaire, n'étant mieux pour vous ; nous sommes quittes.

Ce que je dis du négociant, je puis le dire messieurs, de toutes les autres professions ; car la calomnie est un fléau qui attaque la société tout entière ; elle menace ceux même qu'elle n'a pas encore atteints. Ainsi , mettez-vous à la place d'un brave militaire dont un journal dirait : « N'est-il pas vrai qu'il a fui à telle bataille , qu'il a trahi dans telle rencontre ?» Supposez que vous êtes magistrats, et qu'on demande au public s'il n'est pas vrai que dans telle affaire vous avez vendu votre voix à l'injustice. Enfin , dans toutes les positions de la vie , et quelque humble place qu'on occupe dans l'ordre social , si on a un cœur d'honnête homme, quel est celui qui ne se sentira pas cruellement blessé dans son honneur , si ses amis, ses parens , le pays entier peuvent lire sur son compte ces horribles lignes : «N'est-il point vrai qu'il s'est souillé par un crime ?« S'il a quelque respect de lui-même , il s'empressera d'en demander justice, et j'aime à croire, pour l'honneur de mon pays , qu'il ne trouverait pas de juges , pas de jurés assez oublieux de leurs devoirs pour la lui refuser.

Ces vérité sont de la plus claire évidence , et il n'y a point de sophismes qui puissent les obscurcir. D'ailleurs ce n'est pas devant vous que les sophismes pourront faire fortune. Ce qui distingue votre juridiction , ce qui l'élève , c'est qu'elle est une juridiction de vérité , de bon sens , d'équité. Ici point de chicanes ; ce que vous voyez, ce sont les choses et non les mots ; vous jugez le fond et non de vaines formes ; vous allez droit à la vérité.

Or, dans la vérité, qu'est-ce qui constitue la diffamation ? Ce n'est point telle ou telle forme de langage ; c'est la volonté de nuire à la réputation d'autrui, c'est la volonté de faire croire à des faits qui la flétrissent, c'est la volonté de répandre des accusations mensongères contre celui que l'on a dessein de perdre dans l'opinion publique. Partout où vous verrez cette volonté en action , vous direz qu'il y a calomnie. Peu importe qu'en enveloppant ses attaques dans les plis d'une interrogation , l'auteur ait cherché à se ménager un subterfuge et à nier la calomnie, c'est-à-dire à justifier un mensonge par un mensonge. La lâcheté de la forme ne justifiera pas à vos yeux la perversité du fond. Vous ne vous arrêterez pas à une question de grammaire , mais à une question de bonne foi. Que la calomnie se soit produite par interrogation ou par affirmation , elle n'en sera pas moins calomnie, c'est-à-dire le plus odieux des délits.

Ainsi, dans l'article incriminé, quelque tournure qu'on ait adoptée, on ne nous persuadera point qu'on y ait déposé la question outrageante dont nous nous plaignons afin d'éclaircir simplement un fait, et d'obtenir du ministère ou l'aveu naïf et touchant qu'il s'est rendu coupable d'un crime, ou une dénégation dont la bonne foi et la bienveillance du journal se seraient contentées. Pour tout homme sincère, il est manifeste qu'on a voulu porter le public à croire que MM. Soult et Casimir Perier s'étaient rendus coupables de concussion ; qu'ils s'étaient approprié frauduleusement les deniers de l'Etat, c'est-à-dire qu'ils avaient commis un des crimes les plus infâmes que puisse commettre un homme placé à la tête des affaires d'un pays. Il est également manifeste, par tout l'ensemble de l'article , que le journaliste a voulu paraître en savoir plus qu'il n'en dit, être sûr de son fait, et porter un défi qu'on n'oserait accepter. Il s'est donc rendu coupable d'une énorme calomnie.

On a parlé du droit d'interpellation qu'avaient les journaux à l'égard du ministère ; on l'a presque assimilé au droit d'interpellation qu'ont les chambres , et dont, jusqu'à présent , on n'a pas usé avec beaucoup de bonheur. (Murmures prolongés.)

Sans doute, messieurs , les journaux ont le droit ou au moins le pouvoir de fait d'adresser aux ministres et aux fonctionnaires de l'Etat des questions sur la marche et les actes de l'administration ; mais on accordera d'abord que les ministres ont le droit de répondre ou de ne pas répondre. Ensuite, ce droit d'interpellation, de question et même de critique , a ses limites ; et c'est ici que le discernement du jury saura bien reconnaître avec son merveilleux instinct d'équité ce qui est coupable de ce qui ne l'est pas.

Si les questions ne portent pas sur des faits évidemment faux et controuvés, si elles n'ont point pour objet d'attaquer, de flétrir l'honneur des personnes; mais d'éclairer loyalement un doute sincère et motivé, ces questions peuvent être innocentes, alors même qu'elles seraient dénuées de fondement.

Mais si vous faites une question qui a pour objet de faire croire au pays que des faits déshonorans pourraient m'être imputés, vous n'êtes plus dans votre droit. Il y a question, si vous voulez, mais question diffamatoire. Nous avons un déplorable exemple de cette diffamation dans l'article incriminé. Et ne croyez pas qu'en ceci nous voulions porter la moindre atteinte à la liberté de la presse : soyez-en convaincus, messieurs les jurés, nous sommes amis sincères de cette liberté. (Légers murmures dans la partie la plus reculée de la salle.) Amis aussi sincères, continue M. Dupin, que les rédacteurs de *la Tribune* et de *la Révolution*. (De nouvelles rumeurs interrompent encore l'avocat, et sont aussitôt réprimées par des marques générales d'adhésion du barreau et du reste de l'auditoire.)

Oui, messieurs, s'écrie alors M. Dupin en se tournant vers les interrupteurs, et en élevant la voix, je suis ami de la liberté , mais de cette liberté qu'on veut pour les autres autant que pour soi-même, de cette liberté qui est le patrimoine de tous et n'est pas le bénéfice exclusif de quelques-uns, de cette liberté enfin qui ne consiste pas à venir porter atteinte , dans le sanctuaire de la justice, aux droits sacrés de la défense. Je veux, moi, la liberté pour tout le monde. Je n'interromps pas mes adversaires quand ils parlent ; je respecte leurs droits, qu'on respecte les miens ; je les écoute , je dois être écouté.

M. le président, après avoir imposé silence au petit nombre d'interrupteurs. Continuez, M. Dupin, la cour saura faire respecter vos droits. (Profond silence.)

M. Dupin. Je dis donc, MM. les jurés, que dans l'article incriminé on a posé la question de telle manière qu'on ne saurait s'y méprendre. Il y a imputation manifeste d'un fait calomnieux, et j'ai vraiment honte, messieurs, d'avoir discuté si longuement devant vous une question si pleine d'évidence et de clarté.

Maintenant, je reconnais aux prévenus le droit de faire la preuve de ces imputations. Ainsi de deux choses l'une : ou elles sont vraies, alors prouvez-les ; ou elles sont fausses, alors vous êtes des calomniateurs : vous ne pouvez pas sortir de ce cercle. C'est là toute la question à laquelle il faut bien sans cesse ramener le procès. Eh bien! où sont ces preuves promises avec tant d'assurance ?

On reconnaît en quelque sorte qu'il n'en existe aucune, car on dit : il est des faits qui ne peuvent être prouvés, des preuves confidentielles qui ne peuvent être données. Qu'est-ce à dire, et quelle serait la conséquence d'un pareil système de défense? C'est qu'on serait dispensé de preuves à l'égard de certaines calomnies, c'est qu'il suffirait d'imputer à un homme un de ces faits qui , par leur nature même ne peuvent pas être prouvés , pour avoir le privilége de la diffamation. Moi, je dis que lorsqu'il n'y a pas possibilité de prouver un fait, on se tait, ou l'on est calomniateur. L'admission d'un principe contraire serait la reconnaissance du droit illimité de calomnie.

On nous accorde ce raisonnement pour les causes ordinaires ; il pourra, dit-on, trouver sa juste application quand il s'agira des simples citoyens ; mais il ne saurait être admis quand il sera question d'un journaliste. Le journaliste, poursuit-on, est le censeur des mœurs, l'écho des bruits qui circulent dans le public. Lorsqu'il est dans son sanctuaire, qu'il siége sur son tribunal, et qu'un bruit lui arrive, voulez-vous donc qu'il se donne la peine de le vérifier? voulez-vous donc qu'il fasse une enquête?..... mieux vaut sans doute qu'il calomnie sur-le-champ.

Ah! messieurs, quelle serait donc cette puissance dictatoriale, cette magistrature irresponsable qu'on voudrait donner au journaliste! Quelle est donc cette nouvelle loi des suspects qui permettrait au journaliste d'accuser publiquement ceux qu'il soupçonnerait d'être coupables? Ce sont là d'étranges et d'effrayantes doctrines, il faut en convenir.

Ne pourrai-je pas dire au contraire qu'un journal étant un moyen de publicité plus répandu, cause par cela un mal plus rapide, fait de plus profondes blessures, et rend par conséquent nécessaire un remède plus puissant et plus efficace? Mais non, je ne veux pas, moi, que le journaliste soit traité plus sévèrement que les autres citoyens. C'est un principe à jamais conquis par la révolution de juillet, qu'il y a pour tous égalité devant la loi. Le journaliste, comme les autres citoyens sans exception, est responsable devant la justice de ses écrits, de ses paroles. S'il dit ou publie un fait attentatoire à l'honneur d'un fonctionnaire public, il faut qu'il le prouve, ou qu'il soit marqué du sceau des calomniateurs. Point de privilége en sa faveur, car ce privilége serait le plus odieux de tous, il serait le privilége de la diffamation.

Qu'on ne vienne pas dire : S'il en est ainsi, il est des vérités qui ne pourront pas se faire jour. En rapportant un fait coupable, ce n'est pas moi, journaliste, qui suis coupable, c'est la voix publique, dont je ne suis que l'écho et que je suis obligé de reproduire. Non, messieurs, il n'en est pas ainsi, et lorsqu'un fait n'est pas complètement prouvé, mais qu'il repose sur des indices graves, la tribune n'est-elle point ouverte? Le droit de pétition et d'interpellation n'existe-t-il donc pas? Quant à cette magistrature du journaliste qu'on veut assimiler à un fonctionnaire public, je ne saurais l'admettre. Sans doute je reconnais dans un journaliste un citoyen utile, quand il discute les intérêts du pays, mais non quand il diffame.

En Angleterre, messieurs, on entend aussi bien qu'en France la liberté de la presse; et là, plus qu'ailleurs, les lois sont puissantes contre la calomnie. Les journalistes comme les autres citoyens sont soumis à une terrible responsabilité, quand ils attaquent l'honneur des individus, et descendent à des personnalités.

On vous parle aujourd'hui de bruits, de rumeurs qui, recueillis par *la Tribune*, par *la Révolution*, devaient être enregistrés dans ces feuilles. C'est par leurs pairs que je vais les faire juger.

Vous savez, messieurs, que les secrets de journaux sont comme les secrets de comédie. Lorsque *la Tribune* a publié ses articles contre le ministère, les autres journaux en ont eu connaissance. *Le National*, dont vous avez vu le gérant, M. Paulin, comparaître à votre barre, avait eu connaissance de ces bruits, de ces rumeurs dont on vous parle ; M. Cauchois-Lemaire, rédacteur du *Constitutionnel*, les avait également connus. Eh bien! *le National*, *le Constitutionnel* ne les ont point reproduits. Ils ont pensé que de pareilles rumeurs méritaient au moins confirmation et ne pouvaient pas être livrées légèrement à la publicité.

La Tribune a agi différemment. Elle a dénaturé ces bruits; elle a mis des certitudes à la place du doute, et accusé des ministres que la voix publique n'avait point accusés. C'est là qu'est la diffamation.

Sans doute, messieurs les jurés, vous ne regarderez pas comme une preuve, mais comme une aggravation de la calomnie, ce qui vous a été dit, que la vie antérieure des deux ministres avait suffi pour autoriser les soupçons et les attaques de M. Marrast. Certes, elle est assez connue, cette vie, et nous n'acceptons pas comme une grâce que les prévenus ne l'aient point ici dévoilée. C'est nous qui aurions pu nous en faire un titre; c'est nous qui aurions pu dire : Voyez qui vous avez calomnié!

Mais nous savions qu'ici l'on juge les faits et non les personnes ; que les titres, les services s'effacent, et que tous deviennent égaux devant la majesté de la justice et des lois. Il n'y a d'autre distinction que celle de l'innocence ou de la culpabilité. Oublions donc, j'y consens, oublions que l'un des plaignans est un de nos plus illustres guerriers ; oublions sa gloire d'Austerlitz et de tant d'autres combats ; oublions que le dernier coup de canon tiré en 1814, pour l'indépendance de la France, l'a été par le maréchal Soult. Oublions ces quinze années d'une courageuse opposition dans laquelle

M. Perier a épuisé ses forces et sa santé pour résister aux projets de la contre-révolution, et pour défendre ces libertés dont l'ingratitude abuse si cruellement contre lui. (Mouvement marqué dans l'auditoire et au barreau.) Oublions ses luttes glorieuses de la tribune et son ancienne popularité ; pour l'un et pour l'autre, je demande simplement justice, justice comme pour le plus humble citoyen ; je demande que, parce qu'ils sont ministres, ils ne soient pas mis hors de la loi commune ; que leur honneur soit protégé ; que vous ne livriez pas ces vies glorieuses aux morsures empoisonnées de la haine et de l'envie ; que vous ne fassiez pas de ces réputations honorables la pâture des calomniateurs. Mais voyez un peu, messieurs, quel danger il y aurait à adopter le système que je combats. Le calomniateur pourrait se préparer une arme à l'avance, et donner pour excuse de la calomnie les ravages que la calomnie aurait produits. J'ai connu un journaliste, homme d'esprit (c'est ce qu'on rencontre souvent chez ces messieurs), et incapable de se permettre des altérations graves contre la vérité (j'aime à croire aussi que c'est chose commune). Chargé de rendre compte des séances des tribunaux et de la chambre des députés, il mettait, suivant l'usage, mais au gré de son impression, *rires, murmures, approbation,* etc. ; mais pour rassurer sa conscience (car il en avait) , il prenait soin de murmurer là où il mettait murmure, de donner des signes approbatifs là où il mettait mouvement d'approbation ; et si on lui reprochait cette légère infidélité, il répondait naïvement : Mais je suis d'autant plus sûr de la vérité de ce que j'ai mis, que c'est moi-même qui ai ri ou murmuré.

Eh bien! messieurs, le calomniateur ne pourrait-il en faire autant, mais avec des conséquences bien autrement graves? Je suppose qu'il aille dire ou qu'il fasse dire dans un salon, dans une coterie, dans un bureau de journal que tel ministre ou tel autre citoyen a reçu un pot-de-vin d'un million. Le bruit circule de bouche en bouche, se colporte, prend de la consistance; car le mal se répand vite : une utile vérité chemincrait plus lentement ! Alors le diffamateur s'en empare et le consigne dans un journal en disant : *C'était un bruit public.* Je réponds : *C'était une diffamation* que vous vous êtes appropriée; vous en êtes comptable devant la justice.

Voyons donc, au reste, de quoi se compose ces prétendus bruits publics, enregistrés par *la Tribune* dans ses colonnes. On invoque d'abord un discours prononcé le 18 avril dernier par M. de Corcelles à la chambre des députés. Ah! certes, s'il a été dit à la tribune que MM. Casimir Perier et Soult ont reçu un million pour des marchés de fusils, et si vous avez rapporté cette accusation dans vos colonnes, vous êtes tout-à-fait excusables. Mais M. de Corcelles n'a pas dit un mot de cela. Il parle de marchés faits à des taux onéreux : il dit qu'on a payé cher alors ce qu'on pouvait payer bon marché. S'agit-il là de pot-de-vin, de vol, de concussion?

On a aussi invoqué un article du *National.* Voyez ce qu'a fait ce journal: il s'est demandé d'où venait la préférence accordée aux fusils anglais; il a donné un champ libre aux conjectures; il s'est plaint qu'on n'ait pas été assez économe des deniers de l'état* cela était dans son droit. Mais il n'a pas transformé ces réflexions en imputation d'un fait odieux à telle et telle personne.

Le prévenu vous a cité plusieurs honorables députés, MM. Mauguin, Lamarque, Lafayette, Dupont (de l'Eure), comme lui ayant signalé les faits, ou fourni les preuves qu'il avait promis. Mais ces messieurs n'ont pas déclaré ici qu'ils fussent les pourvoyeurs de nouvelles de M. Marrast. Ils n'ont pu dire à M. Marrast que ce qu'ils ont dit à l'audience ou à la tribune. Voyons donc ce que renferment leurs dépositions.

M. Mauguin aurait eu des lettres qu'il aurait montrées à M. Marrast. Je conçois fort bien qu'il faut qu'un député, et surtout un député de l'opposition, recueillent tous les bruits qui circulent, pour les vérifier. Il est bon qu'il sache ce qui se passe au-dedans et au-dehors; mais ces lettres, M. Mauguin ne les a pas apportées; il les a brûlées, dit-il; je crois qu'elles ont existé, il l'a dit, et je suis plein de confiance dans sa parole. Mais nous ne pouvons les

9 *

apprécier par nous-mêmes ; l'honorable député peut seul nous en rappeler le contenu. Eh bien! quand nous lui avons demandé si elles parlaient d'un pot-de-vin d'un million donné à MM. Soult et Casimir Perier, complet silence à cet égard. On parlait de deux marchés, a-t-il dit, on accusait les agens des ministres, mais ces ministres n'étaient pas même nommés. Eh bien! ce sont ces ministres eux-mêmes que M. Marrast a nommés, accusés, calomniés. Il parle d'un pot-de-vin d'un million dont personne n'a parlé. Voilà donc avec quelle légèreté on se joue des existences les plus graves! Voilà comme on abuse de la liberté de la presse dans l'intérêt de l'esprit de parti!

Ce que j'ai dit à l'occasion de M. Mauguin, je le dirai à l'occasion du général Dubourg. Il a prétendu qu'on parlait à Londres avec mésestime des marchés de fusils. Il n'a pas dit un seul mot du pot-de-vin d'un million, ni des deux ministres diffamés.

Que dirai-je de Lavalino arrivant à l'audience avec ses découpures de papier, avec son fragment de lettre sans signature, sans authenticité? Cette nouvelle dont il vous a parlé aura peut-être couru à Londres postérieurement à la diffamation de *la Tribune*, et cette diffamation, répétée par les jourceaux anglais, aura pu revenir à Lavalino. Voilà, messieurs, les funestes effets de la diffamation, lorsqu'elle s'adresse à des hommes élevés. La diffamation n'est pas locale : elle s'étend d'un bout de la France à l'autre ; elle gagne toute l'Europe, traverse les mers, les plus grandes distances, et souvent les justifications ne peuvent ni la prévenir, ni l'atteindre.

M. Paulin vous a parlé de mauvaises choses qui se seraient passées dans les marchés. Je vous rappelle qu'il n'en a pas parlé dans son journal.

M. Dupont (de l'Eure), connu par sa probité sévère, scrupuleuse, âpre (ce mot n'est pas une censure, mais un éloge), vous a dit qu'il avait entendu avec peine élever des soupçons sur un ministère dont il fesait partie. Quant au pot-de-vin, il ne sait rien, il n'a rien entendu dire.

M. Poubel cite bien un propos qui lui aurait été tenu par monsieur de Bremont ; il l'avait rapporté, dit-il, à monsieur Dupont (de l'Eure). Mais monsieur Dupont (de l'Eure), interrogé, déclare qu'il ne se le rappelle nullement. La chose est extraordinaire! il est impossible, si l'avertissement avait été donné avec la précision que monsieur Poubel affirme y avoir mise, que monsieur Dupont (de l'Eure) l'ait oublié, et qu'il n'en ait pas parlé au conseil ou à ses collègues. Il faut en conclure de deux choses l'une, ou que monsieur Poubel se trompe, ou qu'il s'est exprimé en termes si vagues, si peu accusateurs, que monsieur Dupont (de l'Eure) n'y a pas fait attention, qu'il a méprisé de pareils bruits. Vous, rédacteur de *la Tribune*, vous auriez dû imiter monsieur Dupont (de l'Eure).

J'accorde, au surplus, que M. Poubel ait porté à M. Dupont (de l'Eure) le renseignement dont il parle. De qui le tient-il? de M. de Bremont ; mais M. de Bremont l'a nié. Je suppose même qu'il eût persisté dans sa déposition première : qu'est-ce que c'est que M. de Bremont, cet employé d'une nouvelle espèce, ce fonctionnaire indéfinissable, ce courrier diplomatique entre les journaux et les ministères? Remarquez qu'il n'a pas parlé des ministres et qu'il a seulement parlé de M. Gisquet. Voyez donc de quoi se composent les bruits qu'on invoque : ils sont partis, dit-on, de M. de Bremont, qui les nie, qui les désavoue, et c'est sur de pareils erremens qu'on ne balance pas à déverser la plus odieuse, la plus épouvantable diffamation contre deux ministres du roi, contre un illustre guerrier qui, sans avoir besoin de se glorifier de ses services passés, aurait fait assez pour sa gloire en protégeant la France contre l'invasion, et en la mettant en état de résister aux puissances étrangères, si elles venaient attaquer notre indépendance. C'est dans de telles circonstances, que vous avez l'indignité d'aller ramasser de la boue pour la jeter sur les lauriers d'un illustre maréchal et sur la vie toute généreuse de M. Casimir Perier.... Ah! messieurs les jurés, voilà ce qui excite mon indignation et ce qui excitera la vôtre, j'en suis convaincu.

Quant au propos de M. Kœchlin, nous ignorons s'il a été répété à l'audience ; mais, l'eût-il été, il n'offrirait rien qui ressemblât à la calomnie de *la Tribune*. Il se bornerait à ceci, d'après les dépositions entendues : Un Alsacien m'a dit qu'ayant offert de fournir des fusils à meilleur marché que M. Gisquet, ses offres auraient été refusées, parce qu'on lui avait demandé dans les bureaux un pot-de-vin de 40 mille francs, qu'il n'avait pas voulu donner. Mais quel est ce négociant ? quelle foi mérite-t-il ? Ne serait-ce pas un soumissionnaire désappointé et de mauvaise humeur. Encore une fois, nous ne le connaissons pas. Ce que nous savons fort bien, c'est que M. Kœchlin n'a pas ajouté d'importance au propos, qu'il ne l'a pas relevé devant ses collègues et à la tribune, que les députés qui l'avaient entendu n'ont pas jugé à propos de remonter à la source. C'est donc un document insignifiant et sans valeur.

Ici, messieurs, se place la discussion d'une étrange doctrine constitutionnelle. Supposons, nous dit un de nos adversaires, que la corruption se soit arrêtée dans les bureaux : peu m'importe, les ministres sont responsables pour leurs bureaux. Messieurs, je conçois parfaitement la solidarité du ministre, s'il s'agit d'un acte d'administration ; mais il n'y a point de solidarité s'il s'agit d'un crime ou d'un délit personnel. Remarquez encore : vous dites que vous n'êtes que l'écho des bruits qui circulent ; mais ce n'est pas ici, car, au lieu de les reproduire, vous les avez dénaturés. Vous n'avez pas dit, en effet : Est-il vrai que, dans les bureaux du ministère, on ait demandé, pour accorder une fourniture de fusils, un pot-de-vin de 40 mille francs ? Vous avez demandé si MM. Soult et Casimir Perier n'avaient pas reçu un pot de-vin d'un million pour les marchés de fusils. Qu'on ne vienne donc pas prétendre que *la Tribune* a été l'écho d'un bruit public ; elle n'a été, dans tous les cas, qu'un écho infidèle.

J'arrive à la déposition par réminiscence de M. Baude. Il y a deux parties dans cette déposition : dans l'une, il a expliqué qu'il était député d'un département auquel appartient la ville de St-Etienne ; qu'il était, de plus, conseiller d'état attaché à la section chargée d'examiner ce qui a rapport au ministère de la guerre ; enfin, qu'il a été secrétaire-général du ministère de l'intérieur, chargé de l'armement des gardes nationales du royaume. Dans cette triple qualité, il lui semblait qu'on ne pouvait passer un marché sans lui demander son avis. Il regrettait surtout, vous a-t-il dit, de n'avoir pu défendre les intérêts de son département, des manufacturiers français. C'est là un zèle louable, et après la publicité qu'il vient de donner à ce fait, je suis sûr que ses anciens commettans lui en tiendront compte aux prochaines élections. (On rit.)

M. Baude vous a dit ensuite ; Je crois avoir le secret des marchés, le voici : M. Gisquet avait traité avec les négocians anglais ; il avait stipulé qu'on ne pourrait livrer des fusils à d'autres qu'à lui. Il est très possible que M. Gisquet se soit fait de cette position un moyen de contrainte auprès des ministres, et qu'il ait dit : « Prenez mes fusils, ou je vais les livrer à l'étranger. » Messieurs, si M. Gisquet avait tenu ce langage, ce serait un mauvais citoyen. Mais, en la supposant aussi vraie qu'elle est inexacte, cette déclaration serait justificative de M. le maréchal Soult et de M. Casimir Perier ; elle convaincrait les prévenus de calomnie. Aussi, M. Baude vous a-t-il dit qu'il connaissait beaucoup M. le maréchal, qu'il s'honorait de son amitié et lui accordait toute son estime. Au surplus, le colonel Tugnot, à la probité duquel M. Baude rend hommage, croit pouvoir affirmer que les souvenirs de M. Baude sont infidèles. Et moi aussi, messieurs, je crois pouvoir l'affirmer. En effet, si M. Gisquet eût tenu le langage qu'on lui prête ou qu'on suppose vraisemblable, si même M. le ministre de la guerre avait été dominé par les pensées qu'a exprimées M. Baude, il n'eût pas manqué de le déclarer aux chambres lorsque les marchés ont été attaqués. Il eût dit : On me menaçait de vendre à l'étranger les armes que j'aurais refusées, ou bien j'en avais redouté la possibilité. Mais tel n'a point été le langage du ministre : il s'est borné à dire : J'ai cru qu'il fallait armer la France à tout prix ; qu'il fallait approvisionner d'armes ses villes frontières, tout mettre en œuvre pour assurer et garantir son indépendance menacée ; qu'il fallait, à l'intérieur, armer les gardes nationales et les réserves ; je l'ai fait et je m'en glorifie. Si j'ai payé trop cher, eh bien ! soit ; je peux dire comme le général Lafayette : « Sans doute les écus sont précieux, mais, en pareille circonstance, des fusils valent mieux que des écus.

Passons à une autre objection. On a prétendu qu'il n'y a qu'une seule chose qui pût justifier le ministère d'avoir acheté des fusils à l'étranger, et que c'était l'urgence. En effet, a-t-on dit, comment croire que le maréchal Soult aurait accepté sans une grande nécessité, des armes qui auraient servi à combattre des Français à Waterloo ; Eh ! qu'importe d'où viennent des armes lorsqu'elles sont dans les mains des Français ? Ces armes viennent des troupes anglaises ! elles ont tiré contre nous à Waterloo ! Eh bien ! si l'on attaque notre indépendance, elles serviront, par une glorieuse compasation, à effacer les malheurs et les affronts de 1814 et 1815, elles ramèneront la victoire au drapeau tricolore. On dit encore, pourquoi avoir été demander des armes à l'industrie étrangère, tandis qu'en France nous comptons tant d'ouvriers sans occupation ? On a renouvelé à ce sujet les déclarations perfides de *la Tribune* pour tromper et pour égarer les classes laborieuses de la société. On avait ainsi l'air de prendre le parti des ouvriers et l'on voulait les associer à ce que la calomnie et la diffamation ont de plus odieux et de plus repoussant.

Vous vouliez, dites-vous, qu'on donnât du travail aux ouvriers ; mais on a reconnu que cela était chose impossible. M. Odilon Barrot, alors préfet de la Seine, dans sa louable sollicitude pour la population qu'il était chargé d'administrer, avait formé le dessein d'ouvrir d'immenses ateliers de fabrication, afin de faire fabriquer des fusils. Mais on s'est assuré qu'il aurait d'abord fallu commencer par faire des ouvriers, et le moyen a été reconnu impraticable. MM. Laffitte, Guizot, Dupont vous l'ont affirmé. M. le général Gourgaud, de son côté, a tranché nettement la question par ces mots militairement énergiques : « La question n'était pas de savoir s'il valait mieux avoir des fusils français que des fusils anglais, mais s'il valait mieux avoir des fusils anglais que des piques ou des manches à balai. »

L'urgence a donc été reconnue par tout le monde. Il fallait 1,400,000 fusils. La fabrication française ne pouvait pas les fournir à l'instant et comme par enchantement. Il a donc fallu s'adresser à l'Angleterre. On a dit encore que des propositions plus avantageuses que celles de M. Gisquet avaient été repoussées. Disons donc un mot de ces propositions.

M. Ganneron a fait des propositions au nom d'un sieur Courvoisier, de Hambourg. Il faut d'abord reconnaître que ces offres étaient venues postérieurement au marché conclu avec M. Gisquet, et que, par conséquent , ce n'est point pour faire ce marché qu'on les a rejetées. D'un autre côté elles étaient insuffisantes : on offrait 5 mille fusils , et il en fallait 200,000. On nous a parlé encore des propositions que M. Sauquaire-Souligné avait fait faire au ministre par un général de ses amis ; on a dit que le ministre n'en avait pas tenu compte. Je demande- rai d'abord s'il est bien certain que l'ami de M. Sauquaire-Souligné ait bien rempli sa commission ; s'il ne peut pas être arrivé qu'il ait promis sans tenir, et qu'il ait donné à M. Sauquaire-Souligné , ce qu'on appelle de l'eau bénite de cour. Mais , ajoute-t-on , M. Sauquaire-Souligné a écrit le 11 décembre ; il a remis sa soumission chez le concierge du ministère. Ce n'est point là précisément un intermédiaire officiel. Mais les marchés de M. Gisquet avaient été conclus deux jours auparavant. La soumission était donc tardive. Et puis , n'y a t-il aucune raison tirée soit des garanties offertes, soit de motifs particuliers qui aient pu faire rejeter la proposition de M. Sauquaire-Souligné..

Vient enfin la grande objection. Un M. Vanderneck , qui paraît ici par représentant , aurait aussi fait des soumissions à des conditions fort avantageuses ; mais pourquoi M. Vanderneck n'est-il pas dans cette enceinte ? Pourquoi ne pouvons-nous pas l'interroger, lui demander des explications ? Au surplus , prenons sa lettre à M. de Corcelles , seul témoignage produit.

Je vois d'abord dans cette lettre que M. Vanderneck est fortement piqué contre M. Gisquet. Serait-ce donc aussi un fournisseur désappointé ? car, messieurs , quand les ministres accordent une fourniture , comme alors qu'ils donnent des places , s'ils font un heureux et quelquefois un ingrat , ils font cent mécontens. Je vois ensuite dans la lettre de M. Vanderneck qu'il offrait seulement 10,000 fusils par mois ; mais cette offre n'était pas suffisante. Il eût fallut vingt mois pour fournir les 200,000 dont on avait besoin sur-le-champ. Je m'explique alors fort bien pourquoi on a rejeté les offres de M. Venderneck, si réellement elles ont eu lieu.

Au surplus , messieurs , il est une réflexion générale qui répond à ces objections puisées dans le rejet de plusieurs soumissions. Quand un ministère a des fournitures à faire, les soumissionnaires abondent ; une nuée de spéculateurs , courtiers, commissionnaires, accourent de toutes parts. Ils promettent monts et merveilles ; mais, messieurs, combien se trouvent dans l'impuissance de remplir leurs engagemens ! Rappelez-vous ce que vous a dit M. le général Gourgaud , sur 1,200,000 fusils commandés au commerce français (ce qui prouve qu'on ne l'avait pas oublié), on n'a pas fait la *trois centième* partie des fournitures. Ce n'a donc pas été sans raison , qu'à regret sans doute , on a été forcé de s'approvisionner à l'étranger. J'arrive ici , messieurs , à un point du procès que je rougis pour les prévenus , pour le pays , pour la dignité de cette audience , d'avoir à discuter. (Mouvement d'attention..)

La haine et l'esprit de parti sont habiles pour tout empoisonner ; et tout ce qui peut servir à mauvaise interprétation est avidemment saisi par les passions. Il fallait un homme qu'on put charger d'une importante négociation ; il fallait un homme sur le zèle , l'intelligence et la discrétion duquel on pût compter ; il fallait un homme qui eût des connaissances commerciales. On demande dans le conseil si on ne pourrait pas indiquer quelqu'un qui réunît toutes ces conditions. Ce fut M. Casimir Perier qui indiqua M. Gisquet.

Qu'est-ce que c'est que M. Gisquet ? Il faut, messieurs, vous le faire connaître. M. Gisquet est un commerçant distingué, un négociant honorable et honoré. Juge au tribunal de commerce, il a coopéré à ce jugement mémorable qui a placé si haut dans l'estime et la reconnaissance publiques la juridiction consulaire. Il était membre du conseil général du département. Il a pris une part active et glorieuse aux événemens de juillet. Etait-il possible de rencontrer dans un homme plus de titres réunis sous le double rapport du patriotisme et de la capacité ? Voilà les motifs qui l'ont fait choisir. Ces motifs, vous les comprenez ; ils sont fort honorables : il n'est pas besoin d'en chercher d'autres. Mais la calomnie a trouvé le moyen de se faire jour, et d'empoisonner ce qui s'explique si naturellement. M. Casimir Perier, dit-on, est l'associé de M. Gisquet. Son intérêt est dès-lors évident pour ces colporteurs de diffamation. S'il a indiqué M. Gisquet, c'est qu'il aura dû trouver part dans les bénéfices de ce dernier. Et c'est M. Casimir Perier qu'on accuse d'une aussi basse spéculation! Je le répète, je rougis d'être contraint d'entrer dans de pareils détails. Il faut pourtant bien s'expliquer.

Savez-vous quelle est sa position? La maison Casimir Perier, et non M. Casimir Perier personnellement, a commandité pour *un quart* la maison Gisquet. M. Casimir Perier est lui-même intéressé personnellement pour *un tiers* dans sa maison. Ainsi, messieurs, ce serait pour *le tiers d'un quart* dans les bénéfices de Gisquet, que M. Casimir Perier aurait dépouillé son caractère honorable, et, disons le mot, serait devenu concussionnaire! Cela est révoltant d'absurdité! (Mouvement.)

Revenons maintenant à M. Gisquet. Sa participation aux marchés de fusils anglais se divise en deux époques. M. le maréchal Gérard lui donne d'abord la mission de faire des démarches, de prendre des renseignemens, de conclure, s'il est possible, un marché pour le compte du gouvernement. Aucune commission, aucune indemnité n'est stipulée. M. Gisquet traite avec le gouvernement anglais, par l'intermédiaire de négocians de Birmingham. Le prix des fusils est fixé authentiquement par le bureau de l'amirauté, à 25 schellings, 24 fr, 87 cent. pris à Londres. Une lettre du bureau, et au besoin le budget anglais en ferait foi. On parle beaucoup d'un partage de bénéfices stipulé dans le marché. C'était une commission pour les négocians anglais. Au surplus, un mot répond à cette calomnie. Le marché a été remis au maréchal Gérard par M. Gisquet, avec un rapport qui explique toute l'opération. Du reste ce marché avantageux pour le gouvernement anglais, pour M. Gisquet sans doute aussi, si onéreux pour la France, c'est le gouvernement anglais qui le rompt lui-même et qui ne veut plus fournir les fusils. Voilà la mission de M. Gisquet terminée pour le premier marché. Il a été chargé d'un mandat pour le gouvernement. Il l'a rempli avec intelligence, zèle et loyauté. Tout est consommé à cet égard.

Voyons maintenant la deuxième partie de l'opération. Dans le premier marché, M. Gisquet a été un mandataire du gouvernement : dans le second, il va être un négociant qui traite avec le gouvernement. Il fait sa soumission et donne des indications positives. Le gouvernement anglais, et cela est authentique, exige 31 francs 87 centimes par fusil. Il demande, pour ses frais de transport, d'assurances, etc., une somme de 3 fr. 3 cent., en tout 34 fr. 90 cent. par fusil. M. le maréchal Soult fait une réduction de 90 c. Voilà l'opération faite. C'est un marché conclu entre M. Gisquet, négociant, et M. le ministre de la guerre. M. Casimir Perier n'était plus ministre, il n'est pour rien dans tout ceci : il n'y figure ni de près ni de loin Que venez-vous donc parler d'un pot-de-vin d'un million? M. Gisquet a traité comme négociant. Eût-il un bénéfice considérable? ce bénéfice serait légitime. Eh bien ! il résulte de ses comptes qu'il y a perte par la rigueur d'exécution qu'on a apportée, par les rebuts qu'on a opérés. Admirez maintenant, messieurs, l'art infernal des calomniateurs pour tout dénaturer, pour tout pervertir !

Je ramène donc ici mes adversaires à la véritable question du procès, et je demande quelles sont les preuves de leur allégation, que MM. Soult et Casimir Perier avaient touché un pot-de-vin d'un million?... La calomnie est évidente. On a cherché une excuse dans la bonne foi de l'écrivain. Elle doit, dit-on, l'absoudre à vos yeux, alors même qu'il aurait erré sur la vérité des faits.

Messieurs, il est des délits de la presse que la bonne foi peut excuser ; car la bonne foi a pu les commettre. Ainsi, j'accorde que, dans les questions de politique ou d'administration, un homme de bonne foi peut se laisser entraîner au-delà des limites de la légalité. Je comprends, par exemple, qu'une âme généreuse, qu'un esprit plus ardent que sage, plus touché des promesses de de la théorie que des possibilités de la pratique, préfère les orages de la liberté d'une monarchie constitutionnelle. Un autre ne trouvera de garanties pour l'ordre que dans un pouvoir fortement organisé. Celui-ci, préoccupé d'idées religieuses, cherchera l'origine du pouvoir dans un prétendu droit divin, aujourd'hui bien discrédité, et appellera athée le gouvernement qui ne servira pas son intolérance ; celui-là voudra substituer une religion nouvelle à toutes les croyances du passé et refaire la société à neuf. Que toutes ces théories puissent se reproduire librement, je l'accorde ; et alors même qu'elles seraient ou exagérées dans leur expression, ou téméraires dans leurs attaques, ou imprudentes dans leurs manifestations, s'il y a conviction, bonne foi, je conçois qu'au milieu des écarts possibles, la générosité des sentimens de l'écrivain désarme la sévérité du juge : on pourra respecter une conviction fâcheuse, mais forte et sincère ; on épargnera une conscience égarée, mais pure et généreuse ; on absoudra des paroles imprudentes mais dictées par des motifs que l'honneur peut avouer.

Dans les matières d'administration, je vais plus loin encore. Loin de réclamer pour les ministres ou pour les agens du pouvoir le privilége de l'inviolabilité, je veux une liberté, pour ainsi dire, absolue dans l'appréciation de leurs actes. Je veux (la proposition peut paraître exagérée), je veux qu'on ait même le droit d'être injuste, non pas qu'en soi l'injustice ne soit toujours un tort, mais c'est un tort moral et non un délit ; c'est en ce sens que je dis qu'on a le droit d'être illégal envers les ministres ; et, il faut le dire, on en use largement dans la pratique. Ainsi, on pourra appeler funeste une mesure utile au pays ; si le ministre refuse de prodiguer l'or et le sang des Français pour des intérêts qui ne sont pas ceux de la France, on pourra lui dire que sa politique extérieure est sans énergie, sans dignité, et qu'elle livre la France à l'étranger. Si au contraire il fait la guerre, on pourra lui dire qu'il sacrifie la prospérité du pays à l'ambition des conquêtes ou à des querelles qui ne sont pas les nôtres. Tous ces actes enfin pourront être présentés comme féconds en conséquences pernicieuses pour la patrie, alors même que la patrie devra y trouver sa gloire ou son bonheur. Je le répète, on pourra aller jusqu'à l'injustice. Et pourquoi ?

C'est que la libre censure des actes de l'administration est un des moyens du gouvernement constitutionnel ; c'est que le droit de juger un acte emporte nécessairement le droit de se tromper sur son appréciation ; c'est que dans une appréciation erronée, on peut être de bonne foi, et que la bonne foi doit se supposer quand il n'apparaît pas le contraire ; c'est enfin que si l'on n'avait la faculté de critiquer un acte qu'autant que la critique serait trouvée juste par le juge chargé de l'apprécier, il n'y aurait plus de liberté dans la manifestation des opinions : celle du juge pourrait seule se produire impunément. et c'est au contraire dans ce conflit des opinions diverses, c'est dans ce choc des jugemens contradictoires, dans ce combat d'apologies et de censures, que la vérité se fait jour, que le pays s'éclaire , et que l'administration s'améliore. Ce sont des plaidoyers pour et contre destinés a éclairer un grand procès politique.

Le roi , les chambres, le pays jugent ; et le ministère sort triomphant de la lutte, ou il succombe.

Voilà , messieurs, ma théorie sur la liberté de la presse ; elle doit satisfaire les plus exigeans, et je ne crains pas qu'aucun homme raisonnable lui reproche de n'être pas assez large. Mais après avoir fait la part de la liberté, qu'il me soit permis de tracer ses limites et de montrer où la liberté finit , où la licence et l'abus commencent.

J'ai dit que j'accordais un droit de censure sur les actes des ministres : mais je soutiens , et sans doute nul de vous, messieurs,, ne me démentira , je soutiens que personne n'a droit de leur imputer des actes qu'ils n'ont point faits. Et si quelque plume , trempée dans le fiel d'une inimitié personnelle ou d'une haine de parti , les accuse d'un fait imaginé à plaisir, si ce fait est de nature à compromettre leur honneur, leur probité, c'est une calomnie dont ils ont, comme tout citoyen , le droit de demander réparation à la justice.

Dans ce cas, il n'y a point d'excuse possible. On ne peut point se réfugier dans l'excuse tirée de la bonne foi ; car la bonne foi n'est pas menteuse. On ne peut pas invoquer l'intérêt qu'a le pays à être éclairé; car le mensonge trompe et n'éclaire pas. On ne peut point parler d'erreur ; car, s'il est possible de se tromper sur l'appréciation d'un acte, de le croire bon quand il est mauvais, ou de le juger mauvais quand il est bon, il n'en est pas de même quand on imagine un acte qui n'existe pas, quand on dit un fait faux ; on ne se trompe pas alors, on ment, on calomnie, on commet un délit grave qui provoque la sévérité de la justice et mérite l'indignation des gens de bien. Ainsi, messieurs, pour appliquer cette doctrine à la cause , je suppose que les rédacteurs de *la Tribune,* attaquant l'achat de fusils anglais fait par le ministère, eussent dit : C'est une mesure anti-nationale. Il valait mieux faire travailler les ouvriers français que de s'approvisionner à l'étranger. L'attaque eût été injuste; car, si on s'adressait à l'Angleterre, c'est parce que les ouvriers français n'auraient pu fabriquer assez rapidement les armes dont on avait besoin , et qu'il était urgent d'armer la France. Eh bien! tout injuste qu'eût été l'attaque, elle eût été dans les droits légitimes de la presse. Si l'article attaqué se fût borné à dire, comme il l'a fait, qu'on avait acheté les fusils de rebut enfouis dans la Tour de Londres, ou qu'on aurait pu les payer moins chers, tout cela n'eût pas été exact, mais n'aurait rien présenté de calomnieux. C'eût été une mauvaise appréciation de la mesure, qui n'aurait porté aucune atteinte à l'honneur des ministres. Mais tel n'est point le caractère de l'article qui vous est déféré. A côté d'un acte vrai, l'achat de fusils anglais, acte qu'on était libre, je le répète, de blâmer ou d'approuver, de juger comme bon semblait, on place, on invente, on publie un fait faux et coupable, la stipulation d'un pot-de-vin touché par M. Perier et par le maréchal Soult, un vol enfin, un crime ignoble, qui aurait appelé sur ses auteurs le mépris public et la sévérité des lois..... Je vous le demande , messieurs , à vous, hommes justes et droits , à vous , magistrats et citoyens appelés à dire, en votre âme et conscience, devant Dieu et devant les hommes, la vérité au pays, est-ce là de la liberté ou de la licence. Est-ce l'exercice ou l'abus du droit d'écrire? Est-ce un acte de bonne foi, ou la plus odieuse et la plus noire des calomnies? Y a-t-il là matière à indulgence o u à sévérité?

Et veuillez bien remarquer ici que ce n'est pas un de ces cas où l'indulgence profite aux accusés sans nuire à personne. Absoudre le calomniateur, c'est appeler le soupçon sur ceux qu'il a calomniés, c'est vous associeer à la calomnie. Ainsi, vous êtes placés entre le mensonge et la vérité ; il faut frapper le coupable ou l'innocent : votre probité n'hésitera pas dans le choix.

Maintenant, permettez-moi une réflexion que je recommande à votre patriotisme et à vos méditation. Dans ce procès, comme dans tous les procès du même genre, on parle beaucoup de la liberté en général et de la liberté de la presse en particulier. On cherche par là à éveiller votre sollicitude pour ces précieuses conquêtes de notre révolution. On a été jusqu'à dire que la liberté de la presse était traitée comme sous M. de Villèle; le nom de censure a même été prononcé. Mais, vous le savez, ce ne sont pas toujours ceux qui parlent le plus de liberté qui l'aiment et la respectent le mieux.

Il y a en France deux espèces d'amis de la liberté; les uns qui la veulent sincèrement pour tous, qui exigent qu'on respecte en eux le droit d'agir, de parler et d'écrire librement, mais qui se font un devoir aussi de respecter ces mêmes droits chez les autres. Sans rien sacrifier de l'énergie de leurs sentimens et de leur conviction, ceux-là permettent qu'on pense, qu'on parle et qu'on écrive autrement qu'eux. Car un pays n'est pas libre si la liberté n'existe pas pour tous.

Il en est d'autres plus ardens, plus bruyans surtout, qui se disent les zélateurs, par excellence de la liberté. A les entendre, eux seuls l'aiment, la comprennent, la défendent. S'ils s'arrêtaient là, on leur passerait encore la prétention, malgré ce qu'elle a de dédaigneux ou d'injurieux pour autrui.

Mais beaucoup d'entre eux vont plus loin. Ces hommes qui parlent tant de liberté, ne vous laissent pas celle de penser ou de parler autrement qu'ils ne font. C'est pour eux, non pour vous qu'ils veulent cette liberté tant vantée. Malheur à vous si vous n'adoptez point leurs doctrines, toutes leurs doctrines, rien que leurs doctrines! A l'instant même vous n'avez plus ni talent, ni vertu, ni honneur. Les services passés, on les oublie, si même on ne va jusqu'à les nier ou à les méconnaître. L'insulte prend la place de l'éloge; chaque jour de nouveaux outrages vous sont prodigués ; vous devenez la proie quotidienne d'une nuée de diffamateurs.

Oui, messieurs, certains hommes que je ne confonds pas assurément avec les organes d'une opposition vive, hostile même, mais décente et qui se respecte; certains hommes qui déshonorent par leurs violences la mission de l'écrivain politique, semblent se dire chaque matin : j'ai soif de calomnie ; quelle est la réputation qu'il faut que j'immole, le caractère que je vais déshonorer, le nom que je vais livrer à la haine ou à la risée publique, la famille dans laquelle je jeterai de douloureux sentimens! Peut-être les larmes d'une épouse, d'une mère, d'un fils, vont couler en voyant insulter l'objet de leurs plus tendres affections. Mais qu'importe à ces hommes. Ils se jouent des couleurs, comme ils se jouent des renommées. Il semble que l'honneur des autres leur appartient, et qu'ils peuvent en disposer à leur bon plaisir!

De bonne foi, est-ce là la liberté ? La liberté des calomniateurs, oui ; mais l'esclavage des bons citoyens. Et cependant, n'est-ce pas, messieurs, l'affligeant spectacle que nous donnent chaque jour quelques-uns des organes de la presse? Dites-moi, depuis la révolution de juillet, s'il est, non pas seulement dans la sphère orageuse de la politique, mais même dans les lettres, dans les sciences, un seul homme, parmi ceux qui ont osé défendre les idées d'ordre public et les pouvoirs sociaux battus en brèche de toutes parts, qui n'ait été à l'instant même attaqué, poursuivi par des insultes, par des outrages sans cesse renaissans.

Je le répète, ce n'est point là la liberté : c'est le despotisme de la presse. Et c'est le plus dur des despotismes : car il ne s'attaque pas à la personne ou à la fortune, mais à l'honneur, mille fois plus précieux que la fortune et la vie ; et tel qui affronterait la mort, ne sait point braver les traits empoisonnés d'un journal.

Messieurs, dans tous les temps cet état de choses serait un mal; dans des temps comme ceux où nous vivons, c'est un mal plus grand encore. Après une révolution qui a bouleversé une foule d'existences et mis en mouvement tant de passions, le premier besoin n'est-il pas d'éteindre les haines, de ramener la paix, la confiance et l'union dans le pays? n'est-ce pas ce que les bons citoyens appellent de tous leurs vœux, ce que vous désirez, comme nous, messieurs? Eh bien! cela sera-t-il possible, la société pourra-t-elle se rasseoir si des écrivains passionnés peuvent impunément, et par cela même avec une audace toujours croissante, attaquer, calomnier, flétrir toutes les réputations, fomenter les discordes, entretenir les divisions, attiser ces terribles animosités qui finissent par enfanter les guerres civiles et par ensanglanter le pays?

Voilà, messieurs, ce que chacun se dit tout bas. Il faut avoir le courage de le dire tout haut. Il faut plus encore, il faut savoir briser ce joug; il faut apporter un remède à ce mal; mais vous seul pouvez l'appliquer; et, sous ce rapport, la destinée de la patrie est dans vos mains.

Il ne s'agit pas de porter la plus légère atteinte à la liberté de la presse, ni de lui rendre des entraves à jamais brisées. Qu'elle soit pleine, entière; qu'aucune mesure préventive n'arrête la vérité; que le mensonge même puisse se produire, puisque la liberté est à ce prix.

Mais alors que le mensonge, que la calomnie, soient sévèrement réprimés; que la responsabilité soit d'autant plus grande que la liberté aura été plus entière. Alors, messieurs, mais alors seulement, une crainte salutaire contiendra les écrivains dans des limites qu'ils ne peuvent franchir sans péril pour la société; alors la presse, rendue à sa véritable, à son honorable mission, ne sera pas un instrument d'outrage, mais un moyen d'amélioration; elle sera le flambeau qui éclaire et non la torche qui incendie.

Mᵉ Michel se lève et prononce d'une voix forte et grave la réplique suivante :

Messieurs les jurés, on vous a dit beaucoup de choses étrangères au procès. On vous les a dites avec une chaleur dont je m'étonne; car on défendait la puissance. (Bravo!) On a déclamé à plaisir contre la presse; cependant nous n'avions pas déclamé, nous! Nous avions fui avec soin ce terrain des théories politiques, sur lequel nous serions plus forts que nos adversaires, car notre cause est celle du désintéressement et du patriotisme, la leur est celle du pouvoir et de la corruption. (Murmure d'approbation.)

Laissons de côté cette fausse éloquence, et revenons au procès. Je me suis cru inattaquable, et je le crois encore, dans la discussion de ces marchés que les avocats et le ministère public n'ont pas voulu examiner. Au lieu de prendre ce point important et qui conduit à toutes les déductions que mon client a tirées dans son article, on est venu replacer la question sur le terrain d'où nous l'avions chassée. Je vous en avais prévenus, messieurs les jurés? On cherche à vous surprendre. On prétend que si mon client est déclaré innocent, les ministres en même temps sont déclarés coupables. Et moi, je dis que c'est là une thèse insoutenable; car si votre verdict en effet pouvait les atteindre, il faudrait qu'à l'instant même ils fussent punis. Et où est la loi qui les frappe? Où est le tribunal qui prononcerait la peine? Il y aurait donc des coupables et point de châtiment.... Vous voyez bien que ce n'est pas possible : on a pourtant plaidé cette doctrine, on a donc voulu vous arracher une condamnation en vous présentant de fausses conséquences de votre verdict.... Mais votre probité est avertie, et votre conscience me rassure. (Sensation marquée.)

Pourtant, c'est à propos des ministres, c'est dans un rapprochement entre un écrivain plein d'honneur et de conscience, et des ministres dont la France a jugé les actes, qu'on a osé prononcer le mot de *despotisme !* (Mouvement.)

Le despotisme de la presse ! Quoi, messieurs, c'est lorsque nous venons défendre un vingt-deuxième procès; c'est lorsque nos amis, lorsque des patriotes francs et généreux pourrissent en prison ; c'est quand tous les auteurs de la révolution qui mit le pouvoir dans vos mains sont poursuivis à outrance, traqués comme des bêtes fauves; c'est quand vous abusez chaque jour de votre force; c'est au moment même où vous venez réclamer contre nous prison, amende, dommages-intérêts, c'est alors que vous parlez de notre despotisme ! C'est nous qui sommes les persécuteurs! C'est nous qui sommes les bourreaux, et vous, les victimes... Avocats, je vous supposais quelque pudeur; vous m'avez fait pitié!!! (Vifs applaudissemens.)

On a parlé aussi d'égalité ! L'égalité ! je crois la comprendre; c'est nous, plébéiens, qui chaque jour la défendons. Mais si les ministres l'invoquent, pourquoi donc ne sont-ils pas présens? Ou l'égalité n'est nulle part, ou elle doit apparaître devant la justice. Se croient-ils donc si grands qu'ils ne puissent comparaître devant vous? Cependant, je ne sache pas que, même au grand criminel, il soit permis de plaider par procureur. S'ils avaient comparu, et s'ils nous avaient prodigué l'injure, nous l'aurions avec mépris renvoyée à sa source. Mais c'est par autrui qu'ils nous attaquent, c'est par une autre bouche qu'ils font déverser l'outrage... Je plains encore moins ceux qui l'inspirent que ceux qui n'ont pas craint de s'en rendre l'instrument. (Nouveau mouvement d'approbation; Me Dupin rougit beaucoup.)

Qu'on ne vienne donc plus couvrir par des sentimens généreux des persécutions odieuses. Il faut voir ici ce qu'il y a.

D'un côté, une dénonciation de la presse, une explication demandée à juste titre, un devoir rempli avec franchise et courage. De l'autre, des marchés scandaleux, l'industrie française repoussée, et une honteuse dilapidation.

Voilà sur quoi ont roulé les débats; voilà ce qu'ont prouvé nos pièces et nos témoignages.

Les pièces, on ne les a pas examinées; on a laissé de côté les propositions de M. Sauquaire-Souligné, celles de M. Vigier, et tant d'autres ! On n'a pas voulu discuter ces lettres de Londres qui fixent à dix francs meilleur marché les fusils que le gouvernement anglais a vendus à M. Gisquet; c'était pourtant chose nécessaire; car c'est par là que nous avons commencé d'établir que le marché ne pouvait s'expliquer que par la fraude. Encore une fois, la question n'est pas de savoir si MM. Soult et Perier ont reçu *précisément* tel ou tel pot-de-vin : mais bien de décider si de l'examen des prix comparés, des soumissions faites, de la concurrence repoussée, de toutes les circonstances au milieu desquelles a eu lieu ce marché de fusils, il a pu résulter pour moi, écrivain, des soupçons légitimes qu'il y avait dans cette opération fraude, dilapidation, concussion.

C'est là qu'est tout le procès, il est là et non ailleurs !

Si d'après tout ce que j'avais vu, si d'après les lettres de M. Vandermech, celles de M. Sauquaire-Souligné, celles qui ont été envoyées de Londres à MM. Mauguin, Dubourg, etc., j'ai eu la conviction que l'état avait été volé, ce n'est pas seulement pour moi un droit, c'est un devoir de le proclamer à la face du pays ; c'est une obligation impérieuse d'accuser les ministres responsables de leur gestion, de les forcer à rendre compte de l'emploi qu'ils font du trésor prélevé sur les sueurs et la misère du peuple. En cela, non-seulement je ne suis pas coupable, mais je mérite l'approbation de tous les bons citoyens... (Assentiment général.)

Il fallait donc discuter tous les élémens de ma conviction, et vous avez vu, messieurs, comment on l'a fait. On s'est égaré jusqu'à venir révoquer en doute la probité d'hommes honorables, jusqu'à oser suspecter la parole des députés. « Vous deviez contrôler, nous dit-on, la vérité de ce qu'on vous disait. » Mais cela se peut-il toujours pour un journaliste ? Et cela se doit-il quand des hommes dans lesquels il a une confiance entière lui certifient un fait dont ils sont sûrs ?

Je suppose, messieurs les jurés, qu'au sortir de cette enceinte, M. Bricqueville, M. Lamarque, M. Mauguin, M. Dupont, l'un des hommes enfin que vous honorez, vient vous apprendre une nouvelle et vous la donner comme parfaitement certaine, irez-vous lui demander de vous en fournir la preuve ? Supposerez-vous qu'il puisse avoir l'intention de vous tromper ? Imaginez ensuite que de cette nouvelle résulte pour vous le sentiment invincible qu'un homme du pouvoir a malversé ; si ! vous tenez une plume dans la main, si votre conscience bouillonne, resterez-vous muets, vous tairez-vous sur les intérêts sacrés du pays, que vous savez attaqués, compromis ?... Non, messieurs, vous n'êtes pas des lâches ; vous parleriez, vous parleriez haut ; vous sommeriez les ministres de vous répondre ; vous écririez en lettres brûlantes les rumeurs accusatrices que des voix pures ont fait entendre..... (Bravos dans l'auditoire.)

Eh bien ! messieurs, voilà notre position.

D'après les faits venus à notre connaissance, nous avons cru deux choses : que les ministres pouvaient être accusés de trahir le pays, et d'abuser de ses trésors....

Nous avons proclamé l'un et l'autre.

Et ici, je dois relever l'étrange,... tranchons le mot, l'immorale doctrine plaidée par l'avocat que vous venez d'entendre : il a prétendu qu'il y avait plus de déshonneur à voler le pays qu'à le trahir... Je ne puis m'expliquer un tel système que par la prévoyance dont je vous ai parlé, prévoyance épouvantable pour la France, car elle lui apprendrait que les hommes du pouvoir se ménagent pour un autre temps et pour un autre régime !.. Ah ! gardons-nous d'excuser de telles infamies ! La probité les repousse, la conscience en est révoltée... En tous lieux, en toutes circonstances, répétons-le avec indignation : *Un traître est un misérable !* (Applaudissemens redoublés.)

Messieurs les jurés, appré ciez-donc ces hommes qui n'ont pas voulu se défendre d'une accusation de trahison, et qui viennent vous demander de les venger d'un soupçon de concussion !

Mais nous avons soupçonné, parce que vous avez payé 35 fr. ce qui en vaut à peine 17, d'après M. Baude; parce que vous avez contracté un marché scandaleux, alors que vous aviez dés propositions avantageuses. — Qu'avions-nous à faire? A constater la différence de la soumission acceptée à 34 fr. 90 c., et de la soumission à 26 fr. qui a été repoussée. Quelle est cette différence? Neuf francs... Eh bien! nous avons dit sept, et nous avons calculé: 200 mille fusils, perte pour l'état : 1,400 mille francs.

Quatorze cent mille francs de bénéfices! sur une seule opération! Et vous vous étonneriez ensuite que les charges aillent toujours croissant pour les contribuables! que le budget grossisse dans une effrayante progression! (Sensation.)

Mais à qui donc ont été ces bénéfices? Sans doute à ceux qui ont fait ce marché, et à ceux qui avaient intérêt à ce qu'on le fît. Qui l'a fait? MM. Soult et Gisquet.—Qui avait intérêt?—M. Casimir Perier, l'associé, le vieil ami de cet homme dont on vous a tant vanté le patriotisme. Je dis l'associé, messieurs, non pas comme on l'a prétendu, pour *le tiers d'un quart*; non! mais l'associé qui a reçu une première commandite de 250,000 fr. de M. Perier, *personnellement;* l'homme de paille de la maison Perier, qui hasardait sur sa gestion, le 2 juillet 1830, une somme de 950 mille francs!..... Le point de contact est donc bien établi; les relations sont intimes. C'est toujours de la maison Perier-Gisquet qu'il est question; et cet homme est encore si bien le vôtre que vous lui avez donné une des premières magistratures de l'état.

Vous en avez fait un portrait magnifique! Moi je ne veux pas, à mon tour, broyer des couleurs... Mais le portrait est dans le procès; le portrait, je le tiens dans ce contrat passé avec des fabricans anglais, au préjudice de la France!

Je laisse de côté, si vous voulez, les témoins, les lettres venues de Londres, les soumissions offertes et repoussées, le mépris de l'industrie française, la préférence donnée aux Anglais, les bruits répandus partout; je suppose que rien de tout cela ne figure au procès. Je me présente avec une pièce, une seule!... c'est votre marché. Je vous défie de l'expliquer, je vous défie d'en sortir. (Mouvement.)

Il faut bien y revenir encore, puisqu'on n'a pas voulu l'aborder. Là sont stipulées des conditions exorbitantes; là vous, agent du gouvernement, vous promettez à des négocians anglais *un tiers de vos bénéfices nets...* entendez bien cela. Un agent du gouvernement fait donc des bénéfices pour son propre compte? Dira-t-on que c'était sa commission? Mais sa commission n'était pas fixée, et il a, lui, fixé un chiffre auquel devaient s'élever les *bénéfices nets...* Ce chiffre, c'est 450,000 francs !... Près d'un demi-million, messieurs, pour une *commission* sur 200,000 fusils !!... Non, ce n'était pas une commission que vous demandiez, mais d'énormes bénéfices que vous espériez faire. — Vous êtes parti agent du gouvernement; vous avez profité de cette qualité pour faire un marché qui a relevé votre maison, restauré votre crédit ébranlé, sauvé la commandite de votre associé, et tout cela aux dommages du gouvernement! Vous avez donc trahi celui qui vous donnait mandat; vous avez trahi la France, et votre complice c'est l'Angleterre! Voilà la réponse à ce beau portrait qu'on fesait tout-à-l'heure de votre patriotisme! (Vif mouvement d'approbation.)

Nous avions besoin, a-t-on osé dire, de recourir aux Anglais!... Ah! je repousse encore cette calomnie! La France a pu toujours se suffire à elle-même! elle a de quoi se suffire toujours! Notre industrie était aux abois, elle réclamait à grands cris l'abolition du monopole; les ouvriers étaient sans travail; des voix généreuses s'élevaient pour que de grandes fabrications d'armes occupassent des bras oisifs. L'industrie française, les ouvriers français, ont été repoussés. Des mains impures ont pris notre or! elles ont été le partager avec l'industrie anglaise. (Bravos! bravos!) Ne déclamez donc pas, avocat, mais essayez de nous expliquer ces actes indignes qui ont éveillé notre sollicitude et provoqué nos soupçons! Essayez de nous dire comment il se fait que ce soit votre ami, M. Gisquet, qui ait été préféré à tous pour une négociation de ce genre! On vous disait tout-à-l'heure que c'était là ce qui se passait toujours dans le monde; un avocat, ajoutait-on, recommande plus particulièrement à son ami, un confrère, qu'il a eu occasion d'apprécier. Oui sans doute; mais quand on vous demande un avocat, sans doute vous n'adressez pas un médecin?... (On rit.) Et quand vous recommandez ardemment un confrère, sans doute vous n'êtes pas part prenant dans les bénéfices de sa clientelle? (Nouveau rire.) C'est là pourtant la position de M. Perier par rapport à M. Gisquet. Or, le procès prouve jusqu'à l'évidence que celui-ci a fait un marché où son bénéfice a pu être de quatorze cent mille francs!.. Avec qui a-t-il partagé? Serait-il si surprenant que ce fût avec son commanditaire!...

Je vous le répète, messieurs, la grande question ici, c'est celle de ces marchés. Quant aux déductions que nous en avons tirées, vous les trouverez toutes légitimes. Cependant on les attaque encore, et Mᵉ Dupin tout-à-l'heure nous citait *le National* pour nous apprendre comment nous aurions dû nous exprimer. Eh bien! messieurs, j'accepte cet arbitre, et j'ai sous la main un article d'une date récente, que je vais vous lire.

Mᵉ Michel lit un article qui était relatif au scandale causé à la bourse par le retard que le ministère avait mis à publier une nouvelle qui lui était arrivée la veille. Cet article finit par cette phrase: « Un éminent personnage a gagné quatre cent mille francs par cette manœuvre. »

Mᵉ Dupin, interrompant. Mais ceci est sans désignation spéciale.

Mᵉ Michel. Nullement, car dans ce même article la personne du président du conseil est suffisamment indiquée, et le lendemain le même journal a publié un autre article qui commence ainsi: « Les « journaux *ministériels* ont fait la sourde oreille sur les opérations « scandaleuses dont nous avons parlé hier. »

Vous voyez bien que c'est des ministres qu'il est question et en particulier de celui auquel vont également et les opérations de banque et les nouvelles télégraphiques.

Le *National* a donc comme nous dénoncé la corruption. Cette corruption dont je veux vous parler encore en terminant, car c'est la plaie dévorante de tout le corps social. — C'est par elle que périt le directoire, c'est elle qui ruina peu à peu l'empire, c'est elle qui a tué la restauration. Elle nous tuera aussi ; messieurs, si nous n'y prenons garde ! Oui, vous avez le remède dans vos mains, et sous ce rapport, je le dis avec nos adversaires, vous disposerez des destinées du pays ! Il faudra savoir si dans l'avenir on verra régner paisiblement ceux qui ont pensé que le gouvernement représentatif ne se soutenait que par l'or qu'il répand et les places qu'il donne !... Ou bien, si nous verrons surgir à leur place les Lafayette, les Dupont, les Lamarque, ces hommes dont toute la vie fut pure, ces hommes qui joindront le passé probe à l'avenir désintéressé. Encouragez donc au lieu de les punir les écrivains courageux qui vivent d'abnégation et de sacrifices, qui se dévouent à la patrie et qui flétrissent partout où ils aperçoivent cette corruption qui avilit, qui dégrade, qui éteint l'homme dans ses plus nobles facultés. Et vous aussi, messieurs, écrasez-la cette corruption ; faites appel à votre conscience, à votre probité ; que parmi nous se réveillent enfin les vertus patriotiques ; que par elles notre France redevienne noble, forte, grande, généreuse ! C'est son lot, c'est sa gloire ; n'allez donc pas frapper ceux qui combattent pour lui assurer de si hautes destinées !

(Ces paroles, prononcées d'une voix émue et d'un accent plein d'énergie, au milieu du plus profond silence, produisent sur tout l'auditoire une impression stupéfiante. — Un moment après que Me Michel s'est assis, les applaudissemens éclatent de toutes parts. Il y a peu d'exemples d'une improvisation aussi chaleureuse et aussi forte.)

M. LE PRÉSIDENT. Les débats sont fermés.

Messiers les jurés : Je ne releverai pas avec détail les moyens qui ont été présentés par l'accusation et par la défense. Vous avez entendu les uns et les autres : vos consciences doivent être suffisamment éclairées. Vous avez aussi présentes à l'esprit les dépositions des différens témoins. Je ne les analyserai donc pas davantage, et je ne chercherai pas à reproduire tous les faits qui sont nés de ces douloureux débats.

Vous n'oublierez pas que vous avez à juger une question de diffamation et à savoir si, comme vous l'ont dit, M. le procureur-général et les parties civiles l'article incriminé renferme une imputation qui porte atteinte à l'honneur et à la considération, ou bien si, comme l'ont soutenu les prevenus, ils ont seulement exprimé un doute et provoqué des explications.

La loi se repose avec confiance sur votre impartialité et sur votre dévouement aux graves intérêts de la société, qui sont toujours ceux de la justice.

Vous aurez donc à répondre, messieurs les jurés, aux trois questions suivantes : (Profond silence.)

1re Question : **Armand Marrast** est-il coupable d'avoir imputé à M. Casimir Perier, président du conseil, et à M. le maréchal Soult, des faits qui portent atteinte à leur honneur et à leur considération, en qualité de ministres du roi et à raison de leurs fonctions ?...

2e Question : **Ferdinand Bascans** est-il coupable... (comme plus haut.)

3e Question : (La même que les deux précédentes relativement à M. Anthony Thouret.)

Les jurés reçoivent les questions des mains de l'huissier, et passent aussitôt dans la salle des délibérations. La cour se retire aussi. Pendant ce temps un grand nombre de témoins et d'avocats s'approchent de MM. Michel, Marrast et Bascans, et leur donnent les plus vives marques d'intérêt. Tout le monde exprime hautement la plus haute confiance. M. Marrast est à peu près le seul qui doute : « *C'est une question de gouvernement,* dit-il, *vous avez entendu la plaidoirie de cet avocat* (en montrant Me Dupin) *si je suis acquitté les ministres sont déclarés voleurs.*» En attendant un respectable témoin, M. Sauqaire-Souligné s'approche de Me Dupin, et se plaint très vivement à lui de la manière dont il a parlé de sa solvabilité. Votre plaidoirie a été fort inconvenante sous ce rapport, lui dit avec dignité M. Souligné ; je n'ai pas à m'expliquer sur les autres. M. Germain Sarrut s'approche à son tour de Me Dupin et s'explique avec la même vivacité sur la déclamation à froid de Me Dupin.

Les huissiers avertissent que MM. les jurés sont rentrés. Il est minuit et demi : les jurés délibéraient seulement depuis douze minutes.

La cour rentre ensuite. — Les huissiers : Silence, messieurs !

M. LE PRÉSIDENT, d'une voix retentissante. Je rappelle au public que toute marque d'approbation et d'improbation est sévèrement interdite. Je donne ordre aux huissiers et aux autres dépositaires de la force publique, d'arrêter immédiatement tous ceux qui troubleraient l'ordre. — M. le chef des jurés, veuillez lire la déclaration du jury. (Vif mouvement d'intérêt.)

LE CHEF DU JURY, avec un embarras marqué. La déclaration du jury est ; sur la première question ; Oui, M. Armand Marrast est coupable à la majorité de plus de sept voix. (Rumeur diverses. Marques de surprise extrême.) Sur la deuxième question : Non, *M. Bascans....* M. Crouzet, agent de change, placé au troisième rang ; *Dites donc Bascans.* Le chef du jury reprenant : M. *Bascans* n'est pas coupable. Sur la troisième question : Non , M. Anthony Thouret n'est pas coupable.

M. LE PRÉSIDENT. Greffier, donnez lecture de la déclaration du jury relative aux sieurs Bascans et Thouret.

Le greffier répète la déclaration.

M. LE PRÉSIDENT. Vu la déclaration du jury, la cour renvoie les sieurs Bascans et Thouret de la plainte portée contre eux, sans dépens. Greffier, donnez lecture de la déclaration du jury, relative au sieur Armand Marrast.

Le greffier répète la déclaration du jury.

M. LE PRÉSIDENT. La parole est aux avocats des parties civiles. Me Laveau se lève et lit les conclusions suivantes :

« Attendu qu'il résulte des débats et de la déclaration du jury que le sieur Marrast a faussement imputé aux sieurs Casimir Perier et maréchal Soult , d'avoir reçu chacun un pot-de-vin qui serait d'un million , à l'occasion des marchés de fusils anglais ;

« Que, pendant plusieurs mois , le sieur Marrast a soutenu et accrédité cette diffamation par des imputations injurieuses aux deux ministres ;

« Que notamment il a affirmé qu'il prouverait la diffamation par des témoignages d'hommes d'honneur et des lettres venues de Londres ;

« Que ces manœuvres, employées pour tromper l'opinion du pays, à laquelle seule ils ont dit s'adresser , ont causé aux requérans un tort que la cour doit réparer ;

« Condamner le sieur Marrast , et par corps, à payer aux sieurs Casimir Perier et maréchal Soult la somme de dix mille francs, et le condamner aux dépens. » (Murmures nombreux.)

M. LE PROCUREUR-GÉNÉRAL, d'un ton très modéré. Vu la déclaration du jury, nous requerrons l'application de la loi.

M. LE PRÉSIDENT, au prévenu. Avez-vous quelques observations à faire ?

M. MARRAST. D'aucune espèce. Je trouve seulement les dommages-intérêts bien faibles. Je les enflerais au besoin.

Les jurés restent à leur place et les huissiers recommandent le silence. A ce moment, il est minuit et demi. M. de Bricqueville, député, s'avance du fond de la salle, et, venant toucher la main à M. Marrast, il lui dit à haute voix ; « Mon ami, vous avez rendu un vrai service au pays. Je déplore votre « condamnation, et je vous félicite de votre courage. »

La cour reste près d'une heure dans la salle du conseil.

A une heure et demie la cour rentre dans la salle. (Profond silence.) A l'instant, quarante-cinq soldats de la garde municipale et une vingtaine de sergens de ville se placent entre le public et l'enceinte réservée.

M. le président prononce l'arrêt suivant :

Vu l'article 16 de la loi du 17 mai 1819 qui porte :

Art. 16. La diffamation envers tout dépositaire ou agent de l'autorité publique, par des faits relatifs à ses fonctions, sera punie d'un emprisonnement de huit jours à dix-huit mois, et d'une amende de 50 francs à 3000 francs.

L'emprisonnement et l'amende pourront, dans ce cas, être infligés cumulativement ou séparément, selon les circonstances.

En ce qui touche l'action publique :

Condamne le sieur Marrast ; six mois d'emprisonnement et 3000 francs d'amende :

En ce qui touche les dommages-intérêts :

Considérant qu'en matière de diffamation, et notamment dans l'espèce, ce n'est pas dans la quotité des dommages-intérêts que l'individu diffamé peut trouver la réparation du tort qu'il a éprouvé, mais bien dans la déclaration du principe qui la lui accorde ;

Condamne le sieur Marrast à 25 fr. de dommages-intérêts et aux frais ;

Ordonne la destruction des numéros saisis, l'insertion de l'extrait du présent arrêt dans *la Tribune* et l'affiche au nombre de cinquante exemplaires.

M. Marrast demande la parole. — M. le président (très vivement); *L'audience est levée.* — La cour se retire avec précipitation. Tout le barreau ; Mais le prévenu demande la parole !...

Les huissiers et les soldats de la garde municipale font sortir le public par différentes issues.

La cour se retire